由重庆工商大学马克思主义学院资助出版

马克思人民主体性思想及其在当代中国发展研究

李　娜　著

吉林大学出版社
·长春·

图书在版编目（CIP）数据

马克思人民主体性思想及其在当代中国发展研究 / 李娜著 . -- 长春 ：吉林大学出版社，2024. 10. -- ISBN 978-7-5768-4048-3

I. A811. 64; D61

中国国家版本馆CIP数据核字第20240EH875号

书　　名　马克思人民主体性思想及其在当代中国发展研究
　　　　　MAKESI RENMIN ZHUTIXING SIXIANG JIQI ZAI DANGDAI ZHONGGUO FAZHAN YANJIU

作　　者　李　娜
策划编辑　黄国彬
责任编辑　刘　丹
责任校对　赵　莹
装帧设计　卓群
出版发行　吉林大学出版社
社　　址　长春市人民大街 4059 号
邮政编码　130021
发行电话　0431-89580028/29/21
网　　址　http: //www.jlup.com.cn
电子邮箱　jdcbs@jlu.edu.cn
印　　刷　天津和萱印刷有限公司
开　　本　787mm × 1092mm　1/16
印　　张　12.75
字　　数　323 千字
版　　次　2025 年 3 月第 1 版
印　　次　2025 年 3 月第 1 次
书　　号　ISBN 978-7-5768-4048-3
定　　价　68.00 元

目录

导　论

一、研究价值和意义

人民主体性思想是马克思主义理论的重要组成部分，是历史唯物主义的核心内容。马克思人民主体性思想在中国革命和建设、改革的伟大进程中不断运用、发展，实现理论的丰富和创新。从制度革命、体制变革，到中国式现代化，中国共产党带领人民取得举世瞩目的成就，究其巨大成就之因，缘于中国共产党之于马克思人民主体性思想的中国化时代化实践，在理论上和实践中对人民主体性予以阐释，并对此思想理论进行了新发展。新时代马克思人民主体性思想的发展、丰富和创新具有重要的客观条件和主观因素，依据新时代国内外发展的具体情况，对马克思人民主体性思想的中国化进行研究，中国共产党以"人民"为理论和实践的概念逻辑起点，具体阐明新时代中国特色社会主义的创新力量、价值旨归和未来社会发展的路径。人民主体性贯穿中国共产党治国理政的核心主线，"以人民为中心"，凸显民生，发展民主政治，厚植文化提高人民主体素质，协同治理提升人民主体的参与度，建设美丽中国，全面从严治党，坚守人民本位。对马克思人民主体性思想的中国化进行整体性分析和研究，准确把握人民主体性思想的本质，一方面将拓展我们对马克思主义人民主体性思想的认识和理解，让我们用历史唯物主义和实践唯物论的思维认识当前社会发展的现实阶段，结合时代发展的新特点，不断满足时代发展的新要求。另一方面将为党治国理政提供理论支持，夯实党的执政基础，为中国式现代化输入持续不断的主体创造的动力和活力。新时代马克思人民主体性思想的中国化时代化将进一步丰富习近平新时代中国特色社会主义思想，开辟马克思主义人民主体性思想的新境界和人民主体性新的实践模式，对于全面建成小康社会，实现中华民族伟大复兴、推动构建"人类命运共同体"，深入推进中国式现代化等均具有重要的理论和实践意义。

党的二十大报告系统阐述中国社会发展，明确指出必须坚持人民至上，继续推进理论创新的科学方法。全面落实以人民为中心的发展思想，在人的现代化发展中深入推进中国社会变量递增和质量提升。第二个百年新征程中，如何实质性彰显中国式现代化鲜明的特色，持续创造一种全新的人类文明形态？如何在已有基础上继续前进，不断实现理论和实践上的创新突破，持续推进和拓展中国特色社会主义事业，实现中华民族伟大复兴？因此系统分析马克思人民主体性思想的中国化内含的人民主体论价值，辨析其主体意蕴，科学把握其主体逻辑，对回应诸多重大命题具有重要意义，是新时代和未来中国社会建设理论和实践双重的实然理路和应然逻辑。本书是理论与实践相统一的综合性研究，既有理论的前沿性，同时又具有实践发展的引领性。从功能用途上看，本书既适合作为马克思主义理论研究的重要参考资料，还可以作为马克思主义理论专业学生的重要学习资料，以拓展研学者的理论视野，深度训练其专业思维。

人民主体性是一个愈谈愈新的命题，依据这个命题，学界的研究呈现出多视角、多学科的研究趋势和状态，在每一个阶段，关于人民主体性的研究所聚焦的研究主题和研究领域都有异同。限于个人的研究视野及现阶段文献搜集和研读的薄弱与不足，以及文献分类和观点梳理的不足，关于人民主体性研究的数据资料梳理和归纳必然有所遗漏，甚至挂一漏万。加之本人对人民主体性的研究还存在自身不足，因而拙著对某些问题的分析论证还有待进一步完善。因而，本书当属抛砖引玉之作，值此拙著付梓见诸大家之际，尚期学界前辈、同仁和学人多多惠赐教正！

进入新时代，中国共产党更加强调“以人民为中心”，并把这一发展思想贯穿于治国理政的全过程，不断进行国家治理体系和治理能力现代化。马克思人民主体性思想的中国化时代化，不断推动和实现治国理政思想和实践方法的突破和创新，是习近平新时代中国特色社会主义思想的重要组成部分。新时代中国特色社会主义建设和发展中关于人民主体性具有多领域、多视角的大量论述，其中所蕴含的人民主体性的内涵和精神要义，是新时代中国特色社会主义建设和发展的核心和精髓，是制定我国各项发展战略和决策的出发点和落脚点。“坚持以人民为中心的发展思想”这一新命题，深刻体现了马克思主义唯物史观和中国共产党全心全意为人民服务的根本宗旨。随即，人民主体性研究又被学界推向了一个崭新的高度和深度，学者们从不同的角度对人民主体性进行全方位的探讨研究，并且产出了一批成果，为中国特色社会主义新时代马克思主义思想理论的发展做出重要贡献。

1. 进一步明确社会发展的价值追求

无产阶级在革命中失去的只是锁链，他们获得的将是整个世界。中国共产党完成了人民解放、人民富裕、人民发展的历史使命，主体的自由发展是中国共产党建设中国特色社会主义的内生动力。“中国式现代化是中国共产党领导的社会主义现代化”[①]，百年探索和建设中国特色社会主义的征程中，中国共产党坚持理论创新的指导思想，坚持人民主体性原则，回应人民需求，凝聚人民之力，形成中国特色社会主义人民主体论体系，创造了人类文明新形态，为马克思主义中国化时代化做出重大贡献。中国特色社会主义建设从最初艰难摸索、不断探索的漫长过程中，从设立经济特区等实行改革开放的最初尝试，到全面实行改革开放，再到全面深化改革开放，中国改革开放的伟大实践，充分发挥了人民的积极性、主动性和自主性。人作为马克思所说的“人是社会关系的总和”，“人是历史发展的动力”等的本质内涵，在中国特色社会主义伟大创造性实践中，人的主体性得以充分发挥，人作为社会发展的主体在实践中同时实现着自身的发展和跃升。进入新时代，人的主体意识更加鲜明，人的主体需求更加丰富，人的主体价值实现更加凸显。人的需求的满足程度和人的价值诉求的实现程度越来越成为社会发展的价值目标，更在深层次上决定着中国特色社会主义建设发展的进程和中国特色社会主义文明建设的程度。自从中国共产党萌芽、发展、成立到壮大的全过程中，马克思人民主体性思想始终被作为党的指导思想，全心全意为人民服务始终是党执政的宗旨。从社会发展价值而言，民生价值方向更加具有针对性和微观性；从人民需求的价值实现而言，顶层设计、发展的战略决策等越来越表征为人的自由全面发展。中华民族伟大复兴，中国式现代化也随之进入了新的重要历史发展阶段。深入研究马克思人民主体性思想的中国化，分析和揭示新时代人民主体性丰富论述所具有的马克思主义人民主体性的本质内涵，方法论意义和价值目标，为新时代中国特色社会主义建设提供明确的价值和行动方向。

2. 进一步厚植党实现全面领导的群众基础

坚持人民主体性原则，坚持人民主体地位是历史唯物主义立场、马克思主义世界观和方法论的体现。这一根本原则和立场是中国共产党执政的根本指导思想和核心要义，充分体现了中国共产党执政的科学性和规律性，也是社会主义的本质体现和根本要求。在新中国成立初期，社会主义实践在第一代革命领导集体的带领下进行了一些初步探索，取得了一些经验和教训；逐步探索、调整和完善中国特色社会主义建设的工作重心，并且以不同的表征方式和发展模式去承载和凸显“人民主体性”。党的二十大报告提出“六个坚持”，遵循马克思辩证唯物史观，进一步明确中国式现代化人民至上的道路选择[②]，“总结党的百年奋斗的历史经验，首先需要提供

① 二十大报告对中国式现代化予以明确定性，2023 年 5 月 31 日习近平总书记在《求是》发表题为《中国式现代化是中国共产党领导的社会主义现代化》，从党的性质宗旨、初心使命、信仰信念等角度阐述中国式的变量因素，如人民是中国式现代化的主体。参阅习近平 . 中国式现代化是中国共产党领导的社会主义现代化 [M]. 求是，2023(11).

② 张雷声深刻理解习近平新时代中国特色社会主义思想的“六个必须坚持”[J]. 马克思主义与现实，2023(02)：20.

一种‘解释方法’或‘分析框架’。这种‘解释方法’或‘分析框架’自然应是坚持正确党史观。正确党史观之所以"正确"，在于它以唯物史观为哲学基础。”[①] 以人民为主体，执政党确立自身的价值定位和执政理念，这是执政党建设的首要的基本问题。“工人阶级的政党不是把人民群众当作自己的工具，而是自觉地认定自己是人民群众在特定的历史时期为完成特定的历史任务的一种工具”。[②] 中国共产党推进国家治理体系和治理能力现代化，提高党为人民服务的能力和水平，构建人民民主的政治基础和参与平台，不断增强人民“共治”的参与意识。“带领人民创造美好生活，必须始终把人民利益摆在至高无上的地位，让改革发展成果更多更公平惠及全体人民”。[③] 也正是因此，中国共产党的性质和宗旨依然坚如磐石，人民民主专政的国家性质仍然被保持在中国特色社会主义建设发展的新历史阶段。因此，梳理、总结和检视马克思人民主体性思想的中国化，分析和研究这一思想新时代的本质内涵和逻辑建构，有助于揭示中国共产党治国理政的历史经验，更加正确认识和科学把握好中国共产党的执政规律和社会主义建设发展规律，最终更加冷静而科学地认识社会发展的规律，并利用这一规律推进中国式现代化进程，不断实现人的自由而全面发展。

3. 推动马克思主义人民主体性思想的中国化时代化发展

如何解析新时代中国特色社会主义理论体系的创新和发展，并深刻把握这一理论体系的核心要义？如何解析新时代我国治国理政的宏大发展理论体系？如何分析和架构新时代社会发展的完整设计，进而如何深刻认识社会发展和人的发展的本质联系？这些问题的研究和解决都会推动马克思人民主体性思想的时代丰富和发展。马克思人民主体性思想的中国化形成于丰富的理论和不同实践阶段中，党的十八大以来这一思想全面运用于治国理政中，对中国特色社会主义发展的战略决策和发展目标做出新谋划。中国特色社会主义建设始终坚持马克思人民主体性原则，探索人的现代化的实践理路，形成具有系统理论结构的人民主体论体系，内含丰富的意蕴。其一同中华优秀传统文化精华和人民群众共同价值观念融通，其二充分吸收其以民为本的思想智慧，格物究理的思想方法。在不同的历史时期和发展阶段，人民主体在具体的社会发展阶段中呈现出不同的社会角色和价值定位。马克思主义传入中国，使长久以来的“以民为本”的民本思想完成了本质意义上的转变。马克思从“人”的本质进行分析和界定，肩负这样历史使命的中国共产党从社会发展出发，规定了社会发展的“人民本位”，全心全意为人民服务，从群众中来，到群众中去，党的所有工作的出发点和落脚点，都必须基于人民的需求和期待。中国特色社会主义的依靠

① 韩庆祥．唯物史观与历史经验 [J]. 天津社会科学，2022(01)：5.

② 邓小平文选（第 1 卷）[M]. 北京：人民出版社，1994：342.

③ 习近平谈治国理政（第四卷）[M]. 北京：外文出版社，2020：1.

力量和实践力量都来自于人民，紧紧依靠人民群众。马克思人民主体性思想理论和实践丰富而生动，“以人民为中心”的思想正是对这一思想理论的时代发展和中国化转化。马克思人民主体性思想在中国特色社会主义纵深发展中不断得以丰富和发展，并在实践中不断实现着人民主体发展的方法和路径的创新，为中国共产党领导全国各族人民进行全面建成小康社会，实现中华民族伟大复兴提供经验和思路。研究马克思人民主体性思想的新时代发展，对其发展的脉络和内容论述进行科学分析，揭示其内在结构和思想内涵，对于推进新时代中国特色社会主义伟大事业，将提供思想理论原则的指导和学理支撑。

二、研究对象

1. 马克思人民主体性思想的相关研究文献。涉及文本原理研究和新时代发展研究等。

2. 马克思人民主体性思想的基本理论。涉及“人民”、“人民主体性”、“人民主体”等基本概念的阐释；涉及唯物史观、方法论等基本理论的整体研究。

3.马克思人民主体性思想中国化的基本理论。涉及“人民”、“人民主体性”、“人民主体”等基本概念的阐释；涉及理论基础和理论来源等的研究；涉及内容、逻辑和理论结构等。

三、研究内容

对马克思人民主体性思想的中国化理论体系进行系统的立体化研究，从历史渊源、阶段性探索这一纵向和横向相结合的研究方式，由古至今、由源头到本体的研究思路来架构起整体研究的逻辑框架。探索提炼新时代治国理政中内含的人民主体因子和思想精华，并结合中国特色社会主义建设实践所涵盖的多重领域进行探讨，分析和研究马克思人民主体性思想的中国化进程，建构一个完整而系统的理论研究体系，并从这一研究体系中透视新时代人民主体性的实践性、时代性和现实操作性。在分析马克思人民主体性思想的中国化逻辑理路上，以“为谁发展”“依靠谁发展”“怎样发展”的思路展开，对其理论体系的主要内容深入分析，使之更具立体感和实践性。基于马克思主义认识论，在章节结构设计层次上，采用宏观、中观及微观的视角，把内容结构界定为人民主体认识论、人民主体方向论、人民主体目标论、人民主体方法论，人民主体价值论五个结构层次，主体认识论回答了“缘何人民为主体”的问题；主体方向论和主体目标论回答了“如何以人民主体”的问题；主体方法论主要回答了坚持人民为主体的战略决策、具体制度实施的方法和路径等问题；主体价值论主要回答了发展为了谁、依靠谁、以谁的利益为标准来衡量发展成效的问题。

具体而言，本书的各个章节之中主要分析论述了以下内容：

第一章“马克思人民主体性思想的基本理论”：主要对“人民”“人民主体性”“人民主体”等基本概念予以阐释，进行历史唯物主义考察。

第二章“马克思人民主体性思想中国化的历史追溯”：主要分析中国革命和中国特色社会主义建设、改革不同历史时期马克思人民主体性思想的演变。分析论述人民主体性思想发展的理论基础与实践基础，包括人民主体性思想的理论渊源、中国传统民本思想、仁政思想等传统思想来源等。

第三章“马克思人民主体性思想中国化的新时代背景”：主要分析论述马克思人民主体性思想中国化的新时代客观条件和发展背景，包括对国际发展局势的判断、中国特色社会主义发展的实践经验和成就、党的建设的基础和需要、中国共产党形成的执政为民思想、共产党执政使命的责任担当意识等。

第四章“马克思人民主体性思想中国化的主体论理论体系”：主要分析论述主要内容（“为谁发展”“依靠谁发展”“怎样发展”），包括人民至上的主体认识论、坚持人民主体地位的主体论、“以人民为中心”的主体导向论、人民共创共治共享的主体方法论、自由全面发展的主体价值论、本质内涵及实践运用、从马克思人的主体价值维度及价值观的维度考察人民价值至上、新时代人民主体性论述的内容、逻辑及理论结构层次、鲜明特色等。

第五章“马克思人民主体性思想中国化的主体论逻辑”：主要分析论述马克思人民主体性思想中国化的理论结构层次、逻辑结构、理论层次等。主要内容的结构框架概括为人民主体认识论、人民主体方向论、人民主体目标论、人民主体方法论和人民主体价值论五个部分。并从这五个部分出发，基于这种逻辑，按照“缘何以人民为主体”、“如何以人民主体”、“怎样以人民主体”这样一个逻辑顺序展开。在此基础上，从宏观到微观，再到中观对马克思人民主体性思想的中国化所呈现出的理论层次予以分析。

第六章“马克思人民主体性思想中国化的实践理路”：主要分析论述“以人民为中心”的价值新生成、“人民共建共治共享”建设的新谋划和人类社会发展的新探索，包括人民主体性理论的新发展、治国理政新实践的价值新导向、人的发展价值论的丰富和创新、人民共创共治共享是遵循人类社会发展规律的新理念、人民共创共治共享体现中国特色社会主义的发展规律、“人民共创共治共享”是中国共产党执政理念的新发展、人类命运共同体是全球治理和共同发展的新模式、践行共产主义的新探索和新实践等。

第七章“马克思人民主体性思想中国化时代化的重要价值”：主要分析论证马克

思人民主体性思想中国化时代化的价值及意义，包括统领指导着中国共产党“以人民为中心”全心全意为人民服务、为中国特色社会主义指明发展路径、新时代人民主体性理论在当代世界的价值意义、明确了人民主体的组成部分及其主体地位的实现条件等。

四、研究方法

1. 结构方程模型。结合学科背景，提出本课题的理论模型。根据模型设计相应的测量工具（即量表），投入使用进行数据的收集，根据数据，对我们提出的模型进行评估和调整，最终得出结论。

2. 实证分析法。在现状分析部分，展开个量分析与总量分析、均衡分析与非均衡分析、静态分析与动态分析、定性分析与定量分析，以厘清“质”、“量”和“度”三重维度。

3. 理论联系实际的方法

理论来源于实践，在实践中丰富和发展，以更好地进一步指导实践。马克思人民主体性思想的中国化孕育于中国特色社会主义的建设实践中，理论的本质属性决定了孤立的研究理论，是无法触及到研究的本质的，更无法达到论题研究的真正的目的。同时，马克思人民主体性思想的中国化时代化是在长期的实践过程中形成、发展而不断丰富的。这就决定了对于本论题的研究，必须采用理论联系实际的研究方法，才能更深层理解这一理论所蕴含的丰富的马克思主义理论的本质内涵，也才能从理论出发，分析当前中国所出现的发展问题，研究才能具有理论的高度和深度。鉴于此，本论题的研究以理论研究为基点，把握中国共产党人民群众观的最新研究趋势，分析新时代中国社会主义发展的主客观因素，并及时把握时代的敏感度，从中国特色社会主义发展的现实实践中分析理论的价值意义，这也是本论题采用的非常重要的研究方法，并且贯穿于本论文研究的始终。

4. 历史分析法

历史分析法是是马克思主义理论非常重要的方法之一，历史分析法是具体分析方法的一种，即运用发展、变化的观点分析客观事物和社会现象的方法。通过对有关研究对象的历史资料进行科学的分析，科学把握研究对象的历史发展和历史发展特点，分析研究对象的历史脉络和历史逻辑。客观事物是发展、变化的，分析事物要把它发展的不同阶段加以联系和比较，才能弄清其实质，揭示其发展趋势。马克思人民主体性思想的中国化是继承马克思主义理论体系和中国特色社会主义理论体系的基础上，对马克思人民主体性思想的发展、丰富和创新。因此分析人民主体性思想的理论演进，进而更好地认识马克思人民主体性思想的中国化的脉络具有至关重要的作用。人民主体性思想在历史上是怎样发生的，每一个发展阶段呈现出怎样的思想理论内涵、内容和特征。分析人民主体性历史和现状的关系，进一步认识每一个历史阶段的发展的不同。历史分析的目的，是为了弄清楚事物在发生和发展过程中的“来龙去脉”，从中发现问题，启发思考，以便认识现状和推断未来。对于理论研究而言，离开了对研究对象的历史分析，研究就缺少历史感，而没有历史深度的表述和结论都是不彻底的。

5. 文献分析法

通过对搜集到的人民主体性的文献资料进行研究，以探明研究对象的性质和状况，并从中引出自己观点的分析方法。在对文献资料分析研究的同时，对符合本论题的文献资料进行提炼总结，并做好归纳分类，以便对人民主体性进行历史的动态把握。本书通过搜集和研究中国传统思想文化等相关文献，通过文献的阅读与分析，为本书的研究积累了一定的理论基础，在此基础上，从思想形成的时代背景和工作实践，以及思想理论来源和借鉴，分析马克思人民主体性思想的中国化的逻辑初始，从而研究新时代发展的历史逻辑和实践逻辑。“马克思人民主体性思想的中国化”这一研究主题，是当代中国问题的范畴，也是马克思主义理论的重要组成部分，因此，文献分析法相当重要。

五、研究的基本思路及重点和难点

（一）研究的基本思路（见图 1）

本书总的谋篇布局主要从马克思人民主体性思想中国化的理论体系的内在逻辑的构成进行写作论证，但是在每一具体的逻辑组成部分，比如论证马克思人民主体性思想的中国化的内容时，又会采用历史和实践的论证法进行写作。在每一个论述主题的论证中，又会结合归纳法对马克思人民主体性思想的中国化的内容进行总结提炼和概括。本书主要基于较为丰富的文献解读以及实践验证的研究方法，通过分析马克思人民主体性思想的中国化的形成、发展和丰富，在认识的发展和实践的不断深入中实现理论提升和新的描述和总结，归纳出一些具有普遍意义的结论。从而有助于增强党和社会对于人民主体性的理解和认知，实现人民主体性的针对性和创造性。

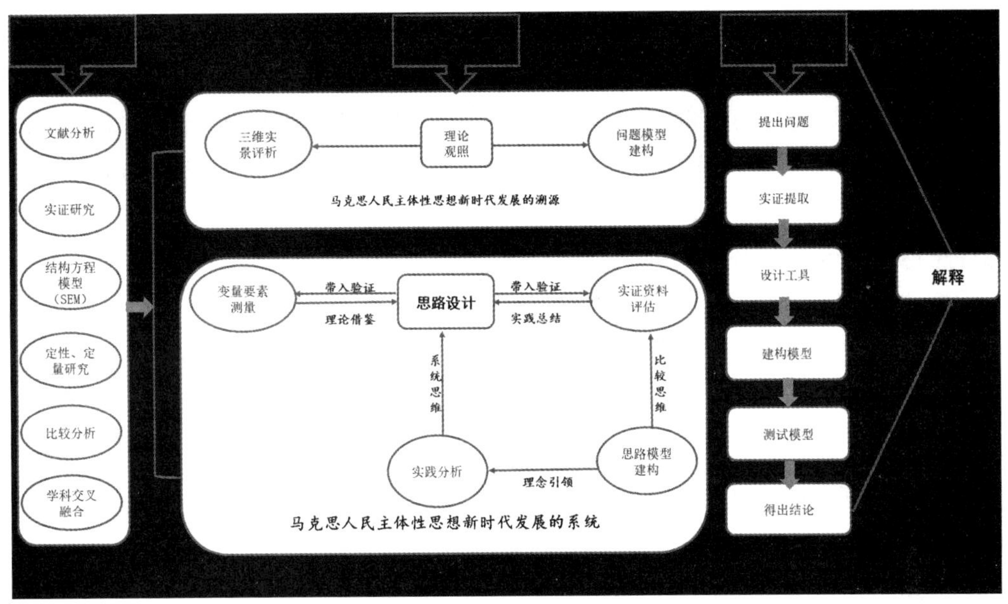

(二) 研究的重点和难点

马克思人民主体性思想的中国化相关研究文献和资料大多以讲话、论述的形式出现，尚未形成人民主体性的系统理论，但深入考察和研究其人民主体性论述的丰富内容，可知马克思人民主体性思想的中国化系统全面，用历史唯物主义、实践唯物主义和辩证认识论组成整个理论论述的逻辑结构，由一般到具体，由普遍到特殊，层层相关，环环相扣，关于人民主体性的每一个主题的重点和具体论证都以其他主题为理论基础，并在论证中丰富、发展和创新其他研究主题。

1. 研究的重点

（1）主要内容。如何更逻辑清楚地把马克思人民主体性思想的中国化的整个系统的理论体系科学地把握到位，进而更深入透彻地分析和研究这一系统论述的主要内容，以及各个具体内容之间的逻辑关联和结构层次，是本书研究的重点。对于这个研究重点，本书在章节结构安排上采用逻辑分析的方法，首先以“为谁发展”“依靠谁发展”“怎样发展”这一逻辑思路展开，对马克思人民主体性思想的中国化的理论体系主要内容进行深入分析，通过这一逻辑思路的贯穿，马克思人民主体性思想的中国化的丰富内容更具立体感和实践性。

（2）结构层次。在分析马克思人民主体性思想的中国化的结构层次上，是本书的重点。确定怎样的逻辑思路以便更好地把这一系统的论述理论的结构层次论证清楚，以更坚实地支持和帮助到人们对前述人民主体性论述主要内容的深入理解，遵循一条逻辑主线应当而且是必须论证过程中要重点思考的问题，最终采用宏观、中观、微观的分析视角，基于马克思主义认识论，把内容结构界定为人民主体目标论、人民主体方向论、人民主体认识论、人民主体方法论、人民主体价值论五个结构层次，主体认识论回答了“缘何人民为主体”的问题；主体方向论和主体目标论回答了“如何以人民主体”的问题；主体方法论主要回答了坚持人民为主体的战略决策、具体制度实施的方法和路径等问题；主体价值论主要回答了发展为了谁、依靠谁、以谁的利益为标准来衡量发展成效的问题。最终呈现了一个整体的立体研究系统。

2. 研究的难点

马克思人民主体性思想的中国化涵盖治国理政的方方面面，对于我国整体推进各个战略决策具有实践指导和价值指向的根本作用，如何以人民主体性为视角，分析和研究这一理论体系在中国特色社会主义事业伟大实践中的践行和运用，凸显人民主体性对于新时代社会发展的决定性作用，也是本书在写作论证中重点要解决的问题之一，同时在论证中如何使人民主体性论述的精神要义在实践运用中充分彰显，这在写作中是本书需要重点把握的难点。

六、特点与创新点

（一）特点

1. 理论与实践相结合。以新时代发展为背景，民生幸福、民主政治、文化、协同治理、美好生活、从严治党进行说明，并有相应的主体发展进行论证，把理论问题简单化、通俗化，值得大众阅读。本书也为学术界提供一本视野宽阔、资料丰富、内容翔实的的研究用书；为马克思主义类、管理类、经济类的大学生、研究生提供一本最新的教学资料；作为区域性发展体系构建思路的参考用书。

2. 内容全面，资料实用。本书以资料检索及收集主体发展的进程、案例与数据为研究材料，通过中国期刊网、维普、学位论文数据库等网站查阅相关文献，展开定性和定量分析，从而较为全面地分析马克思人民主体性思想的中国化的逻辑结构和实践理路。

3. 思路清晰，逻辑性强。通过对文献深入全面梳理、整合和分析，从而系统分析马克思人民主体性思想的中国化的主体论逻辑，从结构层次、逻辑结构、理论层次深入分析其内在逻辑。

4. 本书为地方政府提供经济社会发展的决策参考。马克思人民主体性思想贯穿治国理政的方方面面，其新时代的发展对于我国整体推进各个战略决策具有实践指导和价值指向的根本作用，如何以人民主体性为视角，分析和研究这一理论体系在中国特色社会主义事业伟大实践中的践行和运用，凸显人民主体性对于新时代社会发展的决定性作用，使人民主体性精神要义在实践运用中充分彰显。所以，研究马克思人民主体性思想的中国化是十分必要的。

（二）创新点

1. 学术思想创新

（1）率先开展“马克思人民主体性思想的中国化”这一基本理论问题的研究。通过现状分析研究，增强马克思人的本质理论和主体性思想的中国化、时代化特质；

（2）系统分析马克思人民主体性思想的中国化的理论逻辑问题。基于马克思人民主体性思想蕴含的主体实践理路，建立了马克思人民主体性思想的中国化的内在统一的理论逻辑结构。

2. 学术观点创新

（1）率先提出在跨学科交叉融合视域下研究人的本质问题。通过交叉融合研究，建构起一种较为系统的问题分析范式。

（2）率先提出在人工智能视域下分析人的本质及主体性的困境和挑战。通过不同行业、不同领域问题的辨析，结合马列·科社学科特点和逻辑，形成聚焦思维，建构系统逻辑，增强本书的问题意识。

3. 研究方法创新

（1）纵横向结合法。本书尝试采用从历史渊源、阶段性探索这一纵向和横向相结合的研究方式，由古至今、由源头到本体的研究思路来架构起整体研究的思维逻辑框架，这个研究思路对于目前相关研究尚属少见。

（2）实证分析法。在实践分析部分，展开个量分析与总量分析、均衡分析与非均衡分析、静态分析与动态分析、定性分析与定量分析，以厘清“质”、“量”和“度”三重维度。

第一章
马克思人民主体性思想的基本理论

第一节　马克思人民主体性思想的几个基本概念

基于马克思历史唯物主义的基本原理，构成马克思生产力原理、经济基础决定上层建筑原理、社会存在决定社会意识原理之间的逻辑必然。人民是历史的创造者和社会发展的主体，人民的实践活动决定着历史发展的进程，是社会历史发展的主导因素。马克思从“历史主体”、“阶级主体”、“个体主体”三个不同的角色形态出发，悬设了“类主体”概念，从历史唯物主义和辩证的方法论角度完成了人民主体性的全面论证。

一、马克思对“人民”的历史唯物主义考察

马克思从“抽象的个人”的本质，论证“现实的人”之于人的本质实现的现实性，确立唯物史观人的本质和主体性理论，确定人在社会历史中的主导地位和现实主体前景[①]。人在改造对象世界的过程中得以逐步克服异化劳动与人的自主、自由活动的矛盾这一存在状态，在改造对象世界的实践中不断实现主体、方法和目标和价值的内在逻辑统一。人是生产力中最活跃的因素，人在实践中自主自觉的程度决定了生产力的程度，生产力水平的高低直接决定了人在生产中所结成的生产关系的结构。坚持人民主体性，人民是历史发展的动力，是决定劳动性质的根本，是决定劳动成果是否归属人民的基础和前提。马克思“确立了人们对劳动正义性的价值诉求在人的存在方式中的逻辑先在性地位，以劳动正义性为基本参照揭示了人的生存的历史性、理性认识的有限性和多元价值之间的矛盾性”[②]，劳动方式和生存状态对人生存发展的本质需要至关重要，生产关系影响着一个社会的基本制度和具体体制。

马克思最初定义“人民”是从历史唯物主义的角度，从生产资料的所有制关系

① 张一兵．马克思历史辩证法的主体向度 [M]. 武汉：武汉大学出版社，2010：311，318.
② 刘同舫．对马克思劳动正义问题的三重追问 [N]. 中国社会科学报，2021-09-30(03)：3.

分析人民的构成，生产资料的资产阶级的私人占有这一经济性质，决定了对人民的概念进行界定时必须采用阶级分析的方法，才能对“人民”的概念进行界定。在《法兰西内战》中，马克思以阶级关系的视角对“人民”的概念进行了历史唯物主义的界定。人民群众即生产者群众，这就从人民的构成上对“人民”的概念做了界定，另一方面这也规定了“人民”的范畴。马克思又指出，巴黎公社时期，人民的概念和范畴是指那些通过劳动对经济生产和社会生活具有积极推动作用的人，这一界定从人的实践性和主体性方面赋予了“人民”更为丰富的新内涵，也为马克思阐述人民主体性提供了先期的理论基础。

二、马克思对人民及主体性的关系考察

在巴黎公社里，马克思具体论述了人民的构成，人民主要由工人阶级、中等阶级（主要是中产阶级和小资产阶级）、农民三部分构成，这实质上是扩大了人民的外延，把“人民”的范围从单纯的无产阶级扩展为中等阶级和农民等。并指出，他们共同构成公社的人民群众，各自具有各自的主体性特征，并在公社的建设中发挥着主体性的作用。此后随着无产阶级革命的不断深入，马克思对“人民”概念的界定更加准确、对“人民”范围的界定也更加具体而详细。1847年在《“莱茵观察家”的共产主义》的论证中马克思重新界定了“人民”的外延，“真正的人民即无产者、小农和城市贫民”[①]。这与此前界定的“人民主要由工人阶级、中等阶级（主要是中产阶级和小资产阶级）、农民组成”，“人民大众即无产阶级”相比，更贴近“人民”的本质内涵和构成性质。此时，马克思开始论证“人民主体”的历史实践作用，并论证了脑力劳动者也属于“人民”的范畴，他们所创造的自然科学和人文科学推动了社会历史的发展和进步。对脑力劳动者也是“人民”这一观点，恩格斯在1893年《致国际社会主义者大学生代表大会》的书信中，对脑力劳动者予以阐释，“脑力劳动无产阶级，他们负有使命同自己从事体力劳动的工人兄弟在一个队伍里肩并肩地在即将来临的革命中发挥巨大作用”[②]。在这里恩格斯把脑力劳动者等知识分子归于人民的范畴。对于“人民”概念的界定，实质上是一个有关人民阶级属性划分的问题，生产资料的所有制性质是马克思对“人民”范畴和概念予以界定的前提和依据，从巴黎公社时期对“人民”的界定，以及随后对工人阶级、农民、中等资产阶级、小资产阶级甚至外国工人等的划分，又充分阐释了人民的概念和内涵具有历史性，随着历史的展开和社会发展变化，“人民”的概念和内涵也同时发生着变化。“然而这是使工人阶级作为唯一具有社会首创能力的阶级得到公开承认的第一次革命；甚至

① 马克思恩格斯全集（第4卷）[M]. 北京：人民出版社，1958：220.
② 马克思恩格斯全集（第22卷）[M]. 北京：人民出版社，1965：487.

巴黎中等阶级的大多数，即店主、手工业者和商人——唯富有的资本家除外——也都承认工人阶级是这样一个阶级。公社拯救了这个中等阶级，因为公社采取英明措施把总是一再出现的中等阶级内部纠纷之源，即债权和债务问题解决了"，"帝国在经济上毁了他们,……帝国在政治上压迫了他们"[①]。从这里我们可以看出，在社会发展的特定阶段"人民"的概念和范畴会因经济结构的变化而发生变化，"人民"首先是一个历史唯物主义的概念，但同时它更具有历史性。

三、"人民主体性"的内涵

(一) 概念定位

"人民主体性"主要是一个哲学概念，是人民主体的实现路径和方法论在社会实践过程中，在社会发展角色定位中的一种内在规定性。在人民主体思想理论的指导下，必然是人民主体性的彰显和发挥。而在实践过程中，人民主体性的彰显和发挥受社会历史发展的客观综合因素和人自身发展主观因素的双重制约。人民主体性和社会生产资料之间具有不可分割的联系。对社会生产资料的占有程度和生产资料的所有制性质，是决定人民是否享有自身主体性的根本因素。没有生产资料的占有权和所有权，人民是不可能实现和享有主体性的。马克思恩格斯创立科学社会主义之际，全世界的无产阶级、共产党人都为了生产资料的所有权进行着不懈的艰辛努力。争得生产资料所有权，发挥人民主体性，实现人的自由而全面发展，成为共产党人的历史使命。所以人民主体性是社会历史发展的结果，同时人民主体性的实现程度和发挥程度是衡量社会历史进步的尺度。列宁领导俄国人民建立了人类第一个人民民主专政的无产阶级政权[②]。列宁对苏联社会主义建设过程中，对人民群众和社会主义建设的关系予以诸多理论和实践阐述，充分论证了人民主体性的发挥是苏维埃政权迅速积累物质财富用以发展综合国力和迅速创造精神财富以从思想文化领域引领全国人民的根本来源。

(二) 内涵界定

1. 现实的个人"是"人民主体性"的历史前提。在这一点上，习近平人民主体性的论述对"人民主体性"这一基本内涵进行了理论和实践上的继承和丰富，激发

① 马克思恩格斯文集（第 3 卷）[M]. 北京：人民出版社，2009：160.

② 列宁在探索社会主义建设发展的方法和途径，巩固新生的苏维埃政权，建设苏联社会主义时，不断总结建设的经验和教训，指出"生气勃勃的创造性的社会主义是由人民群众自己创立的"。参阅列宁全集（第 33 卷）[M]. 北京：人民出版社，1985：53.

个人主体的积极性和主动性，使个体主体迸发出强大的创造力，是最终发挥人民主体性的基本前提。不从个人的主体性出发，人民主体性就是一个抽象的概念。

2. 马克思从生产关系出发，指出人的本质是所有社会关系的总和，“现实的个人”不是单个人的存在物，而是生活在一定社会关系中的个人，这就从社会实践中规定了人的现实实践性。习近平对此也做了深刻的拓展和丰富，着力解决和处理在社会发展中，随着改革开放的纵深发展所出现的各个利益主体间的矛盾和冲突，化解矛盾，关注民生，通过不同群体间的利益整合，优化社会结构，协调好各种社会要素之间的关系，这是发挥人民主体性的最基本的社会生态①。习近平正是运用马克思这一人民主体性内涵，在中国特色社会主义建设实践中肯定人民群众创造历史的主体地位，同时在这一世界观的基础上，回答了作为主体的人民进行中国特色社会主义建设的路径和条件等。

第二节　马克思人民主体性思想的基本要义

从唯物史观角度论证人自身所具有的实践功能和动力功能，并在实践中不断激发着自身的主体动力和主体自主，进而进行主体改造和主体创新，推动社会发展进步的同时，不断规定着每一个具体历史发展阶段中人的角色和地位，最终确认社会发展的终极价值目标即是人的自由全面发展。马克思人民主体性思想正是在社会历史发展中，论证人作为社会物质财富的主体创造者所肩负的发展重任，同时又作为社会精神财富的创造者担负着人类社会发展的终极价值旨归。在马克思的论著里，马克思具体论证了人民主体的具体表现内容，最终完成了人民从实践中发展，并在实践中不断实现自身自由发展的逻辑循环。人民主体性贯穿马克思主义整个理论体系的始终。列宁苏维埃社会主义建设中，充分发挥人民主体性，发展人民民主专政的国家政权，紧密联系群众，生活在群众之中，根据苏联人民的意愿不断调整社会主义发展的战略举措，从战时共产主义政策到新经济政策的不断完善和调整，使人民主体在社会主义建设中不断得以彰显和实现②。

① 马克思对此有过精辟的论述，“社会结构和国家经常是从一定个人的生活过程中产生的。但这里所说的个人……是从事活动的，进行物质生产的，因而是在一定的物质的、不受他们任意支配的界限、前提和条件下能动地表现自己的。”参阅马克思恩格斯全集（第 3 卷）[M]. 北京：人民出版社，1960：29.

② 列宁在总结俄国革命胜利和社会主义建设经验时指出，“只有相信人民的人，只有投入生气勃勃的人民创造力泉源中去的人，才能获得胜利并保持政权”。参阅列宁全集（第 33 卷）[M]. 北京：人民出版社，1985：57.

一、人的自由而全面发展

马克思对人民主体性做出了丰富的论述和坚实有力的论证，奠定了人民主体性的历史唯物主义和实践唯物主义的理论基础。

（一）马克思对人的本质和人的解放的论证

“人不是抽象的蛰居于世界之外的存在物”[①]，人的本质具有真正的现实性，任何一个阶级，只有摆脱了“由于自己的直接地位、由于物质需要、由于自己的锁链本身的强迫”，才能拥有“普遍解放的需要和能力”[②]。在这里，马克思论证了人民主体性意识和行为觉醒的必要性和可能性[③]。思想意识的主体性回归是实现这些现实性的前提条件，由此我们可以这样认识，人本质的复归，人的本质的现实性发展，是以其思想意识的主体性回归为前提的。马克思实质上是立足人的本质，论证了思想意识和人本身的自主性对于人的主体性进入实践领域的基础前提作用。

（二）马克思对实践唯物主义的论证

马克思论证了人民群众自主自觉的意识需要在实践中才能转化为人自身生存和生活需要的能力，创造出满足人们需要的物质财富和精神财富。马克思从实践出发，指出历史都是“人的活动”，规定了人民群众的历史地位，而“人的活动”就是人民群众进行的创造历史的共同的社会实践活动[④]。按照唯物史观，人民即是实践的主体，也是具有实践能力的人，而人自身所具有的这一主体功能，决定了人对于社会发展的重大作用，推进社会历史发展的进程是靠广大人民群众的实践才得以实现的，社会历史的进步和发展是人民群众实践创造的综合结果。“群众给历史规定了它的任务’和它的‘业务’”[⑤]，在完成这一“任务”和“业务”的实践劳动过程中，必然要求人民群众不断提升自身的主体性和能动性，推动实践活动的不断深入和发展，“任务”

---

① 马克思恩格斯选集（第 1 卷）[M]. 北京：人民出版社，2012：1.

② 马克思恩格斯选集（第 1 卷）[M]. 北京：人民出版社，2012：15.

③ 在论及思想理论和无产阶级的关系时，马克思阐释了哲学的根本价值意义，即它改造世界的实践指导作用，“哲学把无产阶级当做自己的物质武器，同样，无产阶级也把哲学当做自己的精神武器；思想的闪电一旦彻底集中这块素朴的人民远点，德国人就回解放成为人”参阅马克思恩格斯选集（第 1 卷）[M]. 北京：人民出版社，2012：16.

④“思想本身根本不能实现什么东西，思想要得到实现，就要有使用实践力量的人”在这里，马克思强调“人”这一实践主体的决定性作用和改造能力，充分论证了人的实践活动的极端重要性。参阅马克思恩格斯文集（第 1 卷）[M]. 北京：人民出版社，2009：320.

⑤ 马克思恩格斯文集（第 3 卷）[M]. 北京：人民出版社，2009：285.

和“业务”在人民群众实践范围的扩展和实践深度的拓展中不断实践新的“任务”和“业务”的产生，进而不断推动人类社会的进步和发展[①]。“到现在为止，历史上的一切伟大活动之所以一开始就是不合时宜的和没有取得富有影响的成效，正是因为群众对这些活动表示关注和怀有热情。”[②] 在马克思这里，人民群众兼具两种社会功能，即社会物质财富的创造者和精神财富的创造者，这两种社会功能赋予了人的主体价值和主体动力，才不断推动和实现着人类社会的发展和变革。对人民群众这一历史地位的界定，使人的创造历史的实践能动性的问题得到了历史唯物主义的解释，人的本质和发展从哲学领域充实到了社会发展领域。

（三）马克思对劳动本质的论证

消除劳动的异化状态，工人拥有自己劳动的所有权，对自己劳动所得的劳动成果拥有支配权和使用权，获取经济独立，这是走向人的自身解放的基本前提。但首要最关键的是要取得经济独立，首要的前提条件和要求是必须通过无产阶级革命，打碎资产阶级国家机器，建立无产阶级专政，消灭私有制，取得政治独立。这就揭示了无产阶级要挣脱枷锁和锁链，消除劳动者和自身劳动产品之间的这一异化关系，使工人拥有自己所创造产品的自主权和支配权[③]，这就需要工人在实践过程中首先克服自身的他人束缚，取得独立，并在实践中不断地使自身的主体性和能动性不断提升，使人不断地完成向自由王国的飞跃。关于第一点，马克思在《共产党宣言》里论证了人要获得人自身发展和解放的途径，在无产阶级革命中，首先取得政治解放，建立无产阶级的国家政权，并在获得自身独立的基础上，不断通过劳动提高社会生产的总量，最终实现人的自由而全面的发展。

（三）马克思对人民主体性的论证

马克思人民主体性的思想内容贯穿于马克思整个思想理论体系，并对人民主体性做了具体详细的论述。科学社会主义是马克思主义哲学、马克思政治经济学的最终归宿，科学社会主义为人类社会的发展设计了美好蓝图，为人的发展提供了方向

① “历史活动是群众的活动，随着历史活动的深入，必将是群众队伍的扩大。”这一思想充分揭示了马克思人类历史发展的动力的历史唯物主义观点，推动人类历史进步的力量即是最广大的无产阶级。参阅马克思恩格斯文集（第 1 卷）[M]. 北京：人民出版社，2009：287.

② 马克思恩格斯文集（第 1 卷）[M]. 北京：人民出版社，2009：286.

③ 恩格斯在《国民经济学批判大纲》指出，“在国民经济的实际状况中，劳动的这种现实化表现为工人的非现实化，对象化表现为对象的丧失和被对象奴役，占有表现为异化、外化”，“工人对自己的劳动的产品的关系就是对一个异己的关系”。参阅马克思恩格斯选集（第 1 卷）[M]. 北京：人民出版社，2012：51.

和目标。由此，在马克思的论著里，人民主体性贯穿整个马克思主义理论的始终，也是马克思主义整个理论体系的出发点和最终归宿。从马克思的著作里，通过分析研究，可以看出马克思对人的主体性规定了丰富的内容，人民是政治主体，人民是经济主体，人民是文化主体，人民是利益主体，人民主体的历史使命等。人民克服异化劳动，在实践中成为自己和社会的主人的根本前提就是人的独立性的获得[①]。政治主体地位是保障人民享有主体性的前提条件，人的主体地位的实现和人的主体权益的获得有赖于人的政治主体地位的实现。因此人民主体首先表现为政治上的主体地位，只有上升为统治阶级，人民主体才得以成为现实可能，“他们 [构成统治阶级的各个个人 (笔者加注)] 的思想是一个时代的占统治地位的思想”[②]。“把占统治地位的思想同进行统治的个人分割开来”最终陷入思辨哲学的抽象概念，就概念本身而谈人的本质的抽象，而人本质上是实践的，是在生产实践中结成的各种关系的总和，这无疑是对人民主体的抽象化。

二、“人民主体性”的价值指向

“人的自由全面发展”是“人民主体性”的价值指向。马克思论证“人民主体”、“人民主体性”的根本目的就是通过无产阶级革命，实现共产主义，彻底实现人的主体的解放[③]。因此人民主体性的充分发挥是实现“有个性的个人”的终极目标，人的主体性的全面发展，从根本上就是要实现“阶级的个人”向“有个性的个人”的历史转变。

---

① “问题不在于目前某个无产者或者甚至整个无产阶级暂时提出什么样的目标，问题在于无产阶级究竟是什么，无产阶级由于其身为无产阶级而不得不在历史上有什么作为。它的目的和它的历史使命已经在它自己的生活状况和现代资产阶级社会的整个组织中明显地、无可更改地预示出来了”。参阅马克思恩格斯文集 (第 1 卷)[M]. 北京：人民出版社，2009：262.

② 对此，马克思曾有过精辟的论述和论证，“统治阶级的思想在每一时代都是占统治地位的思想”，“一个阶级是社会上占统治地位的物质力量，同时也是社会上占统治地位的精神力量。支配这物质生产资料的阶级，同时也支配着精神生产资料，因此，那些没有精神生产资料的人的思想，一般地属于这个阶级的”，这就有力论证了政治主导权对于人民群众主体地位的确立，对于人民各项主体权益的获得具有根本性的作用。参阅马克思恩格斯选集 (第 1 卷) [M]. 北京：人民出版社，2012：178-179.

③ 对此，马克思、恩格斯谈到自由人联合体，指出自由人联合体即是真正的共同体，即共产主义社会，并对这个共同体进行了阐释，“在真正的共同体的条件下，各个人在自己的联合中并通过这种联合获得自己的自由。”参阅马克思恩格斯全集 (第 3 卷)[M]. 北京：人民出版社，1960：84. 在人类社会的这个发展阶段，人的自由全面发展得以获得实现的可能，人的主体的解放和个性的充分释放，才最终得以实现。

(一) 人主体发展的内在必然

马克思从历史唯物主义出发论证了人的本质，人是一切社会关系的总和，人的本质通过实践劳动得以体现，进而具备意识能动性、人格自主性、创造自觉性和价值主体自由性等特质。马克思认为，在实践中人以一种全面的方式，也就是说，作为一个完整的人，占有自己的全面的本质"，因此社会的发展的本质是人的发展。"自主活动"是马克思实践唯物主义非常突出的概念，人拥有"自主活动"的能力的前提是人的主体性具有充分开阔的主客观条件，"实现'人民主体性'的实质就是实现人们的'自主活动'"[①]。"人民主体性的内容统一于历史和当前实践需要人类的主体性从人类历史的发展上看，存在着'超越性、创新性、理想性'"，"在人与自然、人与社会的对立冲突中，人不断地冲出羁绊，其中起重大作用的是人的主体性"[②]。马克思提出人类一切历史的原点，即人类生存的基本前提：人必须能够解决基本生活所需。马克思指出劳动空间的必要性，因为只有为个体提供并保障了劳动空间，个体才能通过劳动和社会化的生产创造社会财富，从而享有与之相匹配的物质生活。

(二) 人主体发展的最终形态指向

马克思说"整个所谓世界历史不外是人通过人的劳动而诞生的过程。"[③]人在实践中发展并丰富着"为我而存在"[④]社会关系，在结成这些丰富而复杂的社会关系的过程中，人创造物质财富，并建构和决定着这个物质世界的物质形态和存在状态，并在这个世界中打下自身主体发展的烙印，在实践活动中按照自身的意识观念来构建有形的或无形的世界。按照马克思社会发展三形态理论，人的发展形态经历自然形态、对物的依赖形态和人的自由全面发展形态。建立在个人全面发展和他们共同的社会生产能力成为他们的社会财富这一基础上的自由个性，是第三个阶段，随着社会物质的丰富，主体活动的客体空间愈加开阔，以物的依赖性为基础的人的独立性，人的社会关系全面建立，主体性需求呈现多元化趋势，全面的能力愈加突出。"已经得到满足的第一个需要本身、满足需要的活动和已经获得为满足需要而用的工具又引起新的需要，而这种新的需要的产生是第一个历史活动。"[⑤]

① 李包庚 . 马克思"人民主体性"思想解读 [J]. 马克思主义研究，2014(10)：106-107.

② 张宝森 . 人民主体性对中国社会发展价值体系的决定和选择研究 [J]. 社科纵横，2009(01) .

③ 马克思恩格斯选集（第 1 卷）[M]. 北京：人民出版社，2012：131.

④ 马克思恩格斯选集（第 1 卷）[M]. 北京：人民出版社，2012：81.

⑤ 马克思恩格斯选集（第 1 卷）[M]. 北京：人民出版社，2012：159.

第三节　马克思人民主体性思想国内外研究现状简述

人民主体性是一个愈谈愈新的命题，依据这个命题，学界的研究呈现出多视角、多学科的研究趋势和状态，在每一个阶段，关于马克思人民主体性的研究所聚焦的研究主题和研究领域都有异同。对这些学术研究成果做整体梳理和具体分析，对深入研究本书主题具有重要的理论支撑作用。

一、国内有关研究著述

就马克思人民主体性的相关研究，学术界从马克思主义基本理论、哲学、经济学、法学、政治学等多学科多角度予以多方面的研究，形成了系统的多视角的理论研究成果。从目前的现有研究情况来看，对于“人民主体”的学术研究，总体上呈现不断上升的大趋势，其中近些年相关学术著作也陆续出版，如《马克思人民主体思想研究》(刘真金，2022),《民族复兴视域下人民主体性研究》(潘志良，2022）等等。学者们从不同的视角对人民主体性进行了历史清理和经验梳理，形成了系列有特色的研究成果。人民主体性是一个不断发展的研究主题，特别是在2015年10月组织召开的中国共产党第十八届中央委员会第五次全体会议上提出“坚持以人民为中心的发展思想”这一新命题后，党的二十大报告再次“坚持以人民为中心的发展思想”。这深刻体现了马克思主义的唯物史观和中国共产党全心全意为人民服务的根本宗旨。随即，人民主体性强调“坚持人民至上”，研究又被学界推向了一个崭新的高度和深度，学者们纷纷从不同的角度对人民主体性进行全方位的探讨研究，并且产出了一批成果，为中国特色社会主义新时代马克思主义思想理论的发展做出重要贡献。也正是基于此，在试图全面总结分析和逻辑梳理前人已有的研究成果基础上，进行一些有益的探索创新思考，竭力为关于“人民主体性”的研究添砖加瓦。总体而言，可以对通过检索查阅到的现有学术理论成果进行分类考察，主要可能概括为以下几个方面:

(一) 基本概念研究

无论哪一个学科专业，无论哪一门学术理论，其基础概念内涵一定是这项理论研究的逻辑起点。就“人民”这一概念而言，因为对该概念界定的目的、视角和方法等有所不同，故而学界基本演绎出了三种内涵：从马克思主义经典概念出发，就形成了马克思主义人民主体性概念派；从中国特色社会主义文献出发，就逐步形成中国特色社会主义“人民”概念派；从法律理论概念出发，就逐步形成法理学意义上的“人民”概念演绎派。有学者指出，“人民”是以事物的群体为反映对象的概念，在形式逻辑中是个集合概念（陈新汉，2011；于萍，2023）①，人既不是笼统的人类，也不是抽象的个人，而是作为具体的社会存在的人们，在社会主义社会中，就是“人民”。总体而言主要集中在以下几类：一是现实的人。马克思重建“人的解放”的理论视域（赵梓旭，2023；张晓萌，2022等），为新主体的生成开辟了理论空间（孔明安，2023；薄振峰；柯萌，2022等），在“人—实践—社会关系”（毕国帅，2023；薛俊强，2022等）的总体架构中，论证“现实的个体”和“一切社会关系的总和”（陈博，2023；郑文搏，2021等），人的普遍性本质上升为现实性实践（刘同舫；黄文义，2022等），现实的人为了实现自身与他人的自由全面发展（高爽，2022；丁乃顺，2021等），在社会现实中挖掘解放的潜力（朱大鹏，2023；周爱民，2020等），以人民为逻辑起点进行本体论建构（陈胜云，2023）。二是比较研究。以马克思、胡塞尔人性论的比较为视角，分析对象性活动与本质力量实现的辩证逻辑（李广川，2023；曹瑜，2022等）；《德意志意识形态》马克思对黑格尔辩证法予以继承与重构（马小帅，2023；梁爽，2022等），“人的本质”生成的逻辑进路（郑文搏；张楠，2023等）；马克思人的本质与孔子人性论的相融性研究（吕彦瑶，2022等）等。

（二）人民主体的研究

关于“人民主体”的研究，学术界都聚焦在人的实践发展的领域，并结合现阶段社会发展的新形势研究分析。有学者聚焦人民的历史作用②（周康林，2015），指出坚持人民主体性原则为指导③（石寅，2015），人与历史的关系问题，是历史观的根基问题（马纯红，2023），不断彰显人民主体性④（王永贵，2015）：实践主体、认识

①“‘人民’必须从密切结合思维内容来研究思维形式的辩证逻辑来理解”；“人民总与人联系在一起，而每一个人都是活生生的和独一无二的‘在者’”；“‘以人为本’中的‘人’必须与现实的一个个具体的个人联系起来理解”；“为人民服务”中的“人民”也必须与现实的一个个具体的个人联系起来理解。参阅陈新汉．在体制改革中把“人的世界还给人自己”——关于克服社会主义核心价值体系“边缘化危机”的再思考[J]．哲学研究，2011(01)．

② 具体来说就是指改革的价值主体、权利主体、实践主体和利益主体。参阅周康林．“人民是改革的主体”何以可能？[J]．毛泽东思想研究，2015(01)．

③“四个全面”四项基本工作贯穿了一条以人民主体思想为核心的逻辑主线。参阅石寅．“四个全面”战略布局中的人民主体思想[J]．理论与改革，2015(06)．

④ 在对人民范畴做了界定和厘清的前提下，指出坚持个人主体与社会总体的辩证统一是坚持人民主体地位的重要原则；坚持人民主体地位的主要任务之一就是要逐步理顺主客体关系。参阅王永贵．改革开放以来中国共产党坚持人民主体地位的内在理路[J]．当代世界与社会主义，2015(03)．

主体、价值主体和利益主体[①]（郭晓禄，2014；郑礼平，2014；原魁社，2023）。有学者从“概念使用”、“实践形式”、“价值理念”三个维度（代红凯，2023）考察实践，指出人的主体性的实现程度只有通过主体的实践才能得到说明（杨哲，2017；吴璇，2023）[②]；人民主体实质上是一种群体主体，人民主体性表现为群体主体性（郭湛，2011）[③]，表现为自为性、能动性、自觉性、创造性等特质。

（三）人民主体性研究

有不少学者以马克思主义经典著作为研究文本，去探索人民主体性问题，认为“人民主体性”是指人民在创造历史的实践活动中发挥其自觉能动性、自主性、自为性和创造性（李包庚，2014；李秋，2023）[④]，构建合理的人民生态主体性（张晓峰，2023），主体自身具有强烈的“为我”和“自为”的主体性特征（李庆春，2003），从创新主体性的视角，人民具有历史主体性（徐斌，2017；闫世为）[⑤]，人的实践在自我矛盾的生存辩证法中形成新的生存意识和生存实践（杨晶，2015；吴文新，2023），中国人民历史主体性的生成是马克思主义中国化时代化的产物（董新春，2023；刘琼华，2023）。从学科取向来看，从马克思主义主体性发展这一维度出发，既有研究多以政治学、哲学、社会学、法学和国际关系等学科专业为主。

二、国外有关研究著述

在国外的学术理论界，大多数学者将唯物主义社会历史发展观往往被理解为一种机械的经济决定论，所以研究包括“人民主体”思想在内马克思主义思想理论著述的学者并不多见。众所周知，第二国际在对马克思主义理解上的根本缺陷，就集

① 改革必须遵循个人主体与社会总体的辩证统一，主体意识与改革客体的辩证统一，解放思想与凝聚共识的辩证统一的方法论原则。参阅郭晓禄．论全面深化改革背景下人民主体思想 [J]. 学术探索，2014（09）．

② 从“类主体”到“个体主体”的发展是马克思关于人民主体思想的价值进路，是对马克思人民主体的现实形态考察分析。参阅杨哲．马克思的人民主体思想及其当代价值 [J]. 马克思主义研究，2017（01）．

③ 群体主体性是以一个群体为整体，以共同利益或共同价值为纽带，在共同面对客体时表现出来的整体性质或者整体主体性，这种整体性质使“整体主体超越了个体主体的有限性，形成一种整合的力量，更能与客体势力相抗衡”。参阅郭湛．主体性哲学 [M]. 北京：中国人民大学出版社，2011.

④“人民主体性”的内涵是“现实的个人”是“人民主体性”的历史前提，“自主活动”是其实质内容，有个性的“个人”是其价值指向。参阅李包庚．马克思“人民主体性”思想解读 [J]. 马克思主义研究，2014（10）．

⑤ 人民群众的利益和全面发展是中国特色社会主义制度的根本价值旨趣，具体表现为保障人的权益、维护社会公正和促进人的发展。这也正是人民主体性的根本性诠释。参阅徐斌．论中国特色社会主义制度的人民主体性 [J]. 思想理论教育导刊，2017（03）．

中体现在将马克思主义的历史观错误地理解为一种机械的经济决定。例如，西方学者弗罗姆曾指出，在马克思去世后，将马克思主义理解为经济决定论的历史唯物主义的学者比较普遍，不论是像伯恩斯坦这样的社会改良主义论者，还是像普列汉诺夫、考茨基、列宁或布哈林那样的正统的马克思主义论者，均持此观点。譬如，自二十世纪三十年代起，除了对第二国际的现实革命立场表示不满之外，第二代西方马克思主义直接将马克思主义注释成“人本主义哲学”，他们也同样对整个传统的马克思主义哲学体系产生了不满情绪。二十世纪五十年代后出现的科学主义理论反对将马克思主义人本主义化。这就把“人”这一主体严重遮蔽了起来。后来，在阿格尔的“生态学的马克思主义”中，将“人”与“科学”重新融合起来的理论努力，也出现在西方马克思主义思想理论的领域，但“人本主义”仍然是这种哲学的本质所在。

三、国内外研究述评

就现有国内学者对马克思人民主体性思想的研究来看，研究视角多样，研究主题多样化，覆盖的领域比较大，这些研究为国内进一步深入研究这一主题提供了更为开阔的思路。

第一，研究相对缺乏系统性和深入性。研究一般停留在马克思列宁人民的历史动力理论，以及中国共产党人民群众观中人民主体性的地位和发挥，研究的视角更多偏重于无产阶级或本国内人民主体性的发展。事实上，随着全球化进程的纵深发展，人们不仅面临本国国内复杂的自身和社会发展的问题，同时又无可回避地遭遇到各国发展过程中所必须参与和应对的全球问题，仅仅从这一现实社会发展状态来讲，人民主体性的研究必须在现有研究的基础上扩展研究视野，站在全人类生存和发展的高度审视理论的国际性和使命感，这与马克思为了全人类解放的价值追求是一脉相承的。人民主体性是马克思主义的核心和精髓，是贯穿马克思主义哲学、政治经济学、科学社会主义的一条主线，体现了鲜明的历史唯物主义。学术界相关理论研究成果，立足于马克思经典理论中人民主体性思想，都从各个不同的角度对“人”作了丰富的解读和研究，为马克思人民主体性思想的在新时代的发展提供了坚实的思想理论支撑。

第二，人民主体性作为马克思人民主体性思想的一个基本概念，同时在社会发展过程中，更多的还是一个历史概念，随着社会发展的不同阶段、不同形态，社会形态所给予和提供给人民主体性发展和作用的空间必然存在差别，生产力必然带来相应地与之相适应的生产关系，这同时也决定了人民主体性的发展和作用必然受到社会生产关系的制约和影响。十八大以来的相关理论成果相对散见于其中，并且也多是立足某一治国理政思想理论进行研究，如立足“中国梦”、“四个全面”、“社会主义核心价值观”、“五大发展理念”等，缺乏系统分析和研究。经济全球化进程的加快，必须实现与国际发展的实践对接。中国式现代化以中国模式、中国特色创造了人类文明新形态，新时代推进中国式现代化同时考量的也是人民主体性发挥的同步性和同质性。中国式现代化对“人民”内涵的界定，发轫于长期的革命战争，形成马克思主义中国化的人民主体论，其所具有的价值功能在明晰“现实的人”的实现向度上日益彰显。人民主体认识论、人民主体方向论、人民主体目标论、人民主体方法论、人民主体价值论的主体论结构系统性、逻辑性地构成其丰富的主体意蕴，并按照提出问题、分析问题，解决问题的实践理路依次持续建构其主体论理论，以学理逻辑和现实逻辑展开历史的回望、规律的把握、实践的研判、战略的谋划，彰显坚持人民至上的价值遵循，是建设中国式现代化的理论和实践双重的实然理路和应然逻辑，是习近平新时代中国特色社会主义思想世界观和方法论的现实体现。正因如此，国内关于马克思人民主体性思想的研究也把研究的领域和视野集中在本学科、本国人民主体性的理论和实践上。如有学者从列宁三大社会形态出发研究人民主体性与社会发展的同步和不同步性，却也没有打破和消除研究范围的局限性。

第二章
马克思人民主体性思想的中国化的历史追溯

马克思人民主体性思想的中国化，基于马克思主义理论的相关基本原理，从这一基本原理出发，新时代马克思人民主体性思想的中国化、时代化继承和发展马克思主义理论关于人民主体性思想，以不同的视角、不同的逻辑和不同的论证思维对人民主体性进行论述和阐释，对人民主体性不断进行丰富和创新。与其说马克思人民主体性思想的中国化具有真理性和时代性的理论特质，不如说是真理性和时代性马克思主义基本原理的鲜明的理论品格。

第一节　马克思人民主体性思想的中国化的理论基础和思想溯源

一、理论基础

（一）人民是历史动力主体的唯物史观

人民是创造世界历史的动力[①]，这一鲜明的唯物史观，指引中国革命取得伟大胜利，并进行社会主义初期建设的根本所在。艰苦卓绝的革命战争年代，中国共产党依靠着广大的人民群众，小米加步枪，不拿群众一针一线，从群众中来，到群众中去，正是依靠人民群众革命的主体力量才实现了中国革命的胜利和人民群众的翻身解放。从此，人民主体意识得以唤醒，中国共产党代表人民的根本利益，实现人民群众的政治解放，打土豪，分田地，人民在经济上翻身独立，成为拥有经济自主权的经济主体，发展中国社会主义文化，百花齐放，百家争鸣，发展社会主义文艺，人民群众在社会建设中的主体地位得以确定，并在实践中真切感受到主人翁地位，并在实践中不断彰显和实现人民的各项权益。中国共产党在长期的革命战争时期，

① 关于马克思的人民是历史的创造者的历史唯物主义观点，毛泽东在中国革命的实践中，对此进行了创造性运用，精辟地指出，“人民，只有人民，才是创造世界历史的动力”参阅毛泽东选集（第3卷）[M]. 北京：人民出版社，1991：1031.

探索出了具有中国特色和中国模式的革命和建设道路。

1. 中国革命的革命动力和依靠力量是人民群众。从1840年鸦片战争，中国无数仁人志士艰苦求索，探寻真理，寻求中华民族独立、国家解放的途径，不惜抛头颅、洒热血，但终未能寻求到中华民族独立的正确道路。十月革命一声炮响，给我们送来了马克思列宁主义。无数马克思主义者又开始了中华民族的独立的征程，但机会主义、教条主义、经验主义等，使中国革命始终未能和人民群众相结合。毛泽东充分认识到中国的具体国情，进而认识到中国革命必须从农村包围城市，依靠广大的人民群众，建立农村革命根据地，这为中国革命寻求到了强大的依靠力量，发动人民，发挥人民群众的革命力量，领导人民群众共同革命的人民革命道路①。正是遵循马克思人民主体性思想，并对马克思人民主体性思想进行中国化创新，中国开启了一场空前的人民战争，在土地革命、抗日战争和解放战争等各个时期，中国共产党始终依靠群众，组织发动和武装人民群众，并根据战争的各个不同的阶段和不同的革命任务，建立革命统一战线，最大程度上实现了人民主体力量的团结一致，最终夺取中国革命的伟大胜利，建立人民民主专政的社会主义国家，人民当家做了自己和国家的主人。

2. 群众路线是对马克思主义人民主体性思想的中国化运用和创新。首创提出中国共产党的的宗旨就是全心全意为人民服务，这一规定作为中国共产党的执政核心理念被固定下来，为以后中国共产党进行社会主义改革和中国特色社会主义建设指明了方向，确定了中国特色社会主义发展的终极价值目标。

3. 探索出了“从群众中来，到群众中去”的群众路线，实现了马克思主义理论中人民主体的实践性和现实性。人民主体在群众路线中彻底脱离了抽象概念的认知，充分体现了人民主体的认识论和方法论价值，为中国革命和社会主义建设探索出了一条科学可行的途径，中国革命的全民动员和军民鱼水情，充分体现了群众路线充分调动了人民群众的自主性、自觉性和创造性。

（二）人民是实践主体的方法论

中国共产党始终相信群众，依靠群众，确立了全心全意为人民服务的根本宗旨，并根据中国不同发展阶段的现实状况和不断变化的人民的构成情况，对马克思主义人民主体性思想进行丰富和发展，形成具有中国特色的人民主体性思想理论体系。

---

① 关于中国革命的主体力量和目标依据，毛泽东在其著作里进行了具体的论述，“革命是什么人去干呢？革命的主体是什么呢？就是中国的老百姓。……但是这许多人中间，什么人是根本的力量，是革命的骨干呢？就是占全国人口百分之九十的工人农民”。参阅毛泽东选集（第2卷）[M]. 北京：人民出版社，1991：526.

这些依靠人民，从人民群众中来、到人民群众中去等思想方法和思想理论体系成为马克思人民主体性思想的中国化产生和形成的文化基因和理论新义。

1. 以人民推进改革

在社会主义改革和发展的伟大实践中，马克思人民主体性思想的发展和创新在社会建设层面全面展开。首先规定“实现共同富裕”是社会主义的本质。基于生产力角度，对社会主义本质做了首次明确的界定[①]，生产力和具体社会发展战略：共同富裕结合起来，体现了社会主义理论和人民根本利益和人的需求的价值取向的统一，确立了人民是价值主体的发展定位和价值旨归。界定了改革开放时期人民主体的新的理论内涵。革命是解放生产力，改革也是解放生产力[②]。许许多多的东西，都是群众在实践中提出来的[③]，完成了人民是革命主体向人民是解放生产力的主体，是改革主体的转变。尊重人民的实践和首创精神，在改革开放中为人民创设自主、创新的改革环境和政策条件，自主放权，极大激发了人民群众参与改革发展的热情，人民主体的自主性、创新性和能动性空前高涨。论及社会主义制度的优越性和当前人民生活状况时，邓小平指出，贫穷不是社会主义，社会主义要消灭贫穷。社会主义制度的优越性是人民生活水平的提高、人民各项权益的保障和实现。至此，把发展社会主义生产力和满足人民物质文化生活需求相结合，作为判断一切工作的标准，这是对马克思主义人民主体性思想的又一个重要贡献。这一理论贡献一方面确立了党的工作的评价标准和评价主体是人民，党制定和落实各项战略方针、政策必须以人民是否拥护，人民是否高兴，人民会不会赞成，人民能不能答应为根本前提和依据，充分体现了党全心全意为人民服务的根本宗旨，突出反映了中国共产党的执政理念。另一方面确定了人民是改革开放的利益主体。以广大人民群众为根本利益出发点，在三个有利于的标准中，始终以是否有利于人民生活水平的提高为根本落脚点。可以说，三个有利于浓缩和概括了这一阶段人民主体性理论的核心和精髓，在积极推进改革开放的如火如荼的实践中，逐步巩固人民主体地位，人民主体意识不断觉醒和提高，并在主体实践中得以极大增强，人民主体性愈加彰显。

2. 以人民实现科学发展

中国特色社会主义发展新阶段的实际状况，人民主体意识和主体行为持续增强和发展，马克思人民主体性思想更加深入地运用于中国特色社会主义建设中。从先

① “社会主义的本质，是解放生产力，发展生产力，消灭剥削，消除两极分化，最终达到共同富裕”。参阅邓小平文选（第 1 卷）[M]. 北京：人民出版社，1993：271.

② 邓小平文选（第 3 卷）[M]. 北京：人民出版社，1993：370.

③ 十六大以来重要文献选编（中）[M]. 北京：中央文献出版社，2006：153.

进生产力、先进文化出发，人民是先进生产力和先进文化的代表，再次明确中国共产党是中国最广大人民利益的忠实代表①。人民是发展先进生产力的主体，是发展先进文化的主体，这就充分阐释了人民的实践主体地位，把先进生产力、先进文化和最广大人民的根本利益相提并论，三者有紧密的内在逻辑关系。在全面、协调、可持续的科学发展中，明确提出"人民主体"的概念，再次对人民主体性予以新的丰富，"以人为本"的科学发展观，凸显了"人民"和人民群众中"个人"两个层次不同的概念，并在科学的发展实践中对"以人民为本"和"以人为本"进行了内涵阐释，再次用新的理论阐释了马克思所论证的人的本质内涵。"深入贯彻落实科学发展观，根本在于发挥人民主体作用"②，把人的发展融合进社会发展实践中，人的发展和科学发展观有机统一③，"以人为本"，全面、协调、可持续的科学发展，把马克思人民主体性思想运用于当代，在科学发展实践中不断建构人民主体性的当代形态，成为党执政兴国的核心。党的十八大报告明确提出"坚持人民主体地位"，充分说明新时期党对人民主体性的认识再次实现了崭新的理论高度，对人民主体地位和人民主体价值的运用更加自觉、自为。这些都为马克思人民主体性思想的中国化提供坚实丰富的理论创新逻辑和实践经验。党的十八大以后，人民主体性的论述呈现出前所未有的丰富性、全面性，在党治国理政的方方面面都坚持人民主体性原则，以人民主体实现各项发展的实践目标，人民主体地位在中国特色社会主义建设中不断彰显和稳固。

二、思想来源

中国的历史悠久，在中华民族五千年的历史长河中，形成了深厚而极具中国性的中国传统文化，这些传统文化成为中华民族的中国精神和心理情结得以延续的思想文化宝库。古圣先贤们的经史典籍拥有丰富的思想精华，这些思想精华的真理性和科学性使得这些经史典籍虽流传千年却依然闪烁着耀眼的光芒。尤其是这些优秀的传统文化中内含的以民为本的思想精华，忧国忧民的为官从政之道，是马克思人民主体性思想新时代发展的传统文化土壤，构成马克思人民主体性思想的中国化的传统思想文化基础，对不断生成和丰富新的人民主体性的实践和理论具有非常大

---

① "人民群众是先进生产力和先进文化的创造主体，也是实现自身利益的根本力量。"参阅江泽民文选（第 3 卷）[M]. 北京：人民出版社，2006：281.

② 胡锦涛 . 在全党深入学习实践科学发展观活动总结大会上的讲话 [M]. 北京：人民出版社，2010：12.

③ 对此，胡锦涛有过明确论述，"人民群众是推动科学发展的主体。科学发展取得了多大成效、是否真正实现了，人民群众感受最真切、判断最准确"。参阅十七大以来重要文献选编：上 [M]. 北京：中央文献出版社，2009：579.

的启发和指导作用。中国传统文化中民本思想是中国传统文化的重要组成部分，对中华文明和中国精神的传承发挥着非常重要的作用。中国历朝历代的发展历程和朝代更替充分说明民本思想是影响古代政治的重要因素。民本思想的丰富性可以追溯到先秦商周乃至尧舜时期，“民可近，不可下，民惟邦本，本固邦宁。”(《尚书·夏书》)“古我前后，罔不惟民之承保。”(《尚书·商书·盘庚中》)这些民本思想对于华夏文明的开启、思想文化的发展和功能发挥提供了政治空间，也使民本思想实现和政治统治的结合。春秋时期，孔子和孟子分别对于民本有过丰富的论述，“道千乘之国：敬事而信，节用而爱人，使民以时。”(《论语·学而》)此时，民本思想可以说成为统治阶级的工具，为了巩固政权，统治阶级不断地对民本思想加以改造，同时在很大程度上进一步丰富了民本思想的内容。“仁政”是孟子最为著名的民本主张。“君者，舟也；庶人者，水也。水则载舟，水则覆舟。”(《荀子·王制》)荀子的这一论述被统治阶级所接受，尤其是唐太宗遵循这一民本认识，实现了国家的长治久安，成为历代君王的榜样。民本认识在这里被不断丰富和完善，已初具民本思想的系统性和论证性。

心无百姓莫为“官”，“善为国者，爱民如父母之爱子、兄之爱弟，闻其饥寒为之哀，见其劳苦为之悲”，“乐民之乐者，民亦乐其乐；忧民之忧者，民亦忧其忧”，“治理之道，莫要于安民等。这些优秀的有关民本的至理名言，赋予马克思人民主体性思想新时代发展以思想指导，内在指引和规导着新时代中国共产党治国理政的思想和行为。尤其是习近平深受这些民本思想因子的浸染，在对传统民本思想继承和内化的同时，更为注重对这些民本思想文化的当代转化，充分彰显这些民本思想文化的真理价值和对新时代社会发展的当代价值，用极具中国精神的元素：“魂”、“根”、“土壤”、“基因”、“血脉”等文化基因构筑中国精神。人民是中华民族优秀传统文化的创造者，中华民族的复兴需要依靠中国最广大的人民才能实现等丰富的论述不断丰富和发展马克思人民主体性思想。“视自我民视，天听自我民听”，党的重大工作和重大决策必须坚持工作重心下移，做到知民情、解民忧、纾民怨、暖民心，深入群众，多干让人民满意的好事实事，充分调动人民群众的积极性、主动性、创造性①。

中国传统文化注重天地人一体，这即是中国文化中崇尚的平衡协调精神，但人是万物中居于首要地位。“三才者，天地人”(《三字经》)“夫大人者，与天地合其德，与日月合其明，与四时合其序，与鬼神合其吉凶。先天而天弗违，后天而奉天时，天且弗违，而况于人乎！况于鬼神乎！”(《文言》)“惟天地万物之母，惟人为万物之

① 胡锦涛．在全党深入学习实践科学发展观活动总结大会上的讲话 [M]. 北京：人民出版社，2010：12.

灵。”(《尚书·泰誓上》)“人者，天地之心也……”(《礼记·礼运》)这些思想成为中国共产党执政为民理念的文化思想来源。“先天下之忧而忧，后天下之乐而乐”，“位卑未敢忘忧国”，“苟利国家生死以，岂因祸福避趋之”等，无不体现着中国传统文化的博大精深，深厚的文化底蕴，同时蕴含着中华民族优秀的文化底蕴和民族精神。这些具有深厚底蕴和精神的优秀思想精华，对于我们形成具有我们本民族特征的正确的世界观、人生观、价值观具有根本的导向作用。马克思人民主体性思想的中国化作为一种系统性的思想理论体系，其自身所具有的中国文化的精神和文化底蕴，充分体现了中国优秀传统文化对于这一理论体系的产生、形成和发展的整个过程所起到的深刻的文化内驱力。

第二节　马克思人民主体性思想中国化的理论演进

马克思人民主体性思想的中国化理论的演进主要考察基本内涵，依据历史发展的纵向脉络，以更清晰完整的逻辑呈现马克思人民主体性思想的中国化的历史性和发展性。

一、“人民”内涵

(一) 初步界定

关于“人民”的界定和规定的历史考察，是在长期的革命战争实践中逐步形成的，最终实现对马克思主义人民主体性思想在中国的具体运用和发展，完成了马克思主义自传入中国以来的与中国革命和现实国情的融合。从实质上而言，马克思主义在中国的创造性运用和理论创新，再次说明人民对于社会历史发展的决定性作用。首先是中国共产党探索出的从群众中来，到群众中去的群众路线，这一立足于人民群众的群众路线成为中国革命胜利的不二法宝。时至今日，群众路线仍然是是中国特色社会主义建设和发展的根本工作路线，人民性是群众路线最鲜明的特征之一。对人民的界定和规定贯穿于中国革命和建设的始终。从打土豪分田地，关于正确处理人民内部矛盾，再到革命爱国统一战线的建立等，人民的内涵逐步具体化，系统化，也充分论证了人民这一内涵在不同阶段，不同的历史任务面前，具有不同的意义。但从这一阶段对人民的论述中，不难看出，农民阶级和工人阶级始终是中国革命的主体力量。这是马克思主义无产阶级内涵的本质体现。在中国革命的长期斗争中，对人民的界定主要是农民阶级和工人阶级，而在中国革命不断深入的过程中，

对人民的界定也扩展到小资产阶级。随着新民主主义革命的胜利，抗日战争的开始，人民的内涵扩展到一切革命的爱国者，建立爱国统一战线。解放战争时期，人民的内涵又发生了具体的变化等，中国革命探索出了人民主体的斗争道路。立足中国革命的实际，并结合当时中国革命的阶级和阶层构成，对“人民”概念的界定更多地是在革命的实践中完成的，在中国革命的实践中不断确定人民的主体意识，依靠人民对于革命成功的关键核心作用，对“人民”概念和范畴的界定直接关系到中国共产党领导的中国革命的群众基础和依靠力量。这就把“人民”这一历史唯物主义概念和广大人民群众的实践活动紧密联系在一起，在毛泽东思想的整个理论体系里，人民是这一理论的核心概念，“人民”概念和范畴的界定充分体现了马克思的人民主体性思想，内在规定了坚持人民主体地位是中国革命和建设的根本前提，只有科学合理地界定具体状况下“人民”的概念和范畴，才能在革命和建设中解决动力主体和价值主体的关键性问题。

（二）扩充完善

十一届三中全会后，我国社会主义开始了改革开放的伟大发展变革，针对社会主义发展的初级阶段的实际情况，规定改革开放的总任务，明确建设有中国特色社会主义的根本目标和依靠力量。基于中国革命和初期建设中“人民”概念的界定和阐释，对“人民”进行重新界定，更好地依靠人民群众，以最大限度地汇集人民群众的实践力量提高社会主义生产力，推动改革开放的发展和深入。科学技术是第一生产力，尊重知识，尊重人才，正是在这一发展战略思想的引领下，对知识分子进行重新阐释，明确了知识分子的无产阶级属性，工人阶级、农民阶级和知识分子，以及广大的热爱社会主义的各类人士都是改革开放的劳动者和建设者，他们一起为建设有中国特色社会主义而共同努力。随后对地主、富农、资本家等中等社会阶层的人群进行重新界定，在这里“人民”的概念和范畴发生了新的扩展和丰富，一切为社会主义建设积极努力的阶层都是人民的重要组成部分，从而激发了改革开放初期各个社会群体参与社会主义伟大实践的积极性、主动性和能动性，蕴含在广大人民群众中的实践创造活力，在解放和发展生产力的新气象中不断迸发涌流。正是对“人民”概念和范畴的重新界定，中国特色社会主义才取得了改革开放40年的令世界瞩目的辉煌成就。

（三）调整充实

十六大报告中，人民的内涵发生了新的变化，首先体现在人民范畴的变化上，其中对民营科技企业中的劳动者，如创业人员、技术人才等，进行了重新规定，他们也是人民的范畴。其次体现在社会阶层的扩展上，对各类劳动者的新的界定和吸纳，使得各类企业中的各类劳动者成为新的社会阶层，并纳入到社会主义建设者的队伍中来。人民内涵的这些新变化，充分体现了人民内涵的时代性、历史性和发展性，正是这一特性，使得人民主体性思想在社会发展实践不断丰富和变化的过程中得以更加丰厚。“以人为本”，全面协调可持续的发展，把发展的现实实践、价值指向与“人民”联系在一起，更加突出和彰显人民是实践的主体和价值主体的马克思主义人民主体性思想。基于此，在推进全面、协调、可持续的发展中，注重统筹发展，科学发展观更加注重凝聚人民群众的实践力量，更加注重发展区域和实践主体之间的平衡协调。至此对人民内涵的界定主要体现在三个层面上，第一，在注重工人阶级（这包括知识分子）为主体的人民范畴的同时，对农民阶级更加强调，强调他们对于先进生产力发展和社会全面进步所起到的根本推动作用。第二，在改革开放中涌现出的新的社会阶层是社会发展的必然，强调新的社会阶层对于中国特色社会主义事业的建设和发展的极端重要性，所以建立最广泛最充分的爱国统一战线，调动一切积极因素，极可能多地凝聚全国各族人民建设社会主义的积极性、主动性和创造性，形成社会发展的强大合力，我们就能集聚起推进事业发展的强大力量。第三，人民范畴的稳定和内涵的科学性，必须建立在向心力上，惟其如此才能发挥人民主体性。这一向心力的集聚，即是以人为本，实现全面协调，可持续的科学发展。这些对人民和人民能动性的阐释，充分体现了人民主体性对于科学发展观指导下的中国特色社会主义建设实践的伟大推动作用，并指出爱国统一战线的发展、丰富和扩大对于凝聚中国特色社会主义的建设力量具有至关重要的作用，这在“人民”的概念和范畴的界定上，增添进新的内容。

（四）持续丰富

随着中国特色社会主义事业的不断深入，我国改革开放每一个具体发展阶段的主要任务不断变化，“人民”的概念和范畴也在随着不断的变化、丰富和扩大。党的十八大以来，“人民”的概念和范畴得以全面审视，始终坚定不移地坚守马克思主义人民的历史唯物主义立场，在实践发展中日益凸显人民的现实性和实践性，无论是“中国梦”，“五位一体”，“四个全面”，还是全面建设小康社会等战略决策，都突出强调人的自主性、自觉性、能动性和创造性，团结一切可以团结的力量，并将人的这一主体性运用于社会发展的战略决策中，对马克思主义人民主体性思想的人民进行了全新阐释和时代丰富。目标指向更加明确，发展目的更加鲜明，发展路径更加具体。巩固全国各族人民大团结中国梦是全体中国人的梦，从个体主体性让人民充分感受到人的主体性的创造力，加强海内外中华儿女大团结，“人民”成为充分发挥人的主体性推动中国特色社会主义建设的所有个体的集合体，齐心协力走向中华民族伟大复兴的光明前景。新时代下社会结构的复杂化和多层次化决定了这个集合体的多元化和复杂化，第二个百年新征程中，如何实质性彰显中国式现代化鲜明的特色，持续创造一种全新的人类文明形态？如何在已有基础上继续前进，不断实现理论和实践上的创新突破，持续推进和拓展中国特色社会主义事业，实现中华民族伟大复兴？因此如何应对这些多元化和复杂化，正确处理好人民内部的矛盾和冲突，是新时代中国共产党从理论和实践上都要对“人民”的概念和范畴进行时代把握和科学运用。仅仅从概念和范畴上对“人民”进行界定、继承和丰富，现实社会各种矛盾和冲突解决和处理的不及时不合理，往往会造成“人民”概念和范畴变量的不断增加，导致人民范畴的不稳定和易变性。因此，随着改革进入纵深发展的关键时期，必须更加注重人民的各类需求和各项利益的满足与实现，充分解决改革发展中不平衡不充分的发展问题，不断满足人民群众日益增长的对美好生活的需要。只有这样才能合理界定“人民”的概念，科学全面地把握人民的范畴。

二、“人民主体”内涵的历史演进

人民主体更多的是一种对人民的社会定位，是在发展过程中的发展角色的一种担当。首先，人民主体蕴含着世界观和方法论的意义，它解决的是社会发展依靠力量和社会发展目标实现路径问题。其次，人民主体是人在社会发展和生活实践过程中所表现出来的自主意识和行为，在实践中不断体认着人作为现实的存在物所具有的本质属性。因此，人民主体内在规定了自身所具有的世界观、价值观和方法论的价值意蕴，通过人的实践，不断实现着世界观、价值观和方法论的有机统一。人民主体主要指人民在实践中的“自主活动”，这种“自主活动”使人民具有客观上和主观上的双重自由，在实践中能够自由地支配各种客观环境中的社会因素，通过这种自主自由支配权，人民最终将各种外部社会条件之于自己的支配和调控之下，这即是不断实现马克思所说的人的自由而全面发展的终极价值。这是理解人民主体的关键点，也是将人民主体运用于现实实践的根本环节。在马克思那里，人民主体的内容有着这样的规定，人民是历史发展的动力，是社会历史的实践主体，同时也是利益价值的主体，这两种主体角色的具体界定决定了在社会发展的各个不同的具体发展领域，人民又同时作为经济、政治、文化、社会、生态等主体出现，推动和指导着社会历史的发展。“马克思主义唯物史观将其理论焦点放在‘人’的身上，但是它不同于一般的主体目的论和价值论的哲学，而是在科学的历史唯物主义物质生产的一般基础上，确定人在社会历史中的主导地位和现实前景的。”①

（一）人民是动力主体

“人民，只有人民，才是创造世界历史的动力”②。人民是历史动力的唯物史观是贯穿于毛泽东思想的一条主线，是其人民主体性思想的最根本的依据，在唯物史观的基础上，实现马克思人民主体性思想的中国化，并把马克思人民主体性思想充分运用于中国革命的具体实践。“动员了全国的老百姓，就造成了陷敌于灭顶之灾的汪洋大海，造成了弥补武器等等缺陷的补救条件，造成了克服一切战争困难的前提。”③“星星之火，可以燎原”充分体现了发动人民群众的革命意识和革命行动，依靠人民，对中国革命具有决定性的主体作用。中国共产党开创了群众路线的工作方法，提出没有调查就没有发言权，党的智慧来源于广大的人民群众，这一群众路线思想被很好地加以继承、丰富和创新。“走到群众中间去，向群众学习，把他们的经验综合起来，成为更好的有条理的道理和办法”④。正是基于人民群众的执政来源，中国共产党初步形成极具中国特色的人民主体观，“从群众中来，到群众中去”的群众工作方法，进一步丰富了马克思主义人民主体性思想的内容，是马克思主义人民主体性思想在中国的运用和创新。“如果把自己看作群众的主人，看作高踞于‘下等人’头上的贵族，那么，不管他们有多大的才能，也是群众所不需要的，他们的工作是没有前途的”⑤，人民主体性的内涵得以丰富论证和具体阐释，人民是实践主体，人民是革命主体，人民是智慧主体，人民是监督主体等的人民主体性思想内涵在随处可见，奠定了此后中国特色社会主义发展中中国共产党对人民主体内容的不断丰富和发展。

（二）人民是改革主体

“摸着石头过河”的改革实践探索，进一步深化了人民主体的认知，把人民主体的唯物史观运用到改革开放的建设实践中，“三个有利于标准”从社会生产力、综合国力，人民生活水平三个维度规定了改革开放的发展目标，内含着人民是生产力发展的主体、人民是国家建设的主体，人民是发展的价值主体的人民主体性思想，发展最终是为了人民主体利益价值的实现，贯穿于其中的是人民是一切工作是否富有

① 张一兵．马克思历史辩证法的主体向度 [M]. 武汉：武汉大学出版社，2010：311，318.
② 毛泽东选集（第 3 卷）[M]. 北京：人民出版社，1991：1031.
③ 毛泽东选集（第 2 卷）[M]. 北京：人民出版社，1991：480.
④ 毛泽东选集（第 3 卷）[M]. 北京：人民出版社，1991：933.
⑤ 毛泽东选集（第 3 卷）[M]. 北京：人民出版社，1991：864.

成效的评价主体。[①] 这一人民主体性思想是对马克思主义人民主体性思想的丰富、发展和创新，在中国特色社会主义建设中，始终作为一条发展的核心主线指导着改革开放的全面展开，使党在治国理政把人民主体的精神内涵运用到建设实践中，不断生成和发展着人民主体的时代内涵。

（三）坚持人民主体地位

坚持人民主体地位，这是充分认识中国改革开放的经验和成就之后，对人民做出的历史唯物主义定位。在此基础上，科学把握改革开放的具体发展阶段，立足中国特色社会主义具体的现实发展要求，遵循人民主体地位和社会发展规律的有机统一，协调一致。始终不忘共产主义的崇高理想，努力奋斗，并在坚持人民主体地位的基础上，不断为广大人民群众谋福利，始终代表中国最广大人民群众的根本利益，坚持完成党的各项工作与实现人民利益的一致性。”[②] 人民主体地位得以明确定位，是我国先进生产力进步的根本理论指导，坚持人民主体地位，人民始终是中国先进生产力的代表，充分论证了坚持人民主体地位的极端重要性。坚持人民主体地位的明确定位，使得我国改革开放不断向纵深层次推进，这给人民主体性的发挥和实现人的发展，以及人的主体意识的提升提供了良好的社会内外部条件。正是这些内外部条件，推动了全面协调，可持续的科学发展，倡导科学发展观，从人民主体在实践的质的规定上提出了更高的要求，“人民主体”、“人民民主”、“人民幸福”等新的内涵阐释，不断赋予人民主体以新的时代内涵。

（四）以人民为中心

进入新时代，“人民主体”这一思想内涵出现更为深刻全面的论述，马克思人民主体性思想的中国化时代化进程得以全面展开，这一时期关于人民的论述里，无时无处不彰显着人民主体进行治国理政的耀眼的光芒。“人民对美好生活的向往，就是我们的奋斗目标”，这一庄严承诺充分体现了中国共产党对人民价值主体的界定和坚守，不忘初心，牢记使命，人民主体是我们的出发点，更是我们最终的落脚点。以人民为中心的发展思想把人民主体这一马克思主义基本原理运用到了具体的社会发展中，在共享发展理念的现实运用中，人民主体更多地呈现出个人的具体行为，通过现实的具体的个体主体性，凝聚人民主体，把人民主体这个相对看似抽象的概念具体化为现实人的主体性劳动。从这个意义上而言，以人民为中心的发展思想把马

① 邓小平指出：“社会主义现代化建设是我们当前最大的政治，因为它代表着人民的最大的利益、最根本的利益。”参阅邓小平文选（第2卷）[M]. 北京：人民出版社，1991：163.
② 江泽民文选（第3卷）[M]. 北京：人民出版社，2006：279.

克思人民主体思想在具体社会建设中实现了本质意义上的复归。[①] 中国共产党推进国家治理体系和治理能力现代化，注重实践主体和价值主体的统一，实践的目的即是为了主体价值的实现，主体价值的实现同时推动着实践主体的进一步深入和拓展，在这里，人民主体性悄然实现着理论和实践的融合和统一。

三、马克思人民主体性思想的中国化的基本理论内涵

新时代关于人民的论述非常丰富，不断完善和丰富马克思人民主体性思想，构建起马克思人民主体性思想的中国化的理论体系，具有丰富的思想内涵。这些丰富的关于人民的论述是中国特色社会主义在全面深化改革的实践过程中，对中国共产党马克思主义世界观和方法论的继承和运用。它为新时代中国共产党治国理政所面临的诸多新问题新情况的解决，提供了根本方法论和价值导向，廓清了社会发展和人的发展之间的相互关系。第一，从世界观角度，运用历史唯物主义基本原理，坚持人民是历史的创造者，群众是真正的英雄等，社会进步的根源是人的个体的全面自由发展，是人民主体性的发挥，而由此激发的人民群众的自主性、自觉性和创新性。这就从根本世界观角度对人民主体性作了基本阐释，是习近平“人民主体性”基本理论内涵。第二，从认识论和方法论角度，人民是社会实践的主体和利益价值主体，这些内涵基于马克思辩证唯物主义认识论，并在实践中把这一内涵具体化，并赋予这些鲜明的实践方法论特质。在这些内涵的阐释下，人民在经济、政治、文化、社会、生态、权力、监督、评判、智慧、目标、改革等具体实践领域，表征为鲜明的主体角色，在实践中发挥着主体的功能和作用，并在实践中将这些具体化的主体内涵融合进治国理政的全过程，最终服务于人民利益价值主体。

马克思人民主体性思想的中国化的研究关涉两个基本问题：一是主体性的历史定位，是主体性的存在逻辑，决定新时代发展的逻辑理路，同时也是分析新时代人民主体性价值图谱的依据。二是主体性的历史迁延，即主体性在历史阶段所呈现的状态或程度。这是主体性的实践图谱。厘清了这两个问题，才能探究马克思人民主体性思想的中国化进程中人民主体性的现代迁延，客观世界与主观世界的科学交融。目前以人民主体性为研究视角的成果纷呈，形成了诸多理论观点。整体总结集中在

① 习近平指出，“坚持以人为本，尊重人民主体地位，发挥群众首创精神，紧紧依靠人民推动改革，促进人的全面发展。”参阅十八大以来重要文献选编（上）[M]. 北京：中央文献出版社，2014：514.

价值主体研究[①]，人民主体性概念解析[②]和人民主体性实践理性[③]等研究领域。马克思在论述人的社会存在及其所赖以存在与发展的前提和基础时指出，能够解决生活所需，能够正常生活，这是人类生存的第一个基本前提，人类一切历史都是从这一基本前提出发，不断发展进步的。在此马克思论述了人民主体性生成的本源，而马克思所说的“人的社会存在”和“基本前提”即是中国共产党新时代发展战略的逻辑源点，中国百年斗争发展的主题一直都是人民的生存和发展，马克思的人民主体性原则被具象为全心全意为人民服务的执政宗旨，全体人民共同富裕成为新时代中国式现代化目标和追求。“以人民为中心”发展思想旨在在劳动中生产满足人们“需要的资料”，当前健康与教育[④]的质量和水平，交通出行和精神情操陶冶等民生数据的突破，同时又启动了人民主体性的内在发展需求，一方面发展已经突破衣食住行等基本的民生需求，另一方面这一突破又对主体发展指明新的转向和发展方位。人的主体需求结构和思维结构的变化正是中国发展战略和标准调整的根本原因，人民主体需求的变化是人民主体性发展的外显，这一外显引起我国社会主要矛盾的转化，绝对贫困消除而相对贫困凸显，共建共治共享的发展格局愈加彰显其时代必然，社会治理模式愈加趋向协同治理等现代化治理水平，提高贫困地区、贫困人口的“造血”

① 从“类主体”到“个体主体”的发展是马克思关于人民主体思想的价值进路，是对马克思人民主体的现实形态考察分析。参阅杨哲．马克思的人民主体思想及其当代价值 [J]. 马克思主义研究，2017（01）．“人民主体性”的内涵是“现实的个人”是“人民主体性”的历史前提，“自主活动”是其实质内容，有个性的“个人”是其价值指向。参阅李包庚．马克思“人民主体性”思想解读 [J]. 马克思主义研究，2014（10）．李庆春．论邓小平价值论的人民主体性 [J]. 河南大学学报（社会科学版），2003(03)．

②“‘人民’必须从密切结合思维内容来研究思维形式的辩证逻辑来理解”；“人民总与人联系在一起，而每一个人都是活生生的和独一无二的‘在者’”；“‘以人为本’中的‘人’必须与现实的一个个具体的个人联系起来理解”；“为人民服务”中的“人民”也必须与现实的一个个具体的个人联系起来理解。参阅陈新汉．在体制改革中把“人的世界还给人自己”——关于克服社会主义核心价值体系“边缘化危机”的再思考 [J]. 哲学研究，2011(01)．

③ 群体主体性是以一个群体为整体，以共同利益或共同价值为纽带，在共同面对客体时表现出来的整体性质或者整体主体性，这种整体性质使“整体主体超越了个体主体的有限性，形成一种整合的力量，更能与客体势力相抗衡”。参阅郭湛．主体性哲学 [M]. 北京：中国人民大学出版社，2011. 保障人的权益、维护社会公正和促进人的发展。这也正是人民主体性的根本性诠释。参阅徐斌．论中国特色社会主义制度的人主体性 [J]. 思想理论教育导刊，2017(03)．

④ 较之 1978 年的 2.7%，2021 年高等教育毛入学率 51.6%，相比 2020 年 48.1%，呈现稳步上升态势，超过了中高收入国家平均水平。教育部，《2019 年全国教育事业发展统计公报》，2022-05-20.

功能[①]等。正如马克思指出革命的必需性源于革命手段是推翻统治阶级的唯一选择性，而人民也只有在彻底的革命中彻底抛掉自身的一切陈旧的肮脏的东西，进而胜任重建社会的工作。战略决策是对发展状况科学把握的契合式匹配的结果，中国特色社会主义取得巨大成就的同时也重构着此后“第二个百年”的总体格局和发展模式。分析新时代中国特色社会主义的显著成就，相比此前任何一个时期，人的主体性在这其中承担着前所未有的责任主体和发展主体的双重角色。着眼于人的可行能力的提升来评估战略决策，调整劳动能力的人的存在结构，最大化调动劳动能力的人的自身因素参与主体自觉自为，转变思维模式，将成为此后中国发展重点关注的问题之一。按照马克思的观点，人必须自己挣脱锁链，获得整个世界。由此可见，马克思人民主体性思想的中国化即是人民主体性价值逻辑的实践呈现，在新时代发展中“迫使”人不断抛掉阻碍自身生存和发展的诟病，不断突破窠臼和藩篱，在物质世界中不断挣脱物的役使，朝向主体自由的方向努力[②]。

① 阿玛蒂亚·森提出人的“可行能力”的概念，人的可行性能力既是社会发展的首要目的，同时也是社会发展的重要手段。反贫困斗争必须实现持续发展，应该是造血库的建造和增值，而非供血库的扩大。参阅阿玛蒂亚·森．以自由看待发展 [M]. 任赜，余真，译．北京：中国人民大学出版社，2013：22.

② 燕继荣教授在分析中国反贫困成就中提出“高线追求”，“高线追求”的不断推进，体现人的潜在能力现实化方面的进步。参阅《保障济贫与发展脱贫的主题变奏——中国反贫困发展与展望》[J]. 南京农业大学学报（社会科学版），2020(04)：23.

第三章
马克思人民主体性思想中国化的新时代背景

新的时代需要新的理论，在原有的理论基础上不断实现新的理论创新，才能不断适应社会新的发展需要，才能在更大程度上满足人民生活所需，发展所求。如同其他任何一种理论和认识一样，马克思人民主体性的中国化时代化之所以产生、形成，并最终成为指导新时代治国理政的实践价值导向，必然具备一定的客观条件和主观条件。正是基于主客观条件的综合作用才使得马克思人民主体性的新时代发展的相关论述不断成为一个系统的逻辑严密的理论体系。新时代，我国进入社会各方面深入变革和不断优化调整的关键时期，中国共产党"不忘初心，牢记使命"不断警示自己肩负的无产阶级历史使命，全面建成小康社会，实现中华民族伟大复兴，需要党更加坚定地坚持人民主体性原则，尊重和坚持人民主体性，才能凝聚中国人民的主体力量，仅仅团结在党的周围，在党的领导下，创造中华民族新的辉煌。一方面马克思人民主体性的中国化时代化正是基于对时代、对人类社会发展的历史思考，形成的对时代主题、中国社会发展规律的科学认识。理论来源于实践，不同时代和不同社会发展阶段的理论归根结底都是由所处的具体历史阶段，以及不同历史阶段中的生活实践要求和发展任务所决定的。另一方面马克思人民主体性的中国化时代化源于习近平等无产阶级政治家的爱民情怀，站在时代的巅峰，理性辩证思考，对新时代中国特色社会主义所面临的新情况、新问题、新要求、新任务所做出的积极的理论回应和实践指导。可以说，国内外客观环境的新变化和新特征，是马克思人民主体性思想的中国化时代化得以发生的外部客观条件，使得这一理论体系植根于客观的生存土壤里，更具有客观性和实践性。

第一节　马克思人民主体性思想的中国化的客观背景

一、复杂多变的国际背景

当前，国际局势正在发生并持续产生深刻复杂的变化，总体来说，世界经济复苏乏力、局部冲突和动荡频发、全球性问题日益加剧，世界格局正在进行着深刻的变革。中国在国际发展中的作用越来越大。特别是应对全球性事件和世界发展的新问题，中国用自己的行动和独特模式不断彰显着负责任大国的形象，显示着自己的大国地位，中国越来越发挥着举足轻重的作用。全球正迈入治理规则话语博弈加剧、传统国际格局深刻调整演变的新世界，全球化与逆全球化民粹主义思潮并存，贸易自由化与贸易保护本国优先主义同场角力，传统安全与非传统安全恐怖主义等不稳定性不确定性问题突出、风险交织，以联合国、WTO、IMF 和 WIPO 等为代表的传统国际法治规制渐显乏力，在这个各国“同呼吸、共命运”“一损俱损、一荣俱荣”的深度联系依存的新世界，各国发展都面临着资本恶意肆意扩张致金融危机不断、市场投机致物价房价飞涨、世界性贪污腐败严重、社会诚信体系脆弱、社会责任意识淡薄缺失、环境污染气候恶化、功利主义拜金主义享乐主义盛行等一系列积弊难题挑战。

(一) 资本扩张和国际主体责任之间的冲突

有鉴于资本的无限扩张性和人本能的趋利避害属性，人们具有自发自动的权利觉醒以及权利诉求意识，因而要创新的国际发展体系和建构新的世界发展格局，打破既得利益集团以建构和谐共存的“天人合一、世界大同”的人类命运共同体，“责任”正是不可或缺的“基因”，必须基础性创建中国国家治理领域内的责任话语体系。[①] 这是实现国家治理体系及治理能力现代化的必由之路，也是建构社会诚信体系的必然要求和核心基因，因为“治理”和“诚信”本身就蕴含着强大的责任要求和担当精神，这是“权利”话语所不具备的 (权利可以不行使，但责任必须承担)，或者说对“权利”单向过度诉求和不正当行使等是不是相当程度上已经导致形成了一种“精致的利己主义”社会时期——功利主义社会？[②] 那么，在这样一个商品经济时期，社会主体是不是首先应有一个思维转向：由自我诉求的“权利本位”思维转向权责并

① 参阅方旭东 . 服从还是不服从？——孟子论人臣的政治义务 [J]. 文史哲，2010(02) .

② 参阅 See Parlett，Kate.*Individual in the international legal system ：continuity and change in international law*，Cambridge University Press，2011.

举的“系统责任”思维[①]。当今世界各国在发展中“不负责任”的不良现象时有发生，有些个人或组织认为，社会责任意义沉重，担负社会责任又太辛苦；或者社会主体责任与个人自由发展割裂对立起来，认为社会主体责任是一种束缚羁绊，严重限制个人自由和阻碍个性发展。[②]作为人类社会中的一分子，社会个人或组织在追求个体权益、彰显自身个性的过程中，必然需要遵守和维护这个社会里历史形成的、约定俗成的或共同制定的伦理道德、法律规则、风俗习惯、乡规民约等。社会个人或组织谋求权益、彰显个性的边界就是他人的权益及个性保护，就是社会公序良俗与国家利益的维护。否则，“覆巢之下，安有完卵？”没有一个有序运行的社会和安定繁荣的国家，个人或组织的权益该如何保障？如果人们都缺失社会主体责任意识，那么最终结果只能是人人自危、相互戕害。因此，作为社会的人，不可能推卸社会责任而独自生存发展。[③]要享有自由，就应负有责任；只有履行了责任，才能享受自由。全面营造每一个个人或组织自觉主动地担负起社会主体责任的社会环境氛围，才能建设、传承和发展法治文明。[④]正是基于对国际局势和国际发展态势的科学判断，习近平积极维护世界和平，秉持共商共建共享的全球治理观[⑤]。国际局势继续发生着广泛而深刻的变化，在这样的国际背景下，如何处理中国的发展和世界的关系[⑥]，如何应对世界局势的深刻变化给中国带来的考验和挑战，永葆中国共产党的无产阶级政党性质，不断完成自身肩负的历史使命，实现人的自由全面发展，是中国共产党面临的重大的时代课题。

（二）责任共同体成为解决国际问题的必然选择

2014年7月4日，习近平在韩国首尔大学《共创中韩合作未来，同襄亚洲振兴

---

① 参阅王人博．法的中国性[M]．广西师范大学出版社，2014：47–51.

② 参阅周文惠．对增强当代青年社会责任意识的思考[J]．人民论坛，2013(01)．

③ 参阅丁利强．以行为重：在社会责任意识中“敢于担当”[J]．学术论坛，2015(05)．

④ 参阅王永明、国蕊、夏忠臣．公民社会责任意识培育的途径探讨[J]．齐齐哈尔大学学报（哲学社会科学版），2016(10)．

⑤ 对于中国的外交政策和国际使命，习近平在十九大报告中明确指出“发挥负责任大国的作用，积极参与全球治理体系改革和建设，不断贡献中国智慧和力量”。参阅习近平．决胜全面建成小康社会夺取新时代中国特色社会主义伟大胜利——在中国共产党第十九次全国代表大会上的报告（2017年10月18日）[M]．北京：人民出版社，2017：60.

⑥ 中国的崛起和世界的发展之间的关系，如何把握机遇，应对挑战，习近平坚持邓小平永远不称霸的和平发展道路，重申中国的发展道路和国际行为，指出“中国不认同‘国强必霸’的陈旧逻辑。当今世界，殖民主义、霸权主义的老路还能走得通吗？答案是否定的。不仅走不通，而且一定会碰得头破血流。只有和平发展道路可以走得通。所以，中国将坚定不移走和平发展道路。”参阅习近平．习近平谈治国理政[M]．北京：外文出版社，2014：206.

繁荣》的演讲中强调："以利相交，利尽则散；以势相交，势去则倾；惟以心相交，方成其久远。"习近平引用这句古语，明确阐明了解决国际问题的首要前提是必须建构新型国际关系，人类命运共同体这一全球治理模式，蕴含着中国这句古语的精神内涵。在人类命运共同体这一全球治理模式下的新型国际关系，世界更加开放自由，各国依据各国实际民主呈现多元化，国际交往趋于公正合理，整个世界在包容中实现合作共赢。共同改革和完善全球治理体系和合作交往机制，国际社会不断为实现持久和平、普遍安全、共同繁荣、开放包容、清洁美丽的人类命运共同体而通力合作。在国际交流和合作中借鉴弘扬中国正确义利观，引领国际社会树立正确的全球治理观和系统责任思维，协同建构"责任共同体"规则和理论体系。国际社会经济发展过程中存在着不少伴生的现象和问题，如资本任性扩张致金融危机不断、传统贸易投资逐利模式致贫富分化加大、恐怖主义分裂主义致难民危机四起、特朗普式单边主义与本国优先主义致全球化不断撕裂、大气污染致雾霾、绿色植被毁坏致沙尘暴、地表地下水污染致水中毒等环境污染问题，食品药品存在卫生安全问题和教育、医疗、住房矛盾问题等。"人类经历了一个惟经济指数独尊、同时注重经济、社会、文化、环境等综合指数的时代，最后真正步入一个强调人文指数的时代。全球社会的文化价值坐标原点发生了一个根本性的转换，人本、和谐、公正、共享等共识性社会价值观念开始变成影响制度安排和组织方式的重要参量，并作为考量现实的社会经济、政治和文化政策是否具有合理性、合法性和正当性的标尺而不断深入人心。"① 基于此，习近平充分认识到人民主体的核心价值定位，对人民和社会发展的关系给予丰富的阐述②，突出体现了新时代中国共产党在治国理政中，坚守人民立场，以人民为中心，始终和人民群众休戚与共，人民利益至上的执政理念。

当前，中国正稳步进入贯彻落实党的二十大精神、推进全面深化改革开放，全面建成小康社会，实现中华民族伟大复兴的重要历史阶段，正处在世界秩序话语权与主导力"东升西降""南升北降"的重要战略机遇窗口期，正处在深入推进"一带一路"建设与倡导建构新型国际关系和人类命运共同体的新时代。中国式现代化"创造了21世纪当代中国马克思主义唯物史观，为全世界被压迫民族和国家争取独立、解放和社会现代化发展，提供了中国理论、中国方案和中国模板"③。习近平在国家安

---

① 袁祖社．改革开放以来"人民主体"的理念范型与公正本位的"和谐价值观"的确立[J]. 陕西师范大学学报（哲学社会科学版），2009(01)．

② "面对复杂多变的国际形势和艰巨繁重的国内改革发展任务，实现党的十八大确定的各项目标任务，进行具有许多新的历史特点的伟大斗争，关键在党，关键在人"。参阅习近平．在全国组织工作会议上的讲话[N]. 人民日报，2013-07-01(01)．

③ 王伟光．中国共产党百年历程与唯物史观在中国的伟大胜利[J]. 马克思主义研究，2021(08)：18.

全工作座谈会上强调指出，“要引导国际社会共同塑造更加公正合理的国际新秩序”，“引导国际社会共同维护国际安全”，“中国共产党始终把为人类做出新的更大的贡献作为自己的使命”。[①] 世界历史是全世界人民共同创造的，增强世界各国、世界人民的责任共同体意识，“中国将继续发挥负责人大国作用，积极参与全球治理体系改革和建设，不断贡献中国智慧和力量”。[②] 正如朱子所云:“仁者，以天下为已责也。”“坚持人民至上”是贯穿中国式现代化进程中立场、观点、方法的具体体现。中国式现代化对人的发展立足本国实际，但却不囿于本国发展的范围，把人民主体价值置于世界发展的视域中，积极谋求国际合作，扩展人的交往活动范围，为实现人的自由全面发展创造条件。中国致力于推动人类命运共同体建设，共同创造人类的美好未来，充分彰显中国式现代化发展的世界价值。

二、新时代中国特色社会主义的必然要求

中国改革开放四十多年，中国人民在中国共产党的带领下，励精图治，聚精会神搞建设，实现了中国经济的飞速发展，中国以崭新的面貌出现在世界历史的舞台，创造了令世界瞩目的“中国奇迹”。改革开放的伟大进程中，中国韬光养晦，致力于中国特色社会主义的建设和发展，用前无古人的改革开放，创造了中国几十年经济发展的辉煌成就，形成了独具中国特色的“中国模式”。特别是党的十八大以来，我国经济保持中高速增长，在世界主要国家中名列前茅，世界的发展离不开中国，中国的发展也离不开世界，中国经济的高速发展充分体现了中国和世界的接轨和联系程度，世界局势的发展状况对于中国特色社会主义来说，既充满了丰富的机遇，同时也使中国面临着经济全球化和政治全球化的冲击和挑战。国内外形势变化的深刻变化和我国各项事业的发展实际给中国共产党提出了一个富有时代意义的课题，必须从理论和实践的结合上系统回答新时代坚持和发展什么样的中国特色社会主义，又如何在坚持和发展中具体实践落实，凸显社会主义发展的中国特色。科学认识当前社会发展的现实状况，坚持辩证唯物主义和历史唯物主义原理，紧紧把握中国特色社会主义在新的发展历史阶段的新的要求，博古通今，纵横捭阖，不断进一步深化对共产党执政规律、社会主义建设规律、人类社会发展规律的认识，更加深入地认识到当前社会发展状况和进一步推动中国特色社会主义纵深发展，必须充分发挥

① 习近平．决胜全面建成小康社会夺取新时代中国特色社会主义伟大胜利——在中国共产党第十九次全国代表大会上的报告（2017 年 10 月 18 日）[M]. 北京：人民出版社，2017：58.

② 习近平．决胜全面建成小康社会夺取新时代中国特色社会主义伟大胜利——在中国共产党第十九次全国代表大会上的报告（2017 年 10 月 18 日）[M]. 北京：人民出版社，2017：60.

人民主体性。

（一）中国特色社会主义建设的成就和经验

新时代中国特色社会主义进入全面建成小康社会和中华民族伟大复兴的关键阶段，在人民群众的支持和实践中，党带领人民完成一个又一个社会发展的历史重任，从“四位一体”的总体布局到“五位一体”的总体布局，再到“四个全面”发展战略，从西部扶贫战略到扶贫攻坚站，再到精准扶贫，从解决人民群众的温饱问题到不断满足人民日益增长的对美好生活的需要，从全面建设小康社会到全面建成小康社会，实现人民共创共治共享的共同富裕目标等治国理政战略决策和发展目标的丰富和调整，中国特色社会主义的战略布局不断优化调整升级，充分说明了中国特色社会主义发展的不断完善和提升。中国共产党在这一社会发展阶段的引领和要求下，及时转变执政思维和执政模式，不断推进国家治理能力和治理体系现代化，积极加强自身执政能力建设，实现自身执政能力的现代化和科学化。正是在这一良好的社会发展生态体系中，我国各项事业和党的各种能力都得以综合发展和全面提升。中国共产党坚持立党为公、执政为民，中国特色社会主义的发展始终以人民为中心，以人民根本利益为社会各方面发展的价值导向和最终目的，中国特色社会主义才取得“中国模式”的成功。“真正的铜墙铁壁是什么？是群众，是千百万真心实意地拥护革命的群众。这是真正的铜墙铁壁，什么力量也打不破的，完全打不破的。”[①]“归根到底地说来，历史是人民群众创造的。工人阶级必须依靠本阶级的群众力量和全体劳动人民的群众力量，才能实现自己的历史使命——解放自己，同时解放全体劳动人民”[②]。正是依靠人民、发展为了人民，中国特色社会主义在改革开放的浪潮中，逐渐释放人民群众的主体意识，发挥人民的主体能力，为人民共同创造中国特色社会主义的伟大成就提供了生动活泼、因时因地制宜的大好局面。

中国改革进入纵深化发展阶段，多元化的社会结构一方面使整个社会自由发展的空间日益广阔，呈现出前所未有的发展活力，人们参与社会实践的积极性、主动性和自觉性愈加高涨。但另一方面，这一多元化必然也导致人们社会思想意识的多元化和多层次性，人们思想意识的复杂性使得人们在市场经济的浪潮中往往会迷失方向，在世界为经济利益是图的商品观念的影响下，必然带来人的行为的趋利性。这就必然要求在社会发展中整合人们的思想意识，用社会主义核心价值观规约人们的思想和行为，才能促进中国社会经济发展价值取向的实现。正是坚持人民主体地位，植根群众，中国共产党科学应对和妥善处理国内社会发展出现的种种问题，才

① 毛泽东选集（第1卷）[M]. 北京：人民出版社，1991：139.

② 邓小平文选（第1卷）[M]. 北京：人民出版社，1993：217.

取得新时代全国人民万众一心的发展热潮，人民群众的思想意识不断得到整合和规导，人民的思想观念和发展行为越来越呈现良好的发展局面。在党主导的社会主义核心价值观的引导下，人民群众对劳动的认识不断得到正确的引导，社会公德意识越来越强，人民群众社会责任感越来越强。“核心价值观是文化软实力的灵魂、文化软实力建设的重点。这是决定文化性质和方向的最深层次要素。一个国家的文化软实力，从根本上说，取决于其核心价值观的生命力、凝聚力、感召力。培育和弘扬核心价值观，有效整合社会意识，是社会系统得以正常运转、社会秩序得以有效维护的重要途径，也是国家治理体系和治理能力的重要方面。”①

（二）推进中国式现代化和实现中华民族伟大复兴面临的挑战

当前“我国改革发展稳定面临不少深层次矛盾躲不开、绕不过，党的建设特别是党风廉政建设和反腐败斗争面临不少顽固性、多发性问题”，“我国发展进入战略机遇和风险挑战并存、不确定难预料因素增多的时期，各种“黑天鹅”、“灰犀牛”事件随时可能发生”②。社会各种利益冲突的协调和处理是当前中国特色社会主义发展过程中必须要重点关注的政治问题。当前中国社会出现的各种社会矛盾和利益之间的冲突，越来越成为民生维稳工作的重中之重，不同利益群体，不同社会阶层以及不同社会成员的具体利益和普遍利益之间的差别和冲突，成为中国共产党当前治国理政的首要解决的社会问题。社会的转型必然要求体制机制的变迁，中国改革开放的伟大成就必然带来社会结构的重组和优化，社会利益的深刻调整是社会体制机制改革调整的必然结果。中国共产党要解决的不仅仅是如何规制各种利益的诉求，更多地是如何在社会现代化的转型之下更好地协调和处理多元化和多层次化的利益关系，消解、规避全球化各种思想文化的对我国社会的冲撞和不利影响，通过各种利益关系的妥善处理，整合多元化的社会意识，为中国特色社会主义创设良好的发展生态。中国社会的发展必须在这种状况下科学合理地调整和确定发展的价值取向和评价主体，坚持以人民为中心的发展思想，在全面推进经济体制改革，追求经济增长的量的积累的前提下，把经济发展的重点放在质量和效益的提升上。在社会发展中，系统全面地把握各个领域的发展规律，形成一种经济市场化和人民利益多样化的新型利益处理机制。新时代全面建成小康社会，实现中华民族伟大复兴的这一现实状况，必然要求中国共产党整合社会意识，坚持人民主体地位，在多元化的社会

① 习近平在主持十八届中央政治局第十三次集体学习时的讲话 [N]. 人民日报，2014-02-25(01) .

② 高举中国特色社会主义伟大旗帜为全面建设社会主义现代化国家而团结奋斗——在中国共产党第二十次全国代表大会上的报告 [N].2022-10-16.

思维框架下，发挥人的自主性和创新性，坚持人民主体地位，依靠全国各族人民的主体性应对当前的机遇和挑战。

中国式现代化新道路上新机遇和新问题不断涌现，社会发展呈现前所未有的二重性特质。人工智能的广泛运用和革新进步，“为个人生产力的全面的、普遍的发展创造和建立充分的物质条件”[①]，但同时“自由时间在生产、分配、消费的环节中都被资本全面占有和剥夺了，这造成了人们自由时间的获得性悖论”[②]，影响人的主体意识结构和社会体验。为此正确判断并规避人工智能的风险，运用历史主义方法与辩证分析方法，深化对人工智能的认知，继续推进人工智能应用场景多样化，着力逐步实现人工智能与人的生活的深度融合。从国家政权合法性而言，人民对国家的拥护和认同程度是国家的合法性基础。中国式现代化人民主体论确定中国特色社会主义的目标，关系到国家政治合法性基础，主体目标论不断确证着人民对党领导下的政治体系、政治制度的确信和认同。善治生态的实现意味着政党权力向整个组织的回归，其所要实现的成员间的整合性与一致性，以及现代化状态，有赖于各个政治主体的自愿拥护、精诚团结核对党组织政治权威的自觉认同。[③]社会主义建设是一个整体的行为系统，这一系统“处于来自与其他系统的影响之下”[④]。人民的自愿合作与自觉认同这一主体性建构是国家治理的正确导向。就目前突出的发展问题，发展不均衡性依然存在，利益固化的格局依然是我们面临的严重问题，这在极大程度上会阻碍人民主体性的发挥，劳动正义会增强人民对共同富裕的信心，自觉认同“重义轻利”的传统美德，国家治理就会在民族大融合、大团结的浪潮中稳步前行，中国式现代化发展的实践合力得以成为现实。

第二节　马克思人民主体性思想中国化的主观因素

马克思人民主体性思想的中国化除了具备其产生和形成的客观因素之外，自身丰富的主观条件也是促使人民主体性论述最终形成系统的理论体系的重要内因，习近平成长和经历的主观因素对马克思人民主体性思想的中国化具有重要的影响。主观条件更能让我们从内在动力和思想境界层面深入透彻地认识马克思人民主体性思想的中国化的整体思想理论体系，也更能从内在思想逻辑和自身的认识脉络去把握

① 马克思恩格斯全集（第 30 卷）[M]. 北京：人民出版社，1997：673.
② 刘伟兵 . 人工智能会实现劳动解放吗？ [J]. 马克思主义与现实，2022(02)：23.
③ 李娜 . 新时代党内善治生态的建构理路与运作逻辑 [M]. 河南社会科学，2019(05)：50.
④ 伊斯顿 . 政治生活的系统分析 [M]. 北京：华夏出版社，1989：20.

这一理论体系的应然性、实然性和必然性。

一、家庭环境因素

习近平出身于革命家庭，父亲习仲勋是老一辈无产阶级革命家，为中国革命、党和人民的建设事业倾注了毕生的精力，鞠躬尽瘁，死而后已。毛泽东对习仲勋曾这样高度评价，习仲勋是一个政治家，这个人能实事求是，是一个活的马克思主义者。正是这样一位无产阶级革命家，党和人民的国家干部，廉洁修身、廉洁齐家，塑造了简单朴素的“红色家风”，言传身教，使习近平从小就受到革命传统和革命精神的熏陶和启蒙。少年时代是一个人世界观、人生观和价值观初步形成的阶段，是了解一个人未来发展走向的最基本的考察依据。习近平在充满革命传统和革命精神的家庭氛围中长大，经过父辈的熏陶和引导，逐步形成了他富于无产阶级理想的最初想法，对人民的认识和热爱也由此起步。可以说，后来的七年知青岁月漫长的人生阶段中，习近平把最初对人民的文本认识和生活中对人民的亲身感受逐渐融合在一起，以至于后来习近平谈到七年知青岁月的最大成长和收获时说，那些岁月，让我懂了什么是群众，什么是实事求是。这为此后习近平清华大学求学生涯中的职业规划奠定了理性思考和职业选择的思想基础。正如马克思在《青年在选择职业时的考虑》中的论述，“在选择职业时，我们应该遵循的主要指针是人类的幸福和我们自身的完美”，“历史承认那些为共同目标劳动因而自己变得高尚的人是伟大人物；经验赞美那些为大多数人带来幸福的人是最幸福的人”[①]。“如果我们选择了最能为人类而工作的职业，那么，重担就不能把我们压倒，因为这是为大家做出的牺牲；那时我们所享受的就不是可怜的、有限的、自私的乐趣，我们的幸福将属于千百万人，我们的事业将悄然无声地存在下去，但是它会永远发挥作用，而面对我们的骨灰，高尚的人们将洒下热泪。”[②]习近平谈到父亲对自己的严厉，谈到父亲把对子女的革命教育当做是家庭教育的必修课程，经常对子女讲革命传统，讲红军的革命故事，教导子女要懂得什么是革命，革命是为了什么等，这些对习近平来说，是无产阶级战士人生价值观的最初启蒙。革命传统教育在习家的常态化和稳定性，让年幼的习近平具有了最初的懵懂认识，到了少年时期逐渐形成自己的世界观、人生观和价值观的雏形，“这些东西（革命教育）也就潜移默化（起影响）”[③]。“积善之家，必有余庆；积不善之家，必有余殃”。革命传统的红色家风对习近平的成长起着最根本的作用，凝聚着习近平的思想观念，涵养品格，塑造着习近平的形象，并在耳濡目染中承袭

① 马克思恩格斯全集（第 40 卷）[M]. 北京：人民出版社，1982：7.
② 马克思恩格斯选集（第 2 卷）[M]. 北京：人民出版社，1995：459.
③ 习仲勋 . 如何教育子女做人与做官 [N]. 新京报，2016-06-19(01) .

着父母的修养和操守，始终主导者习近平为了人民群众贡献自己毕生精力的政治家的人生走向。“忠厚传家久，诗书继世长”，家庭的氛围和教育思想在习近平的心里种下了一个红色革命的种子，是形成他未来思想意识，塑造他未来政治行为的最基本的家庭教育单元，更是他长久走下去的最根本的精神向导。

二、丰富的工作实践经验

新时代马克思人民主体性思想的中国化所以能够最终产生、形成，并最终以人民为中心的发展思想作为党治国理政的核心思想稳定下来，成为一个系统的思想理论体系，除了复杂丰富的主客观因素、坚实深厚的思想理论基础之外，他自身的长期的、脚踏实地、真抓实干的实践也是一个根本的因素。实践出真知，“纸上得来终觉浅，绝知此事要躬行”。对人民群众、对党的工作的丰富的实践使习近平不断检验和论证着人民主体性认识的真理性和科学性，也更加夯实和深化习近平对人民主体性的认识。

1. 知青岁月予以锤炼。习近平对于人民主体性认识首先来源于七年知青岁月的实践磨练。在漫长的艰苦岁月里，习近平从对人民仅仅停留在感性认识的少年日益成长具有深厚爱民情怀和责任担当意识的共产党员，对人民的感性认识在实践的无限丰富中逐步上升到理性认识。正是这一时期的理性认知的不断丰厚，奠定了习近平人民主体性论述的深厚的实践基础。习近平和梁家河村民同住同吃同劳动、同呼吸共患难，从先前生活上的种种不适应，克服了跳蚤关、饮食关、生活关、劳动关、思想关的生活“五大关”，到消除思想意识上的迷茫苦闷。在这里，习近平完成自己人生的第一份任务。人对事物最初的认知是主导其以后思想和行为的最根本的动因，七年知青岁月，对农村、对人民群众等的认识和体验，成为习近平以后思想和行为的指引，明确了要做什么，怎么做，懂得了什么叫实际，什么是实事求是。更重要的是在长期的磨砺适应中，习近平逐渐成为“黄土地的儿子”，用自己的身体力行懂得了什么叫群众。这些都为习近平以后的政治生涯积淀了丰富的实践基础和生活认知。为人民服务不是一句空话，必须要通过真抓实干的实践才能真正落实为人民服务。在梁家河村，习近平用自己的真才实干为乡亲们办了不少好事、实事。为了办沼气池，自费跑到四川绵阳地区实地考察沼气池的建造技术，解决了村民的做饭照明灯生活必需。带领村民打淤地坝，修建沼气池，打吃水井，开铁业社、缝纫社，办扫盲班，一心为民办实事，习近平用自己的实际行动和实干精神逐渐赢得了老乡们的信任和肯定。正如村民王宪平的评价，近平在梁家河插队的这七年，是受苦受难的七年，是踏踏实实干出来的七年。习近平带领全村群众艰苦奋斗，让梁家河的面貌焕然一新，人民群众的生活条件得到了极大改善。正是心里有村民，习近平才发自内心为群众办实事，谋福利，人民群众对习近平也报以莫大的支持和帮助。延川县委书记倾力支持：习近平终于光荣地加入中国共产党；广大村民的一致推选：习近平开始人生的基层工作生涯。习近平在回忆中不断强调，延安是我的生命之源，是我人生的转折点。为人民做实事，为人民谋福利，这份信念来自七年知青岁月的感悟，更是思想意识的真正升华。习近平对那片热土饱含深情，对那里的人民群众心怀使命和担当，正是那些岁月的磨砺修炼了他担负大任的思想品格，使他从实践中获得了责任意识和工作韧性。在此后的生活和工作中，正是这种真抓实干的实践精神和为人民办实事的责任意识，使习近平无论身处何境何地都心系群众，忧民之忧，谋民之利。这些丰富的实践经历和实践经验使得马克思人民主体性思想的新时代发展无不闪耀着人民性和实践性的光辉！

2. 几十年从政经历积累实践经验。忧百姓之苦，谋百姓之利。正是这一责任担当意识，习近平在基层从政的几十年里不辞辛劳考察走访，下基层调查研究，深入全面了解群众的生活现状和需求。习近平的这一工作方法和工作模式和他七年下乡插队的生活实践是分不开的。要了解人民群众的所需所求，真正了解群众的实际生活状况，必须深入到最贫穷的地方，必须和群众打成一片才能掌握第一手的真实材料。在基层从政的几十年里习近平进一步丰富了自己的实践阅历，为此后治国理政奠定了珍贵的实践基础和为民发展的战略思想。从习近平以人民为中心这一脉络考察这一理论体系的实践基础，以更好地理解这一理论体系在产生、形成和发展中，从实践上不断验证着理论来源于实践，并在实践中不断丰富的科学性。本节从这一发展逻辑出发，目的有二：一是为了对马克思人民主体性思想的新时代发展在实践中如何不断深化做综合考察，从中可以更为具体地认识这理论体系的实践发展；二是为了借由论证习近平几十年从政的实践基础，以期梳理这一理论体系的产生、形成和发展的逻辑脉络，这是研究任何一种思想理论体系所必须要弄清楚的基本问题。

第一，党的十七大以前，习近平先后在河北正定县、福建、浙江、上海从政任职，度过了人生中1983年到2007年至关重要的24年。在河北正定县任职期间，积极推行农村改革，明确战略定位和制定经济发展规划，提出科学而切实可行的经济发展思路。几年时间正定县的面貌焕然一新，沿着良性循环的轨道稳步发展。以至于后来习近平离开后，正定县依然遵循这一发展思路，焕发出勃勃生机活力。后来习近平回忆说，正定是我从政起步的地方。在福建工作的17年多时间里，把民生工作作为工作的重中之重，大力实施“广厦工程”，“造福工程”等，通过大量的实地考察，调查走访，习近平积累了丰富的工作经验，这为习近平以后的民生思想奠定了坚实的实践基础。其中《摆脱贫困》一书收录了习近平在宁德工作期（1988-1990）的部分讲话和文章，集中涵盖了习近平如何带领闽东人民脱贫致富的实践总结。本书围绕闽东地区的经济发展，对如何脱贫致富，加快闽东地区发展，制定和落实了一系列切实可行的制度和政策，提出了很多具有见地的发展思路，其中“弱鸟先飞”，“滴水穿石”从思想意识方面，指出人的自主性和能动性对经济进步和自身发展的重要决定作用。“四下基层”从工作作风角度，指出调查研究，从群众中来，到群众中去，是工作出效率、出效益的根本工作方法。这些都充分体现了习近平对工作和建设发展的丰富的探索和实践。2002 年，习近平主政浙江，使他的从政经历达到了新的政治高度。习近平领导制定出让浙江在经济上与上海一争高低、被认为是其主政浙江的一大政绩的“八八战略”，积极各项机制的转变和发展思路的创新。在推进经济增长方式转变、解决民生难题方面，习近平进行了大量实践，实现浙江经济的蓬勃发展。“让上海人民的生活过得更美好”，“真正的政绩在老百姓的口碑里”等，这些阐述成为习近平在上海从政的价值遵循。这些丰厚的从政实践为以后进入中央，进而成为党和国家的领导人进行治国理政的战略实践奠定了群众基础和实践基础。正是这些实践才真正推动着习近平从政理念和观点的不断系统化、理论化和整体化，正是在这些丰富的来源于人民呼声和诉求的工作实践不断提升着习近平对马克思主义人民主体性思想的认识，并在实践中不断深化着这一认识，在自主自觉中对马克思主义人民主体性思想加以丰富和灵活运用。在这期间，习近平不断把建设实践经验凝练为系统的理念和观点，用以指导具体工作实际，又不断地完善理念和观点系统性和整体性。“社会主义改革和建设是广大人民群众的事业，人民群众是社会主义改革和建设的实践主体，积极参与和搞好社会主义改革和建设是他们的历史责任。”[①] 长期的丰富的工作经历使习近平具备了应对各种发展境况的政治能力，这些从实践中所习得的能力，在习近平很多论著中上升到理论的高度得以形成系统的思想论证。第一次较为系统而全面地论述人民利益观的论著是 2001 年习近平在《使人民群众不断获得切实的经济、政治、文化利益》一文中，随后在《之江新语》的几百篇短评里，习近平就人民利益这一问题展开论述，进一步丰富了习近平人民利益观。“任何时候任何情况下，都要始终坚持把最广大人民的根本利益放在首位，自觉用最广大人民的根本利益来检验自己工作和政绩，做到凡是为人民造福的就一定要千方百计办好，凡是损害人民群众利益的事就坚决不办。”[②]《要拎着“乌纱帽”为民干事》《办法就在群众中》《善于同群众说话》等多篇思想性、时效性强，文风朴实，通俗易懂，反映他对人民主体性认识的不断深化。“各级党的领导干部要不断增强党的意识

① 习近平 . 略论《关于费尔巴哈的提纲》的时代意义 [J]. 中共福建省委党校学报，2001(09)：3-10.

② 习近平 . 之江新语 [M]. 杭州：浙江人民出版社，2013：113.

和为民执政的意识”，“在加强党的执政能力建设中自己该怎么办”[①]，“心无百姓莫为官”[②]，深刻诠释了他从梁家河村一路走来，作为黄土地的儿子，始终心怀人民，忧民疾苦的宗旨意识。“离开了人民，我们将一无所有、一事无成。”[③]“坚持执政为民，全心全意为人民服务，是人民公仆的天职。”[④]习近平用自己的爱民情怀，为民实践深刻诠释共产党人的责任和使命，“首先要明白自己的第一身份是共产党员，第一职责是为党工作，第一目标是为民谋利，始终把党和人民放在首位，不断提高自身的能力和本领，切实为人民执好政，掌好权”[⑤]。这些都是身居领导岗位，总结党的建设历史过程中续写的“真经”，既是传承了党的宗旨，也是从政多年的深刻体会，并以深深嵌刻在习近平在各级工作的实践中。在长期的从政生涯中，习近平始终践行自己为人民群众办实事的信念，把人民利益放在首位，始终以人民群众的冷暖为中心任务，实际工作卓有成效，各类论著研究成果不断丰富。

第二，党的十七大以来，习近平开始中央的政治工作。此时习近平的政治思想也从地方转向全国，其思想战略和政治高度因其工作领域而更加高瞻远瞩。但习近平在各项工作的部署上，虽然有不同的侧重，但其核心要义都是立党为公、执政为民。“推进马克思主义中国化，一定要胸怀共产主义远大理想……充分尊重人民群众的伟大实践和创造。”[⑥]他始终遵循地方从政的工作路线，结合自己长期的从政工作丰富经历和良好经验，不断向党员干部强调调查研究的重要性和必要性，“一定要从群众中来、到群众中去，广泛听取群众意见。人民群众的社会实践，是获得正确认识的源泉，也是检验和深化我们认识的根本所在”[⑦]。习近平始终心系民生，关心群众疾苦。虽然身为国家领导人，习近平仍然遵循他实地调查研究的工作方法。时至今日，习近平仍然不改初心，坚持实地调查研究，革命老区、贫困地区，地震灾区等都是习近平经常走访调研的目标区域，访民情、问民意，把民生建设放在社会发展的优先位置，不断强调中国共产党和人民群众的关系，要求广大党员干部向人民群众学习，有甘当小学生的精神，在人民群众中寻找解决现实问题的方法和方案。始终保持和人民群众的密切联系，向人民请教、向人民学习，“要充分发挥党密切联系群众的优势，最重要的就是必须坚持党的根本宗旨，贯彻党的群众路线，使党的一

① 习近平 . 之江新语 [M]. 杭州：浙江人民出版社，2007：84.
② 习近平 . 之江新语 [M]. 杭州：浙江人民出版社，2007：26.
③ 习近平 . 之江新语 [M]. 杭州：浙江人民出版社，2007：217.
④ 习近平 . 之江新语 [M]. 杭州：浙江人民出版社，2007：4.
⑤ 习近平 . 之江新语 [M]. 杭州：浙江人民出版社，2007：64.
⑥ 习近平 . 中国共产党 90 年来指导思想和基本理论的与时俱进及历史启示——在纪念中国共产党成立 90 周年党建研讨会上的讲话 [J]. 党建研究，2011(07)：16-21.
⑦ 习近平 . 谈谈调查研究 [J]. 党建研究，2011(12)：4-8.

切工作充分体现人民群众的意志、利益和要求"[1]。这一时期，习近平关于人民的论述集中体现为他对人民作为实践主体、认识主体的深化和思考，逐步使以人民为中心思想系统化、理论化，并在工作中具有高度的指导性和指向性。

第三，以人民为中心的发展思想的创立，提出实现中华民族伟大复兴的中国梦，必须以每个人的梦实现为前提，中国梦就是每一个人的个人梦，中国梦就是全体中国人的梦。这就很自然地把民生工作和社会治理上升到一个根本性的发展高度。从沂蒙山到井冈山，从延安杨家岭村到湘西十八洞村等，习近平始终心系这些地区的民生问题，努力为民生改善提供政策保障机制。习近平仍然喜欢去田间地头，了解农民们的生活生产实际，灶台炕头与老乡促膝谈心，倾听群众的心声和诉求。精准扶贫战略针对性地实施之后，习近平每年春节前后都要到这些地区和贫困家庭了解政策落实情况，用温暖和关怀增强困难群众的获得感和归属感。对于社会弱势群体，党的十九大报告增加了"幼有所育""弱有所扶"。从"幼有所育"到"弱有所扶"，基本覆盖了每个人生命全周期的重要方面。"保障和改善民生是一项长期工作，没有终点站，只有连续不断的新起点，要实现经济发展和民生改善良性循环。"[2]这些民生工程、惠民措施充分体现了习近平把人民放在心中最高位置的民本情怀。

从民生战略、"五位一体"总体新布局，到"四个全面"战略布局、五大发展理念，再到"以人民为中心的发展思想"的提出，人民至上渗透于政治、经济、文化、社会、生态领域等各个领域，"人民是历史的创造者，是推动改革的力量源泉。"[3]坚持人民主体性原则，坚持人民主体地位，依靠人民，继续深入推进社会全面改革。不断激发人民群众历史创造者的主体能动性和自主创造性，鼓励每一个人通过诚实劳动，合法经营不断自主创新，增强自身的获得感和认同感。广大人民群众越来越感受到作为个体的存在感，作为国家主人的自主性和尊严感。全面从严治党，加强党的执政能力建设，深得人民群众的拥护和认可。在治国理政的丰富实践中，习近平关于人民主体性论述不断发展和创新，内容也更加丰富，涵盖性更广，认识更加理性和深化，在中国特色社会主义建设中对马克思主义人民主体性思想基本原理的运用也更加灵活和娴熟，开创了马克思人民主体性思想新时代中国化的系统的思想理论体系。随着习近平总揽全局战略思维的发展规导了新时代我国社会主义的发展思路和发展价值旨归，幸福是奋斗出来的等这些激励人民主体性的实践激励机制，形成了实践主体的凝聚力、创新力和战斗力。理论来源于实践，理论进一步指导实

① 习近平．始终坚持和充分发挥党的独特优势[J]. 求是，2012(15)：3-7.

② 习近平在天津考察时的讲话[N]. 人民日报，2013-05-16(01).

③ 中共中央宣传部．习近平总书记系列重要讲话精神读本[M]. 北京：学习出版社、人民出版社，2016：78.

践的不断深入，在这样的相互探索和互动中，马克思人民主体性思想的新时代发必将在实践中更加系统化和理论化，也更具有实践性和现实性，不断开启习近平新时代中国特色社会主义思想的理论和实践的新境界，不断推进马克思主义中国化的进程！

第四章
马克思人民主体性思想新时代中国化的主体论理论体系

党的十八大以来，马克思人民主体性思想的中国化开启全面发展，坚持人民主体性原则，不同场合、不同建设领域，多种角度产生关于人民主体性的丰富论述。新时代中国共产党继承和创新马克思主义人民主体性思想，实现马克思人民主体性思想在新时代的运用和新发展。马克思人民主体性思想的中国化并非单纯的政治阐述，在建设中国特色社会主义的历史进程中，人民主体性贯穿于实实在在的具体的人民群众的实践活动中，是支撑起整个治国理政思想的核心基石。理论来源于实践，实践建构着理论。正是基于人民群众丰富而复杂的实践活动，马克思人民主体性思想的新时代发展在实践的建构中有着自身的理论逻辑，这一逻辑性是人民主体性贯穿整个治国理政实践的先决条件和根本前提，不断建构着马克思人民主体性思想新时代发展的整体理论体系。

第一节　马克思人民主体性思想的中国化的主体论内容

马克思人民主体性思想在新时代发展中产生了丰富的以人民为主体，依靠人民、依靠人民的聪明才智发展中国特色社会主义的新战略、新论述和新理念，为马克思主义人民主体性思想增添了理论新元素和思想新色彩。

一、人民至上的主体认识论

“为什么我的眼里常含泪水，因为我对这土地爱得深沉……”雷榕生在谈到习近平的知青岁月时，说“近平把自己看作黄土地的一部分”，在习近平身处家庭压力，政治歧视的困境里，“梁家河村民却毫无保留地接受了他、尊重他。他在黄土地上埋头苦干，老百姓对他很认可、很信任。老百姓保护他、爱护他，让他当家带领大家往前闯”。[①] 落其实者思其树，饮其流者怀其源。习近平少年时期的七年知青岁月，与其说磨砺了自身的意志和毅力，更不如说更多是从灵魂深处种下了热爱人民的种子。随着七年知青岁月的锤炼和成长，“苦其心志、劳其筋骨、饿其体肤、空乏其身”，这颗种子让习近平对农民、对人民充满了无限的情怀。

1. 七年知青岁月里的人民情怀

“15 岁来到黄土地时，我迷惘、彷徨；22 岁离开黄土地时，我已经有着坚定的人生目标，充满自信。”“艰难困苦，玉汝于成。”七年知青生活，习近平在艰辛贫苦的农村，和村民同吃同住同劳动。田间地头，一锄一犁；肝胆相照，一言一行，习近平在这里找到了归属感，也让他日渐丰厚着自己人生的追求。梁家河村的知青岁月，青年习近平用双脚丈量着黄土高原的宽广和厚度，用一颗心感受着父老乡亲的纯厚和质朴，用理性的头脑思考着农民们的渴盼和期待，他把自己看作黄土地的一部分，“为群众做实事”，让老百姓过上好日子的信念悄然生根发芽。“近平自己也曾经讲过，他在最困难的时候，陕北老乡收留了他，养育了他，教育了他。”[②] 可以说，七年知青岁月，习近平完成了自身世界观、人生观和价值观的塑造，磨砺了习近平的意志，无论从身体还是心理上都让习近平对生活、对老百姓有了全新而具体的认识，在认识中思考，在思考中筹划。习近平谈到插队几年，曾这样总结，那些年最大的收获是懂得了什么叫实际，什么叫群众，什么叫实事求是。正是源于那些年的认识和懂得，在与梁家河村民朝夕相处，同甘共苦的摸爬滚打中，使习近平对农村群众怀有深厚的感激之情，日益丰厚着自己的爱民为民情怀，也让他对以后的人生充满使命感。

从梁家河一路走来的这 40 多年间，正是这一深厚的热爱人民的情怀和情结，让习近平始终以百姓之心为心，立足人民群众，问政于民，问计于民，问需于民。在《我的自述》里习近平这样表达了对人民的情怀，“要像爱自己的父母那样爱老百姓，为老百姓谋利益”，“始终要把人民放在心中最高的位置”。[③] 这种深厚的爱民为民情怀孕育了习近平“以人民为中心”的发展思想，也决定他具有“习式风格”的大众化语言的形成，决定了他在基层实践工作和治国理政中从中国传统优秀文化中探寻从政、为民的执政之要。“领导干部要放下架子，甘当小学生，多同群众交朋友，多向群众请教。要真正悟透群众是真正的英雄。”[④] 这段论述涵盖了习近平从梁家河村一路

---

① 中央党校采访实录编辑室．习近平的七年知青岁月 [M]. 北京：中共中央党校出版社，2017：33.

② 中央党校采访实录编辑室．习近平的七年知青岁月 [M]. 北京：中共中央党校出版社，2017：38.

③ 习近平．我的自述 [N]. 人民日报，2014-11-29(01).

④ 习近平重要论述学习笔记 [M]. 北京：人民出版社，2014：52.

走来的情怀和实践总结。七年知青岁月的成长和历练，给习近平的人生插上了最坚实的翅膀。人民群众的烟火里藏着生活的智慧，人民群众的实践是我们获取真理的来源。这些情怀和实践总结成为习近平基层实践和治国理政的根本出发点。“在人民面前，我们永远是小学生，必须自觉拜人民为师，向能者求教，向智者问策；必须充分尊重人民所表达的意愿、所创造的经验、所拥有的权利、所发挥的作用。”①习近平不断强调中国共产党的执政要求：我们要随时随刻倾听人民呼声、回应人民期待。曾经对于梁家河村民所给予的人生力量、精神支持的感念和使命感，在这一系列讲话和论述中，充满着对广大劳动人民深厚感情和对人民幸福生活的使命担当。“洛阳亲友如相问，一片冰心在玉壶”，铁汉柔情，重情重义。时至今日，习近平对梁家河村的父老乡亲，对广大人民群众依然悉知冷暖，实干为民。党的十九大主题开宗明义：不忘初心，牢记使命。“中国共产党人的初心和使命，就是为中国人民谋幸福，为中华民族谋复兴”，“全党同志一定要永远与人民同呼吸、共命运、心连心，永远把人民对美好生活的向往作为奋斗目标”。②这不仅仅是习近平对全党同志提出的要求和目标，更是他一路走来爱民情怀的思想诠释和行动指南。这样的爱民为民情怀孕育了习近平新时代中国特色社会主义思想，如此，我们更深层理解习近平反复强调“增强人民群众获得感、幸福感和安全感”，“让发展成果更多更公平地惠及全体人民”等人民主体性论述的内涵和精神要义。“不忘初心，方得始终”，基于如此深切的爱民情怀，坚持人民主体性原则，坚持人民主体地位的历史唯物主义立场，是习近平始终将人民置于发展主体地位的决定性前提。

2. 引经用典中的爱民情怀

习近平很多论著善于引经据典，不仅充分体现中华优秀文化的博大精深，传承至今仍是党的治政准则，更充分体现了习近平对中华优秀传统文化的本质理解和精准引用。知其然，而又知所以然。正是基于深厚的爱民情怀，习近平在不同场合，常常古为今用、推陈出新，不断激活优秀传统文化，使其爱民情怀具有强烈的中国文化基因，融会贯通当代执政之要。“政者，正也。其身正，不令而行；其身不正，虽令不从”③，“以实则治，以文则不治”④，“以天下之目视，则无不见也；以天下之耳听，则无不闻也；以天下之心虑，则无不知也”⑤，这些经典词句成为习近平为民、为政的思想指南，“一块苦、一块过、一块干”，习近平曾这样总结执政者与人民群众

① 习近平．习近平谈治国理政 [M]. 北京：外文出版社，2014：27.

② 习近平．决胜全面建成小康社会夺取新时代中国特色社会主义伟大胜利——在中国共产党第十九次全国代表大会上的报告（2017 年 10 月 18 日）[M]. 北京：人民出版社，2017：1.

③ 人民日报评论部．习近平用典 [M]. 北京：人民日报出版社，2015：25.

④ 人民日报评论部．习近平用典 [M]. 北京：人民日报出版社，2015：35.

⑤ 人民日报评论部．习近平用典 [M]. 北京：人民日报出版社，2015：45.

的关系。党的每一项决策和工作，莫不关乎万家灯火，莫不与百姓民生相连。“上善若水，德行天下”，这不仅是习近平为民、为政的标尺，更是其个人的立德、修身、笃行的准则。“当官之法，惟有三事，曰清、曰慎、曰勤”[①]，“一心可以丧邦，一心可以兴邦，只在公私之间尔”[②]，“修其心治其身，而后可以为政于天下”[③]。“治国者，圆不失规，方不失矩，本不失末，为政不失其道，万事可成，其功可保”[④]，这句话涵盖了习近平人民观的全部精神要义和为民情怀。“雄关漫道真如铁”，“人间正道是沧桑”、“长风破浪会有时”，习近平在参观《复兴之路》展览时的讲话中引用了这些话，表达了习近平对中国特色社会主义事业的使命感和责任感，铁肩担道义，表达了对人民生存、生活和发展的谋求和不懈努力。由中共中央宣传部、中央广播电视总台联合创作的《百家讲坛》特别节目《平“语”近人——习近平总书记用典》，节目从习近平一系列重要讲话、文章、谈话中所引用的古代典籍和经典名句为切入点，“衙斋卧听萧萧声，疑是民间疾苦声。些小吾曹州县吏，一枝一叶总关情”[⑤]，“以人民为中心”，“一枝一叶总关情”，凝练了习近平所有治国理政思想和战略决策的精髓，治国执政之要都源于他“一枝一叶总关情”的人民情怀。

习近平对中华优秀传统文化的善学、善思和善用，归根结底，根源于他对人民主体性、为官做人、百姓民生、治国理政的理性思考和殷殷关切，是一位党员干部最根本的忧国忧民的情怀意识和担当使命。对民生问题的关注和凸显，印证了习近平从政的政治思维和实践走向。“乐民之乐者，民亦乐其乐；忧民之忧者，民亦忧其忧”[⑥]，习近平对孟子这句话的引用，诠释了他对民生问题的关怀和思考，流露出他敬民爱民、体民察民、忧民恤民的民本思想和质朴情怀，无不散发着人民领袖的人文情怀和温暖关爱。《习近平用典》由十三个部分组成全书的篇章结构，开篇第一部分即是“敬民篇”，充分论证了习近平对人民主体性的坚持，对人民主体地位的尊重和坚持。深厚的人民情怀是习近平治国理政的思想基础所在，根植于习近平内心深处。民为邦本，本固邦宁。民亦如水，可载可覆。作为一名坚定的马克思主义者，习近平心怀人民，胸怀天下的情怀和担当，把治国理政之道和人民休戚与共。我们就不难理解，习近平为何不断论述人民主体性，不断反复引用敬民、爱民、忧民、恤民的古典词句；在全面建设小康社会的过程中，习近平为何不断强调民生问题，使人

① 人民日报评论部．习近平用典 [M]. 北京：人民日报出版社，2015：55.
② 人民日报评论部．习近平用典 [M]. 北京：人民日报出版社，2015：59.
③ 人民日报评论部．习近平用典 [M]. 北京：人民日报出版社，2015：61.
④ 人民日报评论部．习近平用典 [M]. 北京：人民日报出版社，2015：277.
⑤ 人民日报评论部．习近平用典 [M]. 北京：人民日报出版社，2015：7.
⑥ 人民日报评论部．习近平用典 [M]. 北京：人民日报出版社，2015：13.

民拥有“获得感、幸福感和安全感”。重民体而得民助，得民助者而国事达；顺民意而得民心，得民心者而得天下；恤民情而得民戴，得民戴者而安天下。这应是《习近平用典》的精要所在，也是习近平爱民情怀的诠释和印证。

二、坚持人民主体地位的主体论

人民主体性思想贯穿于中国革命和国家治理的实践中。正是人民主体地位的确立，中国社会变革和国家治理才找到了主体力量。中国共产党在长期的革命和社会主义建设中，丰富和创新人民主体性的世界观价值和方法论意义。中国共产党的理论和建设实践积累了丰富的理论内容和发展创新，在不同的历史时期对人民主体地位进行了阐释。革命战争时期开创了马克思人民主体性思想在中国创新运用的先河，独具中国特性的的群众路线，把人民主体力量具体化为群众路线，并上升到执政行为，人民群众路线为以后中国共产党对马克思人民主体性思想的发展和创新，并运用于具体的实践工作中提供了具体的理论和实践指导。激发宏大的人民力量，坚持人民主体地位，“以人民为中心”，从创造历史的主体，创造社会物质财富和精神财富的主体，推动社会发展的根本力量出发，把尊重人民主体地位、发挥人民主体力量、实现人民愿望、创造人民福祉在实践中有机统一起来。

1. 坚持人民导向

中国共产党继承马克思的国家作为阶级统治工具的本质的理论，从严治党，提高党的执政能力水平和领导水平，坚守人民立场，坚持人民在社会治理中的主体地位。中国反贫困的伟大成就归因于要坚持和完善共建共治共享的社会治理制度，形成党委领导、政府负责、社会协同、公众参与的反贫困主体结构。社会发展是人民实践活动的结果，基于马克思人的自由全面发展思想，在自由人联合体里每个人得以自由全面发展。从实践考察，坚持人民主体地位的重要标识即是主体劳动和主体劳动成果的现实统一，人自主自觉地进行实践活动，并相应地占有自己的劳动成果。中国共产党的反贫困斗争坚持“以人民为中心”发展思想，坚持人民主体地位，考虑社会(“许多个人的共同活动”①)和个人(“现实的个人”②)之间的契合点。十九届五中全会从我国已转向高质量发展阶段的国内背景出发，全面分析新发展阶段面临

① 在分析“许多个人的共同活动”中，马克思用历史唯物主义的观点，分析并全面论证了在人的本质“在其现实性上，它是一切社会关系的总和”。参阅马克思恩格斯文集：第1卷[M]. 北京：人民出版社，2009：501.

② “现实的个人”是马克思提出的新唯物主义的概念，是马克思新唯物主义的出发点，有生命的个体构成人类历史的首要前提。从现实的个人考察人的本质，人自身的全面发展和个性解放即是马克思所构想“人的真正的共同体”参阅《马克思恩格斯文集：第1卷[M]. 北京：人民出版社，2009：519. 参阅《马克思恩格斯全集：第3卷[M]. 北京：人民出版社，2002：394.

的机遇和挑战，做出全党全国各族人民团结一心，顽强奋斗，一定能够在新时代把中国特色社会主义更加有力地推向前进这一重要判断。“哲学家们只是用不同的方式解释世界，而问题在于改变世界”[①]，马克思在认识论和实践论上，逐步完成“哲学家的世界”——→“人民群众的世界”——→“哲学家的世界”这一循环、螺旋式的实践跃迁过程。在这一过程中，哲学思想、人民群众的行动、社会实践生成的无数因子作为一个无限灵动、丰富的有机统一体，在实践中产生机理效用，用社会发展和社会形态的跃迁，验证人民群众是历史创造者的主体地位。党的十八大以来，着眼于国际国内发展的实际，更加强调和关注民生，从治国理政层面为个人的个性发展提供广阔的实践空间。马克思说“整个所谓世界历史不外是人通过人的劳动而诞生的过程。”[②]人在实践中发展并丰富着“为我而存在”[③]社会关系，在结成这些丰富而复杂的社会关系的过程中，人创造者物质财富，并建构和决定着这个物质世界的物质形态和存在状态，并在这个世界中打下自身主体性发展的烙印。人之所以比动物高级，其中很重要的关键一点就是人能够思考，并能把思考上升为自己的实践行为，并在实践活动中按照自身的意识观念来构建有形的或无形的世界。人们对无形世界的改造，从个体来讲，就是人自身思想观念、精神状态的发展和进步，从整体来讲，就是人在创造物质世界的过程中同时创造的社会的精神形态，这个精神形态就是人所创造的精神世界。精神世界的发生和存在，彻底决定了人和动物的根本区别，人在精神世界中不断地总结用以更好地改造物质世界的经验和方法。这一实践和意识的相互作用，完全契合马克思所说的社会存在决定社会意识，社会意识反作用社会存在，由此推动整个人类社会的发展和进步。这同时也更加印证了这样一种真理的存在，对于社会存在和社会意识之间的辩证关系的作用和发生，人在这个辩证过程中所起的关键性的作用。人的主体力量的发生，人民主体地位的确立，是社会存在和社会意识之间能够发生作用并持续作用提升与增强的决定性因素。这就又回归到马克思说的人是历史发展的动力的历史唯物主义原理上。真理和人民的实践活动之间一定存在彼此联系，不可分割的关系。鲍威尔否认真理的发现和结束，和人民群众的实践活动毫无关系，人民群众是不具备发现真理，进而运用真理的能力的，这样鲍威尔就把真理同群众对立起来，马克思对此作了激烈的批驳，“它不是面向经验的人，而是面向‘心灵的深处’，为了‘真正被认识’，真理不去接触住在英国的地下室深层或法国高高的屋顶阁楼里的人的粗糖的躯体，而是‘完完全全’在人的唯心主

① 马克思恩格斯选集（第1卷）[M]. 北京：人民出版社，2012：136.
② 马克思恩格斯全集（第42卷）[M]. 北京：人民出版社，1979：131.
③ 马克思恩格斯选集（第1卷）[M]. 北京：人民出版社，1995：81.

义的肠道中‘螺动’。”[①] 真理掌握在人民群众手里，人民在发现真理的过程中，不断创造着新的物质财富，并不断丰富和提升着对自身需要的满足程度，同步提升着精神世界的质量。人民是物质财富和精神财富的主体，这一结果性的主体定位，同时也内在地规定了在实践中人民主体地位的定位。

国家治理中人民主体地位的演进（表 1）

分期	地位	作用的方式和发展	现实呈现
古代传统社会	“民为贵，君为轻”重民、民本思想的人民群众主体地位构想	思想理论存在自我循环的致命缺陷，民本思想在统治阶级限定的政治环境范围内运作。	重民、民重、民本最终归于君重、君本位，民本始终从附于君本。
社会主义革命和建设时期	人民是创造世界历史的动力	全民政治动员、政治革命、政治参与和社会建设，人民群众——个人渴盼——政治动员——全民政治——全国上下一致的实践行动(其中英雄人物在长期的革命斗争中所形成的广泛而深远的社会凝聚力、号召力和感召力也决定了人民主体性发挥的程度。)	一切从群众中来，到群众中去，马克思主义人民主体性思想在中国的运用和发展。
中国特色社会主义建设时期	尊重群众的首创精神，一切从群众利益出发，全心全意为人民服务，始终代表中国最广大人民的根本利益。	从经济领域出发，侧重生产力和生产方式的变革，以实现人民群众生活的富足和经济利益的最大化为经济建设目标。人民主体意识发展的态势在经济领域形成螺旋式循环上升的发展空间。	经济利益的驱动和社会发展产业化的趋势，“以物为本”概念凸显（从一定意义而言，人是为物质生产服务的，侧重的是“人→物→经济利益→经济发展”的单向维度。）
科学发展观时期	“以人为本”，全面协调、可持续发展	人民主体地位运作范围进一步拓展和深化，主体意识进一步增强，发展的核心以单向、双向和辐射性的多重运作逻辑覆盖经济、政治、文化、社会建设。	“以人为本”的回归与进一步凸显，人民主体性时代的解释力和回应性的新发展。

① 马克思恩格斯文集（第 1 卷）[M]. 北京：人民出版社，2009：285-286.

续表

分期	地位	作用的方式和发展	现实呈现
新时代治国理政时期	“以民为本”，“民者，万世之本也。”	人民权力、利益诉求和价值判断成为国家政治运行的起点和终点，作为主体的“人”由“以人为本”精确为“以民为本”，在整个国家建设的运作程序中，人民作为唯一的评判主体。	个人愿望和利益诉求从国家层面上来讲，具有了合法性和合理性的解释、地位，“个人←→集体←→社会←→国家”共享发展。

党的奋斗目标就是人民群众对美好生活的需要和向往，“以人民为中心”的发展思想等执政理念和发展战略的不断丰富和创新，人民主体地位愈来愈成为党的历次全会不可或缺的核心概念。“以人民为中心”发展思想全方位地贯穿于治国理政的全过程，统筹推进“五位一体”总体布局，以人民为中心，成为五大领域建设的核心依据和价值旨归。协调推进“四个全面”战略布局的全过程，“以人民为中心”系统回答了人民主体地位的总的统领作用，解答了新时代如何发展中国特色社会主义，怎样发展中国特色社会主义和实现怎样的发展等这些具有理论性、实践性和根本性的重大问题，人民主体地位的全面践行，贯彻“以人民为中心”的发展思想，开辟了人民主体地位在中国特色社会主义中的新境界。党的十九大把“必须坚持人民主体地位”上升为党的基本方略，赋予了人民主体地位新的时代概念和新特征。“以人民为中心”的发展思想从发展的各个层面、各个领域对人民主体地位都做了具体阐释和具体定位。党的二十大报告明确提出坚持人民至上，坚持问题导向，“以人民为中心”的发展思想是人民创造历史的辩证唯物史观的鲜明体现，凸显人民主体地位和主体作用，蕴含着丰富的人民性。“以人民为中心”把中国特色社会主义的实质确定为人民主体地位的能动发挥和社会发展活力和机制的有机结合，这是新时代中国共产党展现的执政理念和治国思路，丰富了中国特色社会主义的深刻内涵，随着人民主体活动的深入，将逐步促进社会形成新的实践创新，推动社会制度体制的改革和创新，将不断丰富和开辟中国特色社会主义的新境界。“以人民为中心”设定社会发展的价值指向，“劳动至上”，“人民至上”，让人民在实践活动的开展中，在对美好生活需要的满足中切身认识到人民的概念并未过时，也并不是存在于上层建筑和意识形态领域的抽象的概念，而是通过国家的治国理政思想，通过坚持“以人民为中心”的发展思想，具体化到了每一个实践活动中，每一项国家路线方针的贯彻中，经由人民的共创共建共治共享实现民生需求的解决和满足中得以现实地反映出来。人民主体地位也在这一背景下得以愈加凸显其本身的现实价值和实践意义。

2. 坚持人民发展

马克思人民主体性思想的中国化把人的范围和范畴做了新界定，从国内发展的角度对人的主体性从各方面做了新的阐释和实践探索，充分体现中国特色社会主义的优越性和对人自由全面发展的价值追求。马克思科学社会主义的根本价值原则即是建立自由人联合体的共产主义社会，最终实现人的自由而全面发展。正是基于此，新时代马克思人民主体性思想的中国化时代化进程中，把人民主体性思想运用到治国理政和国际合作的实践过程中，人类命运共同体是基于全人类发展的角度提出的全球治理模式，让中国的发展成果惠及全世界人民，人类的发展要靠世界人民通力合作。人类命运共同体是基于人民主体性原则的基础上所提出的国际合作、全球治理的新模式，是对马克思关于人类社会发展基本原理的发展和创新，是对新时代人类社会发展的新探索。新时代马克思人民主体性思想在中国化的进程中坚持人民主体地位，不仅仅是坚持人民是历史的创造者，人民群众是真正的英雄，更重要的是解析新时代人的发展的内在逻辑。人的发展内在逻辑首先要求人发展空间的合理性和机会的均等性。新时代中国共产党更加注重发展的不平衡和不充分等问题，更加准确理解人民生活实践的差异性和层次性，坚持人民导向，以新的发展战略面对和解决人民新的生活问题与精神需求。关注和实现人民群众对美好生活的需要和向往，即是在新发展阶段党发展战略新的目标定位。在这一定位下中国共产党发展战略要更加统筹科学，在发展中能协调推进各方积极因素，形成系统的中国式现代化发展路径。新时代继续提升国家治理效能，强化制度化和法治化治理，将主体行为和需求纳入到制度规范的法治化生态体系中，将高效规避中国式现代化进程中的单向度认知和“人治”思维，创设公平正义的社会环境，让主体行为在中国式现代化进程中最大限度地发挥出主体功能。相应地，人的需求和愿望也必将在公平正义的保障体系中有据可依，制度理性的刚性力量和主体的能动性便可能在实践中形成合力。十九届五中全会以人民为中心建构多层次的社会保障制度体系，究其缘由，一方面是中国解决了绝对贫困，而同时又面临相对贫困的问题；另一方面则是贫困问题的交织性和复杂性，绝对贫困仍然会在相对贫困的问题域中重现。因此国家治理的法治化思路，彰显社会的公平正义，不断增强人民群众的共建共享共治意识，以制度提升国家治理的现代性，这是中国现代化国家治理的现代性选择。

第一，从思想理论层面，人类命运共同体理论的精神实质是对共产主义理论的继承、发展和创新，也是对中华优秀传统文化的转化发展，更是对中国实践经验的科学总结和理论提升。这为公平合理国际新秩序的建构和全球治理体系的转型变革提供了中国方案。在自由人联合体里，个人才能获得全面发展其才能的手段，也就是说，只有在共同体中才可能有个人自由。“真正的共同体”即共产主义就是马克思所说的自由人的联合体、是每个人自由而全面发展的社会。中华优秀传统文化蕴含着“道”“仁爱”“和”“兼爱非攻”等丰富的优秀基因，承载着“人心和善”的道德观、“天人合一”的宇宙观、“和而不同”的价值观、“协和万邦”的国际观等优秀思想理念。譬如，老子的“道法自然”等规律规则意识，孔孟的“泛爱众，能亲仁”“亲亲而仁民，仁民而爱物”等仁爱之心、中庸之道，孙子的“不战而屈人之兵，善之善者也”，墨子的“兼相爱，交相利”，王阳明的“知行合一”等等。人类命运共同体建构关系人类社会发展的大命运，顺应经济全球化的大趋势，推进全球治理体系的大变革，必将进一步凝聚全人类关于新型国际关系与国际新秩序的共通价值和统一规范。①

第二，从价值层面看，人类命运共同体建构倡议承载着全人类优秀思想智慧，为全球治理体系和世界和平发展贡献出凝聚全人类智慧、反映全人类共同愿景的美丽蓝图方案。一是诸如强权政治、霸权主义等导致地区冲突不断和难民危机四伏，单边主义、新自由主义等导致全球金融危机和经济犯罪活动肆虐等全球性问题。因此，与西方列强奉行的零和博弈、冷战思维、霸权主义、强权政治、单边主义等不同，人类命运共同体建构奉行以人为本、和平发展、开放包容、合作共赢等基本原则；也与西方列强通过殖民战争、策动政变、经济制裁、干涉内政等手段强行推销西方价值和发展模式不同，而是通过积极地对内改革调整、对外开放合作等政策措施，协同推进全球治理体系完善，共同维护世界和平发展繁荣。世界各国共商共建一个共享共赢的人类命运共同体，充分体现出各国人民的博大开放胸襟和使命担当精神。二是面对日益严重的生态破坏、气候变化、环境污染、自然灾害等全球问题，地球整体生态环境一旦崩溃则任何国家民族都无法独善其身。世界各个国家民族的文明没有高下之别、优劣之分，要推进公平合理的新型国际关系和国际新秩序，必须秉持共商共建共享共赢的新发展治理理念；要引导经济全球化健康发展，必须反对逆全球化的保守主义倾向，避免不公正的贸易战争；要完善全球治理体系，推进不同文明平等交流、共同进步，着力解决恐怖主义、武装冲突、难民危机等重大问题，推动建设一个开放、包容、普惠、公平、共赢的人类命运共同体。三是新型国际关系的调整、全球治理体系的变革、国家间对话不对抗及结伴不结盟的伙伴关系的构建，在经济全球化中获益而率先发展起来的发达国家和大国是关键少数，应该在不冲突不对抗、相互尊重、合作共赢的新型关系构建进程中起到示范引领作用，彼此尊重核心利益和重大关切，化解发展中的矛盾与分歧，主动担负起帮扶落后国家的国际责任。人类命运共同体思想理念，传承发展了世界各族人民追求和平、共

① 冯颜利、唐庆．习近平人类命运共同体思想的深刻内涵与时代价值 [J]. 当代世界，2017(11)．

同发展、合作共赢的精神内涵和共同愿景，回应了全球治理体系完善的根本关切，承载了新型国际关系和公平合理的国际新秩序中的价值功能。这是对中国人民在长期国内国际社会实践中的经验智慧的一种高度浓缩和抽象概括，也是对人类社会发展方向和治理模式的一种新思考和新探索。“中国人民创造的‘中国方案’是一种新世界观、新价值观和新方法论，是把世界作为一个整体、把人类作为一个整体而进行的理论创造与实践创造。当这些理念与作为越来越为世界所接纳、所认同、所践行时，一个新世界，一种新文明，一个新希望就会光芒四射、喷薄而出，中国将再一次当之无愧成为为人类文明做贡献的中国。

新时代中国共产党秉承马克思人民主体性思想，坚持人民主体地位，向全世界庄严宣告“人民对美好生活的向往，就是我们的奋斗目标”，这一宣告凝练了中国共产党人民主体的执政理念。以民为本，人民“是历史的英雄”。人民拥有“更多的获得感、幸福感、安全感”是新时代中国共产党的历史使命和发展目标。全面深化改革，在改革中坚持人民主体地位，“坚持以人为本，尊重人民主体地位，发挥群众首创精神，紧紧依靠人民推动改革，促进人的全面发展”。[①] 十八届五中全会“以人民为中心”发展思想的提出，充分诠释了中国共产党执政的价值旨归，五大发展理念，都紧紧围绕人民的生活需求和社会诉求而展开，把“坚持人民主体地位”作为实现全面建成小康社会必须遵循的首要原则。“中国特色社会主义首先是社会主义，而不是其他什么主义。”[②] 能否坚持人民主体地位是真假社会主义的试金石；中国是一个拥有13亿多人口的大国，“决不能在根本性问题上犯颠覆性错误”[③] 本质上讲，人类文明的互通互融正是人类社会文明进步的基本动能，也是人类社会不分种族民族而命运与共的基本纽带。多元文明下人类的思想智慧成果和物质发展成就不断地深度融合互动，是人类社会和谐发展和建构人类命运共同体（*A Community of Shared Future for Humankind*）[④] 的根本基础。

三、“以人民为中心”的主体导向论

“以人民为中心”是新时代马克思人民主体性思想中国化时代化的核心凝练和总体概括，是新时代中国共产党在社会历史发展和治国理政中的具体指导和要求。经济基础决定上层建筑，社会主流思想观念是社会上层建筑重要的组成部分，影响

① 中共中央文献研究室．十八大以来重要文献选编（上）[M]. 北京：中央文献出版社，2014：514.

② 习近平．习近平谈治国理政 [M]. 北京：外文出版社，2014：22.

③ 习近平．习近平谈治国理政 [M]. 北京：外文出版社，2014：348.

④ 中共中央宣传部．习近平新时代中国特色社会主义思想三十讲 [M]. 北京：学习出版社，2018：285−297.

和制约社会经济的发展，就此马克思指出，“……每一历史时期的观念和思想也可以极其简单地由这一时期的经济的生活条件以及由这些条件决定的社会关系和政治关系来说明”。[①] 马克思人民主体性思想的中国化坚持历史唯物主义立场，把社会综合发展和人民的主体地位融合起来，把人的发展建立在社会发展的基础之上，指出社会发展的进程决定于人的主体性发挥的程度，自觉遵守主客观相统一的原理，人民既是实践的主体，同时又是实践的客体，“以人民为中心”，科学把握和自觉遵循社会发展规律和共产党执政规律[②]，透视时代精神而做出的反映人民价值诉求的发展价值论。“以人民为中心”思想内涵丰富，从马克思主义基本原理考察，反映了以人民主体性为原则，坚持人民主体地位的世界观和方法论；从共产党执政规律考察，它又是用以指导和运用到执政为民行动中的一种认识论和实践论；从社会发展的价值旨归考察，“人民为中心”的思想又具有鲜明的价值导向，体现着社会发展过程中各因素之间的一种深刻的价值关系，是一种对价值目标和价值愿景内在规定性的科学价值论。“坚持以人民为中心既是党的根本立场，也具有鲜明的方法论价值，对于推动各项工作具有重要的指导意义。这种方法论，立足于历史唯物主义，生发出以人民为中心的认识路线、方法与要求，为治国理政和党的自身建设提供价值导向、行动依据与方法指引。”[③]

1. 人民立场的新阐释

第一，关于马克思主义人民立场基本原理的新阐释。马克思在理论著作中并没有专门的对人民立场的论述。马克思更多地是从“人们自己创造自己的历史”这一历史动力角度表明他的人民立场的。在分析阶级和阶级斗争中，马克思充分认识到农民在无产阶级革命中的重要角色，分析了工农联盟进行革命具有充分的完全的可能性。经过反复考察和论证之后，马克思指出，把“无产阶级看作自己的天然同盟者和领导者”[④]，是农民摆脱剥削，实现自身解放的根本前提条件。同样，除了联合一切无产者，工人阶级的任务还必须把农民争取过来建立工农联盟，最终组成工人和农民的大合唱。“若没有这种合唱，它在一切农民国度里的独唱是不免要变成孤鸿哀鸣的。”[⑤]“没有绝大多数劳动者对自己的先锋队即无产阶级的同情和支持，无产阶级革命是不可能实现的。”[⑥] 马克思从阶级斗争的领导力量和依靠力量这个角度，阐释了

① 马克思恩格斯选集（第3卷）[M]. 北京：人民出版社，1995：335.

② 方世南. 深刻把握以人民为中心思想的价值论意蕴 [J]. 学习论坛，2017(06).

③ 双传学. 以人民为中心的方法论意蕴 [N]. 光明日报，2017-10-07(04).

④ 马克思恩格斯文集（第2卷）[M]. 北京：人民出版社，2009：570.

⑤ 马克思恩格斯文集（第2卷）[M]. 北京：人民出版社，2009：573

⑥ 列宁全集（第37卷）[M]. 北京：人民出版社，1986：211.

无产阶级的人民立场问题。中国共产党继承马克思这一基本原理，并在此基础上不断实现丰富和创新。新时代对马克思人民主体性思想的发展以不同视角，从不同方面对对人民立场予以丰富论述和论证。首先从历史唯物主义角度，对马克思人民立场基本原理予以新阐释，指出“人民是历史的创造者”，“人民是历史的主体”，充分体现了坚定的历史唯物主义立场。其次，从治国理政思想出发，人民群众是中华民族的实践主体，是实现中国梦的根本力量，全面建成小康社会，实现中华民族伟大复兴，“以人民为中心”的发展思想贯穿于治国理政的全过程，“以人民为中心”凝练和概括了新时代马克思主义人民立场的全新精神要义，是对马克思人民主体性思想的创造性运用和发展，体现了丰富的方法论和价值论。这些新阐释，充分体现了新时代中国共产党“相信人民、依靠人民的政治立场”。新时代关于人民的论述里，坚守人民立场，坚持中国共产党的核心领导，充分发挥人民的积极性、主动性和能动性，团结海内外一切可以团结的力量，形成社会主义建设发展合力的诸类创新论述不胜枚举。不断丰富和创新马克思关于无产阶级性质的基本原理。“勇于自我革命，从严管党治党，是我们党最鲜明的品格”[①]，我们党除了无产阶级政党在革命和建设的过程中，始终以国家、民族和人民的利益为最高利益，等这些符合时代特征和人民需求的关于人民立场的新阐释。巴黎公社革命胜利后，马克思对公社的经验、实质和基本原则做了全面论述，“公社——这是社会把国家政权重新收回，把它从统治社会、压制社会的力量变成社会本身的充满生气的力量；这是人民群众把国家政权重新收回，他们组成自己的力量去代替压迫他们的有组织的力量；这是人民群众获得社会解放的政治形式，这种政治形式代替了被人民群众的敌人用来压迫他们的假托的社会力量（即被人民群众的压迫者所篡夺的力量）(原为人民群众自己的力量，但被组织起来反对和打击他们)”[②]。马克思这些论述充分诠释了人民立场这个基础前提，决定了一个政党、一个社会、一个政权最终的走向和本质。正是基于此，立足新时代，马克思人民主体性思想的中国化对马克思这些基本立场观点做了新的表述和阐释，对党员干部做群众工作时，要求党员干部学会换位思考，形成工作的惯性思维，自觉站在人民群众的立场上思考问题。，做群众工作要注意换位思考，设身处地为群众着想。站在人民群众的位置和角度，感受人民群众的冷暖需求，才能设身处地地为人民群众着想，也才能在工作实践中找到解决问题，化解冲突，维护人民群众利益的方法和对策。

---

① 习近平．决胜全面建成小康社会夺取新时代中国特色社会主义伟大胜利——在中国共产党第十九次全国代表大会上的报告（2017 年 10 月 18 日）[M]. 北京：人民出版社，2017：26.

② 马克思恩格斯文集（第 3 卷）[M]. 北京：人民出版社，2009：195.

第二，关于中国共产党人民立场的新发展和新实践。马克思人民主体性思想的中国化，对于人民立场的论述，不仅从马克思这一理论基础出发充分强调了人民立场的基本原理的重要性，更重要的是把关于人民立场的理论论述，转化为“以人民为中心”的发展思想，从而使这一论述具有了实践的方法论价值和主体价值指向。理论如果只停留在文本，那么理论就失去了作为理论本身所应当具备的功能和价值。何谓人民立场？为什么要坚持人民立场？人民立场在执政过程中具体表现为什么？如何在从政治国实践中贯彻人民立场？等等这些问题，在新时代，不仅检验每一位中国共产党人的政治智慧，同时也对广大人民群众提出了诘问。正是基于这样的辨析，新时代中国共产党更注重人民立场的在治国理政之中的贯穿，坚守人民立场，坚守人民本位，对人民立场予以更为广阔而纵深的理解和阐释，人民立场不仅仅作为一个政治概念出现，在社会发展建设中，在人的利益满足中，更多的作为一个多元化的概念出现，充分彰显了人民立场本身所具有的历史唯物主义内涵。不仅如此，在党的建设方面，更加偏重具体化和人民性，全面从严治党的出发点就是基于人民立场，人民痛恨什么我们就反对什么，我们就做什么。创造性地提出“以人民为中心”的发展思想，并明确强调“这是马克思主义政治经济学的根本立场”，这是党的根本政治立场。党的十九大，“坚持以人民为中心”上升为新时代坚持和发展中国特色社会主义的基本方略。

首先解决了“何谓人民立场”的问题。“以人民为中心”这一中心的定位涵盖了中国共产党所有的价值旨归。一切和人民群众有关的实践活动最终都是为了人民需求的满足和价值的实现。而社会发展本质上就是实践的。“以人民为中心”从理论上和实践上都廓清了人民立场的科学性、真理性和价值性。“以人民为中心”这一根本立场，不仅从整体上为“最广大人民的根本利益”做了立论基础，更为重要的是从个体发展和利益实现的维度为“最广大人民的根本利益”提供了整体立论实践的价值指导。实际上在社会发展的现实实践中，由于无数个作为个体的人在实践必将形成各种社会关系，这就必然决定了社会关系的复杂性和派生性。在每个实践发展的时间和空间里，虽然整体利益和每个个体成员的个人利益从总体上和长远来看是一致的，但每个具体的发展阶段里必然存在着个体利益和整体利益、少数人利益和多数人利益、个人利益和国家利益、根本利益和一般利益等矛盾的冲突，有时甚至会带来社会问题的层出不穷，社会关系就衍生出更为复杂的其他社会关系。“以人民为中心”厘清了处理和解决这些矛盾和冲突中最为关键的因素，也是处理和解决这些矛盾和冲突的指针，更为这些矛盾和冲突的解决提供了科学的评判标尺。阿马蒂亚·森指出，要使人民群众享有实质（Substantive）的自由和权利，即享有人们有理由珍视的那种生活和愿意过的那种生活的“可行能力”(Capability)。[①]坚持以人民为中心的发展思想，坚持人民主体地位，更加关注民生问题，让人人都有人生出彩的机会，真正实现劳动者对自己劳动成果的拥有权和享用权。以人民为中心，所有的发展战略指向都以这个为根本前提，以此让人民增强获得感、幸福感、安全感和归属感。真正的人民至上的本质和价值，不是那空中的花花楼宇，而应是具有坚实基础的民生和民权的系统工程，应是平等的生存权利和发展机会的体现。[②]“以人民为中心”重新阐释了“人民立场”的本质，回应了现实社会中“人民立场”某种程度的消解状况。“以人民为中心”再次界定了“人民”的本质，从发展的实践动力和实践价值，论证了“人民立场”的真实性和实践性。

2. 强化人民主体性在治国理政中的实践导向性

党的十八大以来，党把以人民为中心的价值准则贯穿到治国理政的战略布局中，全面协调推进“四个全面”战略布局，基于新时代我国社会主要矛盾发生转变的重大判断，全面深化改革，破除社会不平衡不充分发展的体制机制壁垒和障碍，凸显和更加关注民生，解决人民群众最关心的现实需求，全面依法治国，实现人民当家作主的制度化和法治化。同时净化党内政治生态，从严治党，为人的发展和价值的实现创造了前所未有的全面的综合性的发展平台。第一，人民主体性是国家治理的根本方法论原则。马克思主义理论作为科学的世界观和方法论，论证了人的本质和人对历史发展的作用，从历史唯物主义和实践方法论角度指出，“历史活动是群众的活动，随着历史活动的深入，必将是群众队伍的扩大”。[③]人作为社会发展的实践创造主体，马克思人民主体性思想为国家治理提供了世界观和方法论原则。历史发展的实质在于作为历史主体的人的实践活动，在于现实的人及其发展。人民群众的实践开展和实践行为“制约着整个社会生活、政治生活和精神生活的过程”。“根据唯物史观，历史过程中的决定性因素归根到底是现实生活的生产和再生产。”[④]人民群众从事社会历史的实践渗透在日常生活的个体行为之中，其行为的实践走向和价值取向取决于整个社会发展的现有状态和这个社会发展的战略规划上。这一方法论原则被中国共产党创造性运用到了中国革命和国家治理中。坚持人民主体地位，发挥人民主体参与性，把人民主体性原则贯穿于国家治理的大政方针中。习近平指出：“一个国家选择什么样的治理体系，是由这个国家的历史传统、文化传统、经济社会发

① 阿马蒂亚·森．以自由看待发展 [M]. 北京：中国人民大学出版社，2002：30.

② 王新建．包容性转变：在人民主体思想的视域下 [J]. 福建江夏学院学报，2013(02).

③ 马克思恩格斯文集(第 1 卷) [M]. 北京：人民出版社，2009：287.

④ 马克思恩格斯选集(第 4 卷) [M]. 北京：人民出版社，1995：695.

展水平决定的，是由这个国家的人民决定”。[①] 从“四位一体”到“五位一体”的中国特色社会主义建设，依据人民主体性，不断丰富和发展，生态建设的补充，进一步诠释了人民主体性原则对于国家治理的方法、内容和路径选择的决定性意义。“以人为本”到“以民为本”，使国家治理的功能性、实践性和目标性更加具体，主体更加明晰，价值指向更加明确。“以人民为中心”的发展充分体现了中国共产党的执政规律，社会主义建设规律和人类社会发展规律的深刻认识，是人民主体性方法论原则在国家治理实践中的具体而自觉地运用。在国家建设和社会发展过程中，国家治理的方法和路径纷繁多样，依据不同时期、不同社会发展状况会生成和创新出更加科学而具体的方法、路径和战略决策，但统领所有战略决策的核心方法只有人民主体性这一方法论原则。习近平强调并要求党员干部要把以人民为中心的发展思想贯彻到治国理政的全部活动之中，把群众工作和社会发展统一结合，贯穿到社会管理工作的方方面面和每个具体环节，深入调查，认真研究新时代人民群众的需求和期待，不断探索和积极创新群众工作的新方法。这些论述是对人民主体性方法论的基本遵循，是推进国家治理体系和治理能力现代化的关键环节。

第二，人民是国家治理实践的评判主体。人民主体性是国家治理的根本方法论原则，人民性是国家治理的根本政治立场和价值原则，人民决定国家治理的进程、性质和最终价值目标。国家治理中，衡量一切工作好坏、成败的标准源于人民的评判。“检验我们一切工作的成效，最终都要看人民是否真正得到了实惠，人民生活是否真正得到了改善，这是坚持立党为公、执政为民的本质要求，是党和人民事业不断发展的重要保证。”[②] 这种主体性原则是中国共产党历届领导人坚守的中心思想和价值准则。其一，在制度设计上，始终以人民作为社会制度设计和制定的根本出发点，最终让人民评判制度的实施结果。人民是制度设计中需要考虑的人的因素，人是执行社会制度的主体，是把社会制度转化为实践生产力，实现物尽其用，资源最优配置，使人的因素和物的因素综合作用，并辐射这种作用的发生机理和渗透力，实现社会变革、推动社会发展的主体。其二，在发展战略上，始终立足于人民共享发展这一关键点上。在中国特色社会主义发展战略构想中，实现共创共治共享的共享发展和全面建成小康社会等发展战略思想饱含着强烈的重民、亲民、爱民、惠民的民生情怀，把人民这一评判主体置于国家治理的实践层面，同时又内含着人民是评判主体的价值内涵。“知屋漏者在宇下，知政失者在草野。”中国特色社会主义和国家治理唯一的评判主体是人民，人民对国家治理的满意度和认同度即是评判标准。

① 中共中央文献研究室．习近平关于全面深化改革论述摘编 [M]. 北京：中央文献出版社，2014：21.

② 习近平．全面贯彻落实党的十八大精神要突出抓好六个方面工作 [J]. 求是 .2013(01) .

评判的具体内容是人民拥有获得感、幸福感和安全感，而人民对国家治理的评判结果最终决定着民心的向背，决定着中国共产党的执政地位。立场对否，价值定向准否，道路坚持对否，治理内容实否，治理结果如何，人民是评判这一切的主体。

第三，治国理政的新旨归。我国人民的主体性是在中国特色社会主义的各个不同的历史阶段不断发展而发展的，改革开放给人民主体性的发挥提供了无限广阔而自由的自主性空间，人民群众在改革开放实践中所表现出的自主性、自觉性、主动性和创造性，用主体的发展论证了国家治理对于人民主体发展的价值所在。列宁主张提升工人的思想意识和政治觉悟，广泛开展理想信念教育，深化中国特色社会主义和社会主义核心价值观的认识和认同，弘扬民族精神和时代精神[①]，为人民主体意识的增强和发展提供了理论空间和实践空间。人们从自我出发，迸发出劳动热情，产生创造自我生活、实现梦想的需求，充分发挥个人的自身潜能，创造出更多的客观价值。明确社会发展的价值起点，做出新时代我国社会主要矛盾发生转变的科学判断，立足人民，为人民提供人生出彩的机会，把人们凝聚在中国特色社会主义建设的伟大进程中。只有这样，人民群众才能更美好地支持党的政策，执行党的决策，更加主动自觉地参与社会主义建设，因为“思想一旦掌握群众，就变成力量”。[②]积极参与国家政治生活，把自身的全面发展与国家的发展进步相联系。“我深知改革的难度，主要是任何一项改革必须有人民的觉醒、人民的支持、人民的积极性和创造精神。”[③]“要使人民群众享有实质（Substantive）的自由和权利，即享有人们有理由珍视的那种生活和愿意过的那种生活的‘可行能力’（Capability）”。[④]“真正的城镇化其内质和价值，不是那空中的楼宇，而应是具有坚实基础的民生和民权的系统工程，应是平等的生存权利和发展机会的体现。”[⑤]人人共享人生出彩的机会，激发人民群众的主体能动性，这不仅是全面建设小康社会，实现中华民族伟大复兴根本动力来源，更是中国特色社会主义发展的价值旨归。国家治理中坚持人民主体性原则，便是实现人的自由而全面发展的合理内核。在生产力发展的进程中，使物的尺度与人的价值尺度相统一，随着国家治理实践的深入，人类社会终将实现人的类和个体之间发展需求的统一，而这种统一，便是生产力高度发展（社会财富无限涌流，社会分工消失，异化劳动归于劳动的本质内涵等）和人的自由全面发展的价值满足（劳动是

① 习近平．决胜全面建成小康社会夺取新时代中国特色社会主义伟大胜利——在中国共产党第十九次全国代表大会上的报告（2017年10月18日）[M]. 北京：人民出版社，2017：43.

② 列宁全集（第32卷）[M]. 北京：人民出版社，1985：324.

③ 人民需要政府果敢政府需要人民信任 [N]. 人民日报，2012-03-15(03).

④ 阿马蒂亚·森．以自由看待发展 [M]. 北京：中国人民大学出版社，2002：30.

⑤ 王新建．包容性转变：在人民主体思想的视域下 [J]. 福建江夏学院学报 .2013(02)：38.

人的第一需要，每个人在社会发展中实现着个人价值的效应最大化等）的高度统一。“不断在实现发展成果由人民共享、促进人的全面发展上取得新成效”。[①] 站在新的历史起点，马克思人民主体性思想的的中国化应更加着眼于当代中国由大国向强国迈进的时代目标，社会对三大规律的系统认识，把握时代新特点和新趋势，勇于探索，勇于实践，善于突破，以创新引领中国共产党治国理政的新实践。江河万里总有源，树高千尺也有根。不忘初心，牢记使命。随着历史进程的加快和国家治理实践的不断深入，人民主体意识的提升和人的发展在与政府治理决策有效融合对接的过程中，人自身的发展程度和自身价值的实现得以成为现实，将会在更大程度上实现人自身的充分发展！

四、人民共创共治共享的主体方法论

马克思人民主体性思想在新时代的中国化进程中，坚持人民主体性的根本原则，热爱人民的情怀从思想意识上奠定了新时代发展的基础内容，社会意识决定社会存在，决定人的相应行为，坚持人民主体地位，从马克思主义哲学的角度规定了实现社会发展，全面建成小康社会的依靠力量，主体力量何在。“以人民为中心”的发展，从内而外，从局部到整体，从实践到最终本质规定了发展为了谁。如何实现发展，实现人自身的全面发展，马克思人民主体性思想的新时代的中国化进程中做了方法论的论证和要求。人民共创共治共享综合提炼了马克思人民主体性思想理论的精髓，为全面建成小康社会，实现中华民族伟大复兴提供了具体而操作性极强的方法和路径。

1. 人民共创共享共治”的本质内涵

“人民共创共享共治”内涵丰富，整体而言，是在社会发展实践中，以人民主体性原则为指导，促成人民形成实践合力以提高生产力，以人民实践中的良好生态关系和自身发展实现生产关系的变革和完善，最终形成社会宏观、中观、微观，上中下相互联动的共同发展体系。这不仅包含着发展的目标内涵，更体现着发展的原则、方法和内在逻辑。就其整体内涵而言，“共创”“共享”“共治”和生产力、生产关系和上层建筑之间存在着相影响、相互作用的根本联系，共同决定社会结构的完善和建构。“人民共创共享共治”这一论述把人和物，劳动和个人发展统一起来，“劳动所生产的对象，即劳动的产品”，在人民共创共享共治这里，“劳动”和“劳动的产品”不是“作为异己的存在物”存在，而在实践中，“依赖于生产者的力量”，[②] 同劳动相互

① 胡锦涛．坚定不移沿着中国特色社会主义道路前进为全面建成小康社会而奋斗——在中国共产党第十八次全国代表大会上的报告 [M]. 北京：人民出版社，2012：8.

② 马克思恩格斯选集：第 1 卷 [M]. 北京：人民出版社，2012：51.

联合，相互统一。这一切结果包含了这样一个规定中：劳动者对自己的劳动的产品的关系就是一个“伙伴儿”或“同盟者”的对象的关系。[①] 就具体而言，“人民共创共享共治”的内涵可从动力主体、实践主体和价值主体三个层面分析界定。“共创”体现的是人民是历史发展和社会进步的动力，人民群众共同劳动，形成创造合力，“大厦之成，非一木之才也；大海之阔，非一流之归也”，发挥人民群众的首创精神和创新能力，创设良好的发展环境，培养人民群众劳动财富观，使其形成大众创业、万众创新对自身发展重要性的科学认知，“合抱之木，生于毫末；九层之台，起于垒土”。“共创”充满了大与小、多与少、成与始的辩证思想，在坚持人民是历史发展动力的历史唯物主义立场上，阐明社会发展进步的规律，“以人民为中心”，从点滴做起，从小事做起，从个人创业开始，“大鹏之动，非一羽去，“子子孙孙无穷匮也”，最终才会有大发展，成就中国特色社会主义伟大事业。“共治”体现了党的人民当家作主的政治协商制度和人民平等参与政治、社会治之轻也；骐骥之速，非一足之力也”，正如愚公移山的典故，推进国家治理体系和治理能力现代化，建立健全中国特色社会主义法治体系，落实法治建设以发扬人民民主和保障人民的政治地位。“立善法于天下，则天下治；立善法于一国，则一国治”。“以民为本”，正确反映和统筹兼顾不同方面群众的利益，用各种制度、机制解决和保障人民最关心最直接最现实的利益问题，切实维护公民合法权益。形成“社会共治”的现代化国家治理体系。“共享”体现的是人民是价值的主体这一发展价值旨归。精准扶贫，坚持走共同富裕的发展道路，让人民享有改革和社会发展的成果，在共享中不断增强人民的获得感、幸福感、安全感和归属感。恩格斯在《国民经济学批判大纲》里分析劳动的外化表现时指出，“劳动对工人来说是外在的东西，也就是说，不属于他的本质；因此，他在自己的劳动中不是肯定自己，而是否定自己，不是感到幸福，而是感到不幸，不是自由地发挥自己的体力和智力，而是使自己的肉体受折磨、精神遭摧残”，在这里恩格斯论及了劳动的对于劳动者所具有的存在和发生的价值和意义，“他的劳动不是自愿的劳动，而是被迫的强制劳动”，这就规定了“这种劳动不是满足一种需要，而只是满足劳动以外的那些需要的一种手段”[②]，那么在这种状况下，这一性质的劳动

① 恩格斯在《国民经济学批判大纲》里提及：“对对象占有竟如此表现为异化，以致工人生产的对象越多，他能够占有的对象就越少，而且越受自己的产品及资本的统治。”这里论述了这样一个问题，“劳动所生产的对象，即劳动的产品，作为一种异己的存在物，作为不依赖于生产者的力量，同劳动相对立。”人民共创共享共治从劳动、劳动者、劳动产品之间的根本联系方面，规定了三者之间的关系，劳动者共创共享共治中逐步完成着本质的复归。脱离了异化对立历史的劳动者和劳动、劳动产品之间逐渐回归到“伙伴儿”或“同盟者”的关系。参阅马克思恩格斯选集（第 1 卷）[M]. 北京：人民出版社，2012：51.

② 马克思恩格斯选集（第 1 卷）[M]. 北京：人民出版社，2012：54.

无法在劳动中促使劳动者产生心理认同感、行为能动性，自然也就无法产生获得感、幸福感、安全感和归属感。“他的活动属于别人，这种活动是他自身的丧失。”[①]只有在改造对象世界的过程中，人不断地通过积极的实践劳动，证明“自己是有意识的类存在物”，“按照任何一个种的尺度来进行生产”，“处处都把固有的尺度运用于对象”，在实践劳动中，“按照美的规律”，按照自己的愿望和需求，“这种生产是人的能动的类生活。通过这种生产，自然界才表现为他的作品和他的现实”[②]。从社会机制系统学来分析，“共创”“共享”“共治”是中国特色社会主义发展过程中动力机制、平衡机制和治理机制三种根本机制所构成的社会机制系统，“共享”的内在逻辑是社会呈现一个平衡和充分发展的状态，财富占有和资源共享才得以可能。“共治”社会局面的形成必须有完善而科学的治理机制做保障，“道私者乱，道法者治”，从制度、机制和法律上解决社会发展、国家治理中的根本性、全局性和长期性的问题，切断一切说清风、关系网、利益链，才能从根本上最终臻于“共治”的善治境界。

2. 人民共创共享共治”的实践运用

马克思人民主体性思想的中国化是“人民共创共享共治”的理论依据。从方法论上讲，理念来源于核心思想，“人民共创共享共治”从方法论上体现了马克思人民主体性思想新时代的中国化的核心要义，从方法论上论证这人民是社会发展的动力的唯物史观。坚持人民主体地位，以人民为中心，依靠人民共创发展，共享发展成果，坚持人民利益至上，依靠人民共同实践社会发展和国家治理。这一核心内涵体现的精髓就是“人民共创共享共治”。

（1）“人民共创共享共治”贯穿治国理政全过程。中国共产党在中国特色社会主义建设实践中，针对不同历史时期的社会状态，做出具体的发展战略决策，在不同历史时期对人民主体地位进行了阐释，并灵活地运用于建设实践中。党在长期的革命和社会主义建设中，丰富和创新人民主体性的世界观价值和方法论意义，反贫困思想即是对马克思主义人的自由全面发展思想理论的发展创新。坚持人民主体地位，人民共创共享共治，明确党发展的目标和价值，不断探索社会发展的方法和路径。早在新民主主义革命时期，毛泽东就提出建设“新村”的建议，在《关于农业合作化问题》的报告中又首次提出共同富裕，这一概念的提出明确中国共产党反贫困的指导原则、方向和目标，此后开展的全国规模的大生产运动和人民公社化运动，以及新中国成立后对分配制度、社会主义建设总路线、“一化三改造”等大量创造性探索和实践，不断确认着人民的人民共创共享共治。此后一代又一代的中国共产党人对人民主体性的本质内涵、实现原则、战略步骤进行了接力探索。党的十九届五中

① 马克思恩格斯选集（第 1 卷）[M]. 北京：人民出版社，2012：54.
② 马克思恩格斯选集（第 1 卷）[M]. 北京：人民出版社，2012：57.

全会指出2035年远景发展目标，即我国基本实现社会主义现代化，“人民生活更加美好，人的全面发展、全体人民共同富裕取得更为明显的实质性进展”，再次强调中国未来的发展必须坚持以人民为中心，为了人民、依靠人民谋发展，人民共享发展成果。从革命时期到新发展阶段，中国共产党为消除贫困，实现全体人民共同富裕，坚持人民主体地位，带领人民追求美好生活，在每个历史时期不懈奋进。坚持人民共创共享共治，发挥人民主体力量，实现人民愿望，创造人民福祉在实践中有机统一起来。

中国改革开放进入深水区，中国特色社会主义向纵深发展，这一发展现实要求中国共产党在治国理政中必须不断探索契合这一要求的新的发展模式和发展方案，不断创新发展方法，把“蛋糕”越做越大。在做大蛋糕的过程中，处理和协调好人民对美好生活的需要和不平衡不充分的发展之间的矛盾统一关系。新时代人民生活水平和生活质量的高低取决于社会资源是否丰富和充足，把“蛋糕”继续做大，这是扩充社会资源的要求。但社会资源的分配方式和分配结果又要求必须把做大的“蛋糕”分好，这就需要建立起公平合理的分配机制，人民共创共享共治，很好地解决了这一现实问题。新时代全面深化改革目标不仅在于关注“蛋糕”的数量，更注重蛋糕的质量，以及每一部分、每一领域蛋糕的具体分量和人民群众享用蛋糕的比例。这些问题的处理和解决，不仅直接关系到人民群众的创造性和能动性，直接决定着社会主义发展过程中创造活力的迸发和提升，更决定着社会的公平正义，人民福祉的实现，体现了社会主义优越性，是全面建成小康社会，实现中华民族伟大复兴的根本路径。这里激发创造活力，即是“共创”生成的创造合力。人民政治意识和政治参与度，以及国家的民主化程度，是国家治理现代化的核心，也是评判标准。中国共产党的政治协商制度的本质即是协商共治，和法德并治的治理战略，充分体现了“共治”的治理局面，是全面建成小康社会和实现中华民族伟大复兴的政治基础。以“共治”为目标的国家治理现代化本质上就是实现社会主义现代化的必然要求，也是实现现代化的题中应有之义。这个核心内容的实现是衡量国家治理现代化水平和程度的标准。

(2)“人民共创共享共治”在发展战略中的运用

具体来讲，在中国特色社会主义发展中，“人民共创共享共治”运用在党的具体的每一步战略决策中。“五位一体”总体布局，对经济建设、政治建设、文化建设、社会建设和生态文明建设做了总体设计和规划。新时代中国特色社会主义中呈现的新发展、新要求，新问题，对我国经济、政治、文化、社会、生态领域的建设提出了相应的新要求和新战略。习近平总书记在2014年5月考察河南时提及“新常态”，科学把握和认识中国当前经济发展的状况，回应新常态，经济发展呈现的这一态势要求经济发展的战略要进行适应性的调整，更好地把握和引领经济发展的新常态，“端正发展观念、转变发展方式，发展质量和效益不断提升”，“供给侧结构性改革深入推进，经济结构不断优化”，“创新驱动发展战略大力实施，创新性国家建设成果丰硕”[①] 全社会发展活力和创新活力明显增强，这些经济发展战略本身蕴含着大众创业、万众创新的“共创”内涵。新时代我国政治建设的目标是推进国家治理能力和治理体系现代化，实现国家治理的现代化。各个主体之间政治意识和政治参与度日益增长，共同参与到国家事务和社会事务的监督和治理中，充分体现了“共治”社会局面的不断发展。社会建设的根本目标是实现社会的公平正义，社会和谐，在共享劳动成果的过程中增强人民的获得感、幸福感、安全感和归属感。形成强大的社会主义建设合力的前提是加强社会主义意识形态建设，积极培育和践行社会主义核心价值观，达成认同，凝聚“共识”，坚持人与自然和谐共生，建设生态文明是中华民族永续发展的百年大计。恩格斯指出，“人靠自然界生活。这就是说，自然界是人不致死亡而必须与之处于持续不断的交互作用过程的、人的身体”，“人是自然界的一部分”，人“通过实践创造对象世界，改造无机界”，“而人再生产整个自然界”[②]。生态文明建设的目标是实现人与自然的和谐共生，这个“共生”和前述的“共识”始终服务于“共创共享共治”。

第一，“人民共创共享共治”也蕴含在协调推进“四个全面”战略布局的整个工程中。“中国式现代化是中国共产党领导的社会主义现代化”[③]，要求全国各族人民励精图治、攻坚克难，在全面释放自身创造力和创新力的过程中实现发展的价值目标，达至“共享”，最终实现人的现代化。必须“形成和发展符合当代中国国情、充满生机和活力的体制机制”，“让一切创造社会财富的源泉充分涌流”，“汇集全体人民的智慧和力量，才能推动中国式现代化不断向前发展”[④]。这一战略举措蕴含着“共治”的精神要义。共治的目的是激发人民的创新能力和劳动激情，形成发展合力，实现社会发展的“共创”实践。推进国家治理现代化是要实现社会的公平正义、美好和谐，人民共享改革发展的成果，这其中蕴含着丰富的“共享”内涵。全面依法治国是中国特色社会主义的重要保障，“法令既行，纪律自正，则无不治之国，无不化之民”。全面依

① 习近平．决胜全面建成小康社会夺取新时代中国特色社会主义伟大胜利——在中国共产党第十九次全国代表大会上的报告（2017 年 10 月 18 日）[M]. 北京：人民出版社，2017：3.

② 马克思恩格斯选集（第 1 卷）[M]. 北京：人民出版社，2012：55-57.

③ 二十大报告对中国式现代化予以明确定性，2023 年 5 月 31 日习近平总书记在《求是》发表题为《中国式现代化是中国共产党领导的社会主义现代化》，从党的性质宗旨、初心使命、信仰信念等角度阐述中国式的变量因素，如人民是中国式现代化的主体。参阅习近平．中国式现代化是中国共产党领导的社会主义现代化 [M]. 求是，2023（11）.

④ 习近平．中国式现代化是中国共产党领导的社会主义现代化 [M]. 求是，2023（11）：2.

法治国是社会公平正义、人民共享发展成果的保障。全面从严治党，从领导核心的角度保证四个全面在党的领导下进行，保证了人民主体地位的稳固，这是新时代面临新的时代问题和发展需求，对党的执政能力提出的要求，是提高党的执政能力的必然选择，党的治理能力的现代化直接关系到“共创共享共治”社会治理的实现。

第二，五大新发展理念蕴含着“人民共创共享共治”的方法论意义。创新是引领发展的第一动力，新时代我国致力于国家创新体系建设，倡导创新文化，激发人民的自主性和能动性，创设积极奋进的发展环境，大众创业、万众创业成为“人人享有出彩机会”的实践和平台，其中体现了“共创”的内涵。协调发展意味着时间和空间，数量和质量，存量和变量之间的和谐统一，均衡发展，其中蕴含着人的发展与社会发展的协调“共进”，齐头并进，相得益彰。绿色发展是站在生态文明和科学良性循环的角度，对发展的方式和目标提出的新要求，不断转变经济发展方式，建设美丽中国，实现人和自然的和谐共生。开放意味着兼容并蓄，合作共赢。新发展战略最终要实现的是人人共享。

第三，“人民共创共治共享”是马克思人民主体性思想中国化的重要内容，为新时代解决和处理新时代我国改革开放的新要求和新矛盾提供了方法论指导，为全面建成小康社会，实现中华民族伟大复兴提供了路径选择。一是资源产生和资源分配是直接影响人民对劳动的本质认识，进而决定着人民的劳动的积极性、主动性和创新力。当前我们进行社会主义建设进程中，遇到的最大的问题之一就是发展的动力问题。社会整体动力问题与人的主动性的发挥具有直接的联系，创新能力和创新活力不足，这极大限制和阻碍了人的主体性的发挥。二是发展的平衡机制问题。良好平衡的社会机制是整个社会形成良性互动的基本保障，建立完善公平的平衡机制，实现地区发展的相对平衡和人民占有资源的相对均衡，是新时代我国社会主要矛盾的必然要求。解决不平衡不充分的发展问题，首先需要的就是机制的科学完善，在规范化、制度化的机制系统内才能促进人民主体性的发挥，共享发展理念对于平衡社会发展机制的建构，具有强大的促进和激励作用。三是国家治理的体制机制问题。推进国家治理现代化，是时代发展的必然。现代化的过程即是思维模式和治理模式的深层转型，这意味着中国共产党“只有在革命中才能抛掉自己身上的一切陈旧的肮脏东西，才能胜任重建社会的工作”[①]，突破传统治理模式和观念的束缚，实现国家治理的现代转型，是新时代国家治理现代化必然要解决的问题。动力、平衡和治理是决定中国特色社会主义发展的决定性因素。“人民共创共治共享”理念的提出，为这三种决定性因素提供了方法论指导和发展导向，在动力机制上，解放和发展社会

① 马克思恩格斯文集（第1卷）[M]. 北京：人民出版社，2009：543.

生产力，通过深化改革，为人才创新建构科学的驱动发展战略，提升人民群众的自主创新能力，不断提供人人自主创新的平台。在平衡机制上，不断强调以人民为中心，促进社会的公平和正义，人人皆是主人，人人皆是主体，每一个人的劳动成果最大限度地惠及自己，并靠自己的努力奋斗获取自己的幸福生活。在治理机制上，加强和创新社会治理，不断加强体制机制改革，积极推进国家治理现代化，培养人民的“共治”意识，发挥人民的“共治”参与性。对于世界发展的态势，“人民共创共治共享”也是一种非常重要的全球治理理念的借鉴。“人民共创共治共享”是马克思人民主体性思想新时代发展的具体表达和现实理论指导，以人民为主体，立足生产力、生产关系和上层建筑的辩证关系，对中国特色社会主义发展理念的转型和创新，对当代中国的实践和发展具有重要的指导价值。

五、自由全面发展的主体价值论

马克思从历史唯物主义出发论证了人的本质，人是一切社会关系的总和，人的本质通过实践劳动得以体现，进而具备意识能动性、人格自主性、创造自觉性和价值主体自由性等特质。马克思认为，在实践中人以一种全面的方式，也就是说，作为一个完整的人，占有自己的全面的本质，因此社会的发展的本质是人的发展。中国特色社会主义发展的实质是实现人自由全面发展，是“人的本质力量的展示”和“人的本质力量的发展”。人民至上是中国特色社会主义建设的核心，始终围绕“人”这条主线，在中国特色社会主义建设进程中人在价值上和事实上构成中国社会建设的主体。进入新时代，基于马克思未来社会“以每个人的全面而自由的发展为基本原则的社会形式”的观点，发展战略对“人的需要”的深层关照，对“人的潜能”的深度开发，都是中国共产党在中国特色社会主义建设中对“人的价值”的科学认识和发展指向。科学把握人的自由全面发展的价值逻辑，从本质和现实中准确理解中国特色社会主义建设进程中“人民至上”的这一价值逻辑，深入推进脱贫攻坚，促进共同富裕，从而释放人的潜能，推动人的发展，实现人的自由。人是贯穿马克思主义唯物史观的根本要素，马克思整个历史唯物主义理论都是围绕人的本质体现，人的本质发展，以及人的发展价值所展开的，整个社会历史活动的开展不外乎是人的主体性不断彰显，人的主体性不断发挥的过程，由此推动整个社会历史的发展，人在社会发展中最终不断超越自身的缺陷和不足，最终实现自由王国的飞跃。人民主体性蕴含着丰富的人民主体价值观，人民群众在改造客观世界的最终目的是满足自身发展的需要。人民至上是马克思人民主体性思想中国化的基本立场和价值目标，回答了中国特色社会主义建设过程中谁是价值财富的创造主体，谁是社会发展的评价主体，社会发展的最终目的是为了谁的根本问题。人民群众在实践活动中，创造着丰富的物质财富和精神财富。

1. 从马克思人的主体价值维度考察

人民是实践活动中创造主体和受益主体的统一，在马克思看来，人在创造世界过程中，用自己的实践创造和丰富着自己的物质世界和精神世界，这种二重化使人在实践活动中发觉自我，超越自我。最终，人在这种不断发觉和不断超越中，不断实现自身的价值[①]。对于黑格尔而言，人只有拥有物的所有权，并借助这一物按照自己的意愿和思想自主地行使对它的使用权，那么人此时才能成为物的名副其实的真正主人。这一观点和马克思主义人对客观世界的改造有着一致的观点。人在改造对象世界的过程中，不断地使自己向自由人的方向迈进。马克思在《共产党宣言》里论证了共产党人的利益观，在资产阶级革命斗争中，共产党人的目的就是实现全世界无产者的联合，通过无产阶级革命，“同传统的所有制关系实行最彻底的决裂”，争得民主，建立无产阶级政权。关于这一问题，马克思论证了无产阶级争取自身解放的前提，必须而且首要的就是思想观念的重构，进而通过资产阶级革命，消灭剥削，消除阶级差别[②]。最终，随后阶级对立的消失，阶级统治随之消亡，各国的马克思主义者们，一代又一代继承和发展马克思人的解放理论的马克思主义者们，将看到他们毕其一生于一役所为之奋斗的共产主义伟大事业变成现实。康德指出，人作为价值创造的主体能够创造财富，实现主客体的价值，那么人就具有了所有价值物的最高价值，“超越于一切价值之上，没有等价物可代替”[③]，人就是这个世界中最不可或缺的价值创造的逻辑起点和最终归宿，这是人民主体价值论的逻辑必然。“人就是这个地球上的创造的最后目的”。[④]正是有了具有实践创造能力的人的存在，才赋予这个世界存在的价值，那么这个世界对于人而言，才变得生动而鲜活，才会在人的实践活动，不断地呈现出自然的神圣和绚丽。基于此，康德指出，“在任何情况下把人当作目的，决不只是当作工具”。[⑤]“在市民社会中每个人都以自身为目的”，[⑥]相比康德，黑格尔看到了“人是目的”和市民社会的市民利益之间的联系。黑格尔的这一认识使他发现了人之于社会的存在价值，和社会中人所从事活动的取向，最终

① 对于这种观点，黑格尔也有过这样的论述：“如果所有权完全属于我，我就是物的所有人，关于其物，再没有什么东西在整个使用范围以外有所遗留而可供他人使用的了。”参阅黑格尔．法哲学原理 [M]. 范扬、张企泰，译．北京：商务印书馆，1979：68.

② 马克思在《共产党宣言》里深刻论述了这一思想，“在自己的发展进程中要同传统的观念实行最彻底的决裂”，“当阶级差别在发展进程中已经消失而全部生产集中在联合起来的个人的手里的时候，公共权力就失去了政治性质”。参阅马克思恩格斯选集（第 1 卷）[M]. 北京：人民出版社，2012：421，422.

③ 康德．道德形而上学原理 [M]. 苗力田，译．上海：上海人民出版社，1986：87.

④ 康德．判断力批判 [M]. 邓晓芒，译．北京：人民出版社，2002：284.

⑤ 康德．道德形而上学探本 [M]. 唐钺，译．北京：商务印书馆，1956：43.

⑥ 黑格尔．法哲学原理 [M]. 范扬、张企泰，译．北京：商务印书馆，1982：197.

使他得出这样的结论，人在社会中，“把自身利益作为自己的目的”[①]。马克思则更为明确地指出，从事社会实践活动的人的活动，一定以自身某种利益需求为前提，这一利益需求在不同的阶段，不同的历史时期，不同的任务面前呈现出不同的实践行为，“人们奋斗所争取的一切，都同他们的利益有关”；[②] 这一论述最终界定了人的本质意义的存在，无论在实践领域、社会领域，还是个人领域，人都是一种具体的有生活价值的存在，这完全契合了马克思对人的本质的规定。历史“不过是追求着自己目的的人的活动而已”。[③]“人民主体利益是多方面的物质利益是基础，而体现在社会意识中的精神利益作为具有普遍性形式的思想”[④] 由此可见，人民主体价值必然要通过自身利益的不断实现才能不断地确证着人的现实存在，人民利益的主体缺失和主体让位，必然导致人民主体的丧失。

马克思提出人类一切历史的原点，即人类生存的基本前提：人必须能够解决基本生活所需。马克思指出劳动空间的必要性，因为只有为个体提供并保障了劳动空间，个体才能通过劳动和社会化的生产创造社会财富，从而享有与之相匹配的物质生活。阿玛蒂亚·森指出人的可行能力和自由的匮乏才是造成人贫困的根本原因，物质或食物等物质资料的欠缺[⑤]，只是根本原因所致的表象。“经济发展使社会上的每一个人，每一个集团，每一个阶层都有了自己的经济利益，由于有了自己的经济利益，他们就会要求参与政治生活，要求了解政治体系的活动过程，尤其关心政治体系的决策，关心政治体系将会给他们带来怎样的后果。”[⑥] 国家和人民互构的反贫困格局是对人民主体发展的定位，即在经济独立的前提下，拥有政治上的平等和人格独立，这也正是马克思人的自由全面思想，他们挣脱的将是整个锁链，而他们获得的将是整个世界。这是人追求自身解放，个性独立的基本要求，政治解放和经济独立是人走向现代性的第一步，“较高水平的政治参与常常导致国民产品更平等的分配”[⑦]。马克思说“整个所谓世界历史不外是人通过人的劳动而诞生的过程。”[⑧] 人在实践中发展并丰富着“为我而存在”[⑨] 社会关系，在结成这些丰富而复杂的社会关系的过程中，人创造物质财富，并建构和决定着这个物质世界的物质形态和存在状态，

① 黑格尔．法哲学原理 [M]. 范扬、张企泰，译．北京：商务印书馆，1982：201.
② 马克思恩格斯全集（第 1 卷）[M]. 北京：人民出版社 1995：187.
③ 马克思恩格斯文集（第 1 卷）[M]. 北京：人民出版社 2009：295.
④ 马克思恩格斯选集（第 1 卷）[M]. 北京：人民出版社，1995：100.
⑤ 阿玛蒂亚·森. 以自由看待发展 [M]. 北京：商务印书馆，2002：85.
⑥ 王沪宁．比较政治分析 [M]. 上海：人民出版社，1987：237.
⑦ [美] 塞缪尔·P·亨廷顿．难以抉择 [M]. 汪晓寿等，译．北京：华夏出版社，1988：79.
⑧ 马克思恩格斯选集：第 1 卷 [M]. 北京：人民出版社，2012：131.
⑨ 马克思恩格斯选集：第 1 卷 [M]. 北京：人民出版社，2012：81.

并在这个世界中打下自身主体发展的烙印，在实践活动中按照自身的意识观念来构建有形的或无形的世界。按照马克思社会发展三形态理论，人的发展形态经历自然形态、对物的依赖形态和人的自由全面发展形态。建立在个人全面发展和他们共同的社会生产能力成为他们的社会财富这一基础上的自由个性，是第三个阶段，主体的自为到自觉自主的递进，主体需求也愈加凸显和具体。

2. 从主体价值的实践维度考察

马克思人民主体性思想的中国化中包含着丰富的人民价值至上的主体价值观。“人民是历史的创造者，群众是真正的英雄”[①]。“我们有充分的信心克服一切艰难困苦将我国建设成为一个伟大的社会主义共和国。”[②] 这一观点从中国共产党的领导性质出发，论证了中国共产党执政的最终目的就是实现中国人民的根本利益。“为人民服务是党的根本宗旨”，这一宗旨决定了人民的价值评判结果是“党的一切执政活动的最高标准”[③] 不断满足人民的生活需求，最终实现人民的根本利益，这就是中国共产党执政的主要目的，把自己当作人民群众的一员，四处奔走，了解人民呼声，感受人民疾苦，把人民群众当作历史的英雄，在人民群众面前始终保持甘做小学生的精神，以百姓之心为心，从严治党，要求全党不忘初心，坚持人民主体地位，不断践行、丰富和创新党的群众路线。马克思人民主体性思想的中国化内含着丰富的人民价值至上的精神内涵。我国哲学社会科学“必须坚持以人民为中心的研究导向”，[④] 始终以人民为中心作为创作导向，创作出人民群众所喜闻乐见的文学作品和艺术作品，实现文艺工作艺术化的同时，注重文艺工作的生活化、民间化。“要树立以人民为中心的工作导向”[⑤]，开展宣传教育等思想政治工作，内化于心，外显于形。“让老百姓过上好日子是我们一切工作的出发点和落脚点。”这句话说明马克思人民主体性思想在新时代中国化的进程中的全部精神要义，改善民生，完善收入分配，让改革发展的成果更多更公平地惠及全体人民，精准扶贫，均富共进等，充分体现了中国共产党始终把人民利益摆在至高无上的地位。

近几年来，随着社会各种体制机制的深入改革，我国市场经济进入前所未有的攻坚克难的关键时期，一些领导干部在坚持人民主体性原则，坚持人民主体地位的过程中，政治思想和政治行为发生着人民主体性淡化甚至忽视的现象。同时人民自身的思想意识和精神素质也发生着多元转变。为人民服务变成了个人圈子的“我们”

① 习近平．习近平谈治国理政 [M]. 北京：外文出版社，2014：5.

② 毛泽东文集（第 6 卷）[M]. 北京：人民出版社，1999：350.

③ 胡锦涛．坚定不移沿着中国特色社会主义道路前进为全面建成小康社会而奋斗——在中国共产党第十八次全国代表大会上的报告 [M]. 北京：人民出版社，2012：50.

④ 习近平．在哲学社会科学座谈会上的讲话 [N]. 人民日报，2016—05—19(01）.

⑤ 习近平．习近平谈治国理政 [M]. 北京：外文出版社，2014：154.

服务，损害群众利益的事件时有发生。社会资源占有的差别性、不平衡不充分发展的现状和追求社会的公平正义之间的矛盾愈来愈突出。面对如此形势，党的十八大宣告“人民对美好生活的向往就是我们的奋斗目标”[①]。从马克思科学社会主义角度再次强调了当前深化改革和坚持人民主体性的重要性。人民是否真正得到实惠，人民生活的改善程度，各类法律制度是否真正发挥保障作用，是评价我们党工作成效的根本标准[②]。改革开放不断向纵深发展，如何处理复杂的社会关系以更好地处理和权衡各种利益问题，取决于我们是否设身处地想人民所想，感受到人民的期待[③]。建立具体而可行的制度和机制，切实促进社会的公平正义，实现好、维护好、发展好最广大人民的根本利益才不会流于空谈，才能真正实现人的价值[④]。这些关于人民价值主体的论述，充分体现了新时代中国共产党深切的热爱人民的赤子情怀，作为十三亿多人民信念的精神寄托，利益谋求的人民执政党。马克思人民主体性思想新时代发展，通过不同内容不同角度的论述，使人民至上的价值观蕴含在治国理政的全过程，人民主体地位的彰显和社会发展成果为人民共享，使人民至上的这一发展价值观具体而实际地呈现在人民面前。一项又一项的惠民措施出台，一条又一条为民政策实施，兑现了“对人民负责”的庄严承诺。从人民的生活着手，对教育、工作、收入、社会保障、医疗卫生服务、居住条件、优美的环境等关注民生，回应人民生活诉求，一句又一句朴实的话语，一段又一段真切的讲话，温暖了亿万颗民心，安抚了亿万种民情，中国共产党用自己的政治本色，向人民呈交了一份具有使命感和担当意识的答卷。更加凸显人民价值至上的执政理念，从和人民群众息息相关的问题入手，关注民生，重点解决教育、就业、医疗、安居等问题，从扶贫攻坚到精准扶贫，把中国特色社会主义事业全面推进。在检查节日市场供应和物价情况时，习近平说，“但愿苍生俱保暖，不辞辛苦出山林”，这一思想集中体现了习近平为人民服务，坚持人民主体性的根本宗旨和根本原则。保持与人民的血肉联系，时刻坚守和明晰新时代社会发展的目的和价值旨归，不断致力于满足人民对美好生活需要，致力于解决当前人民最关心、最迫切的民生问题，与人民心连心、同呼吸、共命运，把改善人民生活水平、促进人的全面发展作为未来发展的价值追求，始终为人民谋福利，把人民群众中的个人利益和集体利益，现实利益和根本利益作为发展的终极目的。

---

① 习近平．习近平谈治国理政 [M]. 北京：外文出版社，2014：4.

② 中共中央文献研究室．习近平关于党的群众路线教育实践活动论述摘编 [M]. 北京：党建读物出版社、中央文献出版社，2014：8.

③ 习近平．习近平谈治国理政 [M]. 北京：外文出版社，2014：40.

④ 中共中央文献研究室，习近平关于全面深化改革论述摘编 [M]. 北京：中央文献出版社，2014：98.

以物的依赖性为基础的人的独立性，即马克思论证人的第二大形态（参见前述“从马克思人的主体价值维度考察”章节内容），新时代中国共产党的反贫困战略、中国式现代化等“第二个百年”战略即是为人的独立创造更全面的关系，形成更普遍的社会物质交换，满足人多方面的需求，并努力建立促使人自由全面发展的能力体系。三大改造的完成确立了社会主义制度，在相当长的时期内，计划经济主导社会建设，虽然在国家独立、人民解放的现实境域下，人民作为独立的现实的人的存在这一思想认知获得本质的改造，但主体行动是投射在国家和政府视域才得以发生，人的行为是在被动式的、没有选择的境遇下发生，并进行狭隘的自我建构的。改革开放后家庭联产承包责任制普遍实施，市场经济成为经济发展的主要形式，商品经济蓬勃发展，以市场行为为导向的国家发展战略不断冲击人的生活空间和行为。以地域为单位的共同体不断被打破，人的社会化程度越来越高，人生活空间的裂变以不同形式促成人生活行为的转变。在这一进程中国家和人民开始交融、共生、互构。随着社会化程度的日益加剧，人民在建设的激流中快速成长，主体意识不断增强，自主自觉行为日益鲜明，不仅呈现出政治独立，还有经济独立和由此而衍生出的文化需求、精神独立、个性解放等多维产物，这是对国家发展战略的行动回应。随着社会物质的丰富，主体活动的客体空间愈加开阔，以物的依赖性为基础的人的独立性，人的社会关系全面建立，主体性需求呈现多元化趋势，全面的能力愈加突出。“已经得到满足的第一个需要本身、满足需要的活动和已经获得为满足需要而用的工具又引起新的需要，而这种新的需要的产生是第一个历史活动。”[①] 这不仅仅是人主体发展形态的内在逻辑，同时也是国家发展战略的现实逻辑展开，这一双向逻辑共同指向人自由全面发展的最终形态。

第二节　马克思人民主体性思想的中国化主体论的基本特征

马克思人民主体性思想的中国化内容丰富，按照唯物史观和辩证唯物主义的逻辑构成了丰富的理论体系，在新时代不断实现着对马克思主义人民主体性思想的创新和发展，在创新和发展的实践运用中，不断凸显着自身理论的独特的鲜明特征。此外，马克思人民主体性思想的的中国化时代化还具有别具一格的语言风格，充分体现了人民主体性思想理论从群众中来，到群众中去的人民性，使得这一理论更能使人民群众产生思想共鸣和心理归属感。

① 马克思恩格斯选集：第 1 卷 [M]. 北京：人民出版社，2012：159.

一、继承性与创新性的统一

马克思人民主体性思想的中国化体现了对马克思人民主体性思想的继承和发展。新的理论指导新的实践，新的实践催生新的理论。中国革命和建设时期人民主体性思想实现中国化诠释，“从群众来到群众中去”的群众路线在中国革命和建设中的贯彻，改革开放时期“两个大局”意识和共同富裕的根本原则遵循所要实现的发展目标，新时代“以人民为中心”的人民主体性思想的全面发展，这些思想理论中所具有的人民主体性的内涵和精神要义，进一步为马克思人民主体性思想新时代发展提供了丰富的发展脉络。党的十八大以来，面对中国特色社会主义新的历史时期，中国共产党高瞻远瞩，准确把握时代特征和中国社会发展的具体实际，庄严指出，人民对美好生活的需要就是我们的奋斗目标。在治国理政的开篇之际，凸显人民主体性这一马克思主义基本原则，着眼于“两个一百年”，聚焦实现全体人民的“中国梦”，深入论述人民之于治国理政所具有的核心作用。立足人民对美好生活的需要，高度敏感地把握社会发展的现实状况，做出我国社会主要矛盾转化的重大判断，为全国人民指明了中国特色社会主义发展的目标是“实现中华民族伟大复兴”。在这砥砺前行的新时代，马克思人民主体性思想不断继承、更不断地探索新的发展理念，人民共创共治共享发展思路和发展模式开创了中国特色社会主义新的发展格局。“五位一体”的总体布局和“四个全面”的发展战略，不断推进国家治理体系和治理能现代化。“要恪守以民为本、立法为民理念，贯彻社会主义核心价值观，使每一项立法都符合宪法精神、反映人民意志、得到人民拥护”。由此习近平把科学发展观所提出“以人为本”上升到了“以民为本”的新境界，这是随着世界各国思想文化的碰撞，人的个人意识增强，中国共产党所做的理论发展和创新。

二、战略性与务实性的统一

综观马克思人民主体性思想中国化的现实背景、理论基础、思想基础和实践基础，可探知这一理论体系本身所具有的历史生成逻辑，从这些相关人民的论述可见，新时代中国共产党对人民主体性的认识、提炼，通过实践而不断对其进行丰富和创新，体现了代表人民利益的无产阶级执政党对这一理论的积极探索。早在推进浙江新发展的基层实践工作中，习近平就恪守干在实处，走在前列。用自己的实干精神为老百姓递交了一张张满意的答卷。这些认识和实践随着习近平治国理政的不断深入和推进，不断充实进新的认识内容和理论升华，从考察这些论述形成的历史逻辑来看，这一理论体系有着生动的实践基础和现实逻辑，正是这一实践基础和现实逻辑，新时代马克思人民主体性思想的中国化不是停留在文本的论述层面，而是把人民主体性贯穿并运用到治国理政的全过程，具有战强烈的略性和务实性。统筹推进‘五位一体’总体布局，协调推进“四个全面”战略布局等是习近平人民主体性论述建构的实践路径的其中之一。马克思人民主体性思想的中国化如果说是中国巨轮的导航系统，那么“五位一体”总体布局，“四个全面”战略布局，“以人民为中心”的发展思想，人民共创共治共享的治国理政之道等则可以看作是这首巨轮的各个协调的子系统，作为各个子系统，需要在实际运行中调节规范社会秩序，推进国家正常运转，保障人民各项权益。从导航系统、协调系统的维度来分析中国这艘巨轮的航程的过程中，这艘巨轮额航向将驶向哪里？这是马克思人民主体性思想的新时代发展必须要回答的问题。这就回到了马克思人民主体性思想新时代发展的起点：人民是价值主体。正是这个价值主体决定了中国社会发展的价值目标。全面建成小康社会是马克思人民主体性思想的中国化实践建构目标。这些治国理政的战略性举措，充分体现了马克思人民主体性思想的中国化所具有的战略性和务实性相统一的鲜明特色。

三、真理性与价值性的统一

马克思人民主体性思想的中国化不仅源于马克思主义中国化的理论成果指引着中国的革命、建设和改革的成功探索，源于中国特色社会主义道路、理论、制度、文化符合人民的普遍期待和根本利益，而且源于“以人民为中心”的马克思人民主体性思想，及其所揭示的人类社会发展的普遍规律和动力机制，是合规律性与合目的性、真理性与价值性的统一，是历史自觉、现实评判与未来预期的统一，这是马克思人民主体性思想得以新时代发展的深层次原因，形成中国化时代化理论体系。从真理性来看，马克思人民主体性思想的中国化源于道路、理论、制度、文化对马克思人民主体性原则的把握。中国特色社会主义道路科学认识道路的起点问题，遵循马克思无产阶级历史使命的科学论证，牢牢把握马克思历史唯物主义基本原理，坚持人民立场，明确执政宗旨，深刻领会历史唯物主义关于生产力是社会发展最终决定力量的原理，强调人民是先进生产力的代表，通过反贫困和共同富裕等重大发展战略，推进中国式现代化，解放和发展生产力，着眼实现社会共同富裕，实现全体人民的共同富裕，为人的自由和全面发展创造物质条件，以此提升人本质发展的精神需求。中国特色社会主义理论体系是马克思主义理论的中国化时代化的理论成果，立足中国特色社会主义的每一具体发展阶段，以马克思主义历史唯物主义立场，揭示中国特色社会主义在改革和纵深发展中面临的现实问题和时代课题，并在实践中予以规律性的揭示。道路决定方向，道路产生理论，同时需要相应的体制机制与之相适应，以更匹配道路趋势，中国特色社会主义制度是中国共产党对中国特色社

会主义道路和发展的规律性认识在制度方面的凝结，更是道路选择的必然逻辑。中国特色社会主义文化是中国共产党在聚精会神搞建设、凝神聚力促发展中对马克思人的本质和主体性精神要义的把握和实践，是对当代中国人民精神世界的规律性探索，是对马克思人的自由全面发展的新时代诠释。从价值性来看，马克思人民主体性思想的中国化其本质目的是基于对道路、理论、制度、文化对中国人民愿望、利益的满足，其实质是通过社会主义道路，中国式现代化，创造人类文明新形态，探索中国特色社会主义实现现代化的新模式，经由中国式现代化新道路，建设富强民主文明和谐美丽的社会主义现代化强国，实现中华民族伟大复兴。中国特色社会主义理论体系是马克思人民主体性思想的中国化的目标追求和价值表达，实现中国梦、国家梦、民族梦，归根结底是从人民利益出发，坚持人民主体性原则，以人民为中心，搞建设、抓改革、促发展，最终实现人民梦、个人梦，这是马克思人民主体性思想的中国化的人民逻辑。制度是建设和发展的理性保障，确保中国特色社会主义在度设计和具体执行中具有理性的功能和正义，其实质是保障人民根本利益，坚守人民至上，拓展并保障人的核心价值追求。通过文化的本质和发展的价值性体现文化服务于人的发展和需求的价值导向，通过中国特色社会主义道路自信、理论自信、制度自信，在文化的创造性转化创新性发展在坚定文化自信。

第五章
马克思人民主体性思想中国化的主体论逻辑

马克思人民主体性思想的中国化是在新的不同的时代背景下，继承马克思人民主体性思想，凸显人民主体这一核心主线，着眼于当前中国特色社会主义发展阶段而提出的具有时代特色、发展特色和个人特色的关于人民的新观点、新论断和新举措。相比新时代其他治国理政思想，马克思人民主体性思想的中国化虽然并没有专门系统论述，很多相关论述也只是散见于经济、政治、文化、社会、生态等建设领域，但通过上述对马克思人民主体性思想的中国化的主要内容分析可见，人民主体性贯穿于中国共产党治国理政的始终，是新时代治国理政的核心，正是坚持马克思人民主体性原则，并在实践中转化为人民的世界观和人民主体的方法论，进入新时代马克思人民主体性思想在中国特色社会主义建设中，赋予以人民为中心的新的理论内涵和价值意义，新时代治国理政才呈现出更鲜明的人民性，因此不论是理论层面还是实践层面都闪耀着夺目的“人民至上”的光辉。每一种理论都不是凭空产生的，它都有着自身生成、发展和丰富的逻辑，马克思人民主体性思想的中国化时代化也不例外，虽然对此并未专门的系统论述，形成整体或现成的思想理论，但关于人民主体性的诸多论述也有自身的逻辑结构，这一严密的逻辑机理使得马克思人民主体性思想的中国化时代化组成了一个丰富的理论体系，指导新时代中国共产党治国理政的全过程。为此，就此意义而言，系统整理并深入分析新时代关于人民主体性的丰富论述，就具有十分重要的价值和必意义，将为理解和研究以人民为中心的发展思想提供研究基础和新的问题导向。因此本章将把马克思人民主体性思想的中国化作为一个理论体系来分析，研究其具有的内在逻辑和运行机理。

第一节　马克思人民主体性思想中国化的主体论结构

马克思人民主体性思想的中国化是新时代中国特色社会主义理论和实践发展的

核心和灵魂，其内容非常丰富，逻辑结构清晰严密。从结构框架上，本书把马克思人民主体性思想中国化的主要内容及其结构框架概括为人民主体认识论、人民主体方向论、人民主体目标论、人民主体方法论和人民主体价值论五个部分。

一、人民主体认识论

人民是历史的创造者和社会发展的主体，人民的实践活动决定着历史发展的进程，是社会历史发展的主导因素。这是马克思历史唯物主义的基本原理。构成着马克思生产力原理、经济基础决定上层建筑原理、社会存在决定社会意识原理之间的逻辑必然。以人民为中心则更为具体地彰显了中国共产党对人民立场的时代阐释，对人民主体力量予以时代新定位的辩证唯物主义认识论，和建立在这一认识论基础上的群众路线新的实践论证。人民主体认识论主要是马克思人民主体性思想新时代发展的理论依据和时代背景。马克思从“历史主体”“阶级主体”“个体主体”三个不同的角色形态出发，悬设了“类主体”概念，从历史唯物主义和辩证的方法论角度完成了人民主体性的全面论证。作为历史发展的动力，“历史主体”的图景展示和塑造了人民主体的现实形态，在推动历史发展的进程中，“历史主体”又带有鲜明的阶级性，这一阶级性又赋予人民主体以“阶级主体”这一新的角色形态，“阶级主体”的主体存在形式从现实的角度规定了人民主体的实现路径。“个体主体”在社会实践的规制中，作为“从事实际活动”的具体存在，个人的概念悄悄发生了本质意义上的改变，最终“个体主体”以自身的价值取向明晰了人民主体的终极旨趣。最终，三种主体的角色形态全面界定了人民主体的地位、作用和价值目标，论证了人民主体性是合规律性与合目的性的统一。马克思这种对人的本质的社会历史性的考察，避免把人陷入类本质的抽象意义上去理解，最终脱离英雄史观的窠臼。自此，人以活生生的具有社会实践能力的现实的社会人的角色和地位出现。列宁依靠俄国工农联盟，使一国胜利论变成现实，列宁指出，建立社会主义新生的政权，它是一场一个阶级代替另一个阶级的统治，一个阶级消灭另一个阶级的深刻的社会革命，联合千百万人民群众参与到革命中来，依靠人民的力量，取得革命的胜利，是无产阶级领导者必然的选择。“社会主义不是按上面的命令创立的。它和官场中的官僚机械主义根本不能相容；生气勃勃的创造性的社会主义是由人民群众自己创立的。”[①] 从战时共产主义政策到新经济政策，充分体现了列宁以人民为主体的思想，“在人民群众中，我们毕竟是沧海一粟，只有我们正确地表达人民的想法，我们才能管理。否则共产党就不能率领无产阶级，而无产阶级就不能率领群众，整个机器就要散架。”[②] “只有相信

① 列宁全集（第 33 卷）[M]. 北京：人民出版社，1985：53.
② 列宁全集（第 43 卷）[M]. 北京：人民出版社，1987：109.

人民的人，只有投入生气勃勃的人民创造力泉源中去的人，才能获得胜利并保持政权。”[①] 列宁认为，建设社会主义新社会建设社会主义新社会是一场前所未有的社会深刻变革，这一特殊性和重大性就决定了千千万万的人民群众的参与的必须和必要。马克思主义传入中国，中国共产党把马克思人民主体性思想做了创新改造和灵活运用，依靠中国千百万的人民群众，完成了中国这场深刻的社会变革，人民群众在革命的实践中证明了自身主体改造作用。进入中国特色社会主义建设时期，“党只有紧紧地依靠群众，密切地联系群众，随时听取群众的呼声，了解群众的情绪，代表群众的利益，才能形成强大力量，顺利完成自己的各项任务。”[②] 这一思想充分表只有依靠人民，以解放和发展生产力为中心，才能有效实现社会主体发展的必然和社会发展的实然相统一的进程。新一届党的领导人始终坚持人民主体性原则，在中国特色社会主义事业进入全面建设小康社会的新时期，继承和创新马克思主义理论中人民主体性思想，根据时代的具体情况和具体实际，以人为本，坚守人民立场，“在任何时候、任何情况下，与人民群众同呼吸共命运的立场不能变，全心全意为人民服务的宗旨不能丢，坚信群众是真正英雄的历史唯物主义观点不能丢。”[③] “相信谁、依靠谁、为了谁，是否站在最广大人民的立场上，是区分唯物史观和唯心史观的分水岭，也是判断马克思主义政党的试金石。”[④] 进一步强化了人民主体对于推进中国特色社会主义建设的内在要求，深化了对人民主体的必然性认识。正是基于马克思主义理论人民主体性思想的不断发展，中国特色社会主义发展进程中不断地出现新情况和新问题，呈现出新的发展特征，促成中国共产党不断完善和丰富每一具体发展阶段的人民观，这些理论基础和时代特征是马克思人民主体性思想新时代发展的立论基础和理论根基。以这一立论基础和理论根基为前提，马克思人民主体性思想的新时代发展厘定了人的本质、人的发展、人的价值和人的解放等各自的丰富内涵。坚持人民主体性原则，坚持人民主体地位，“以民为本”，是由对这些概念内涵的厘定和理解中，衍生出的“人民主体”的生成逻辑和实践方法。正是这种人民主体性，决定了人民是发展的根本动力，马克思人民主体性思想的新时代发展从多个角度，反复论证和实践着这一理论，从世界观、方法论和实践中，把人民是发展的动力推向了中国化时代化的高度。新时代，中国特色社会主义事业面临着前所未有的社会发展变革和秩序规则调整，全面深化改革开放发展的效益、质量和数量之间考量着中

---

① 列宁全集（第 33 卷）[M]. 北京：人民出版社，1985：57.

② 邓小平文选（第 2 卷）[M]. 北京：人民出版社，1994：342.

③ 江泽民 . 论有中国特色社会主义（专题摘编）[M]. 北京：中央文献出版社，2002：643.

④ 胡锦涛 . 在“三个代表”重要思想理论研讨会上的讲话 [M]. 北京：人民出版社，2003：16.

国共产党执政的实效。精准把握时代的发展趋势和发展需求以及时代特征，是马克思人民主体性思想的中国化具有时代性的前提。因此科学社会主义观、实践观、时代观和热爱人民的情怀是马克思人民主体性思想中国化的立论依据，凸显了新时代坚持人民主体性，以人民为中心的必然性和必要性。

二、人民主体方向论

人民主体方向论是马克思人民主体性思想的中国化的精神实质。坚持和发挥人民主体性作用和坚持人民主体地位，不仅是对中国最广大人民群众主体角色的定位，更是对中国特色社会主义始终要坚持的中国特色社会主义本质和方向的认同。是否坚持人民主体地位，是衡量一个执政党的性质、衡量社会本质的唯一标准，这是马克思主义哲学的根本问题。“必须坚持人民主体地位”，坚持人民主体地位，才能保证人民民主专政的政权性质，在马克思主义指导下以史为鉴、把握现实、筹划社会发展，以高度的历史自觉和道路选择的自觉，进行新时代中国共产党治国理政的征程。以最广大人民的利益为根本出发点和落脚点，遵循“人民拥护不拥护”、“人民赞成不赞成”、“人民高兴不高兴”、“人民答应不答应”为基本方向依据，保证人民主体地位不动摇，始终坚持人民当家作主的国家性质。

1. 从人民和执政党的关系而言，坚持人民主体性，夯实了执政党的合法性基础，无产阶级执政党以人民为主体的执政价值取向更加明晰。何谓人民主体意识？何谓人民主体意识的觉醒？如何增强人民主体意识？这蕴含着三个重要的前提条件[①]。即：第一，作为主体的人必须是能够从事实践活动的人，在实践中必须具有自主性、自觉性、主动性和创造性等，这一方面是人的主体实践行为，另一方面是人之所以作为主体本身所内含的特性和意识。第二，具备第一要件的主体的人，必须还要同时具备合理而适当的主客体关系。列宁在苏维埃政权建立之后，指出工人和旧社会之间的消解和存留，虽然作为革命主体，但工人仍然“保留着许多资本主义社会的传统心理”，“他还站在这种没膝的污泥里面。”[②]这种特殊的社会发展阶段（主体完成了社会变革，主体的思想意识并未完成思想变革），社会阶段和人的主体状态并不总是表征为同向发展，这种主客体关系促使主体的特性和意识能够充分发挥和运用，用以改造主客体。即人民主体意识的觉醒，但在此要件中，人民由于主客观条件所限，仅仅承担着社会发展的部分职能。第三，主体具备了第一、第二要件之后，就意味着作为主体的人已经具备有意识、有能力去承担社会发展的能力，人作

① 基于人的类本质，这里论证蕴含着的三个重要的前提条件以“人的主体”这个概念作为切入点，分析人的主体意识的觉醒、发展和增强。

② 列宁全集：第35卷[M]. 北京：人民出版社，1985：254.

为主体，在对象化的活动中自觉满足了主体的基本需要，主体意识从自在，自为，自觉，开始向自由发展。从这三个要件出发，作为主体的人并非抽象的、固定不变的存在物，在社会实践活动中，作为主体的人不断以具体的、现实的实践主体角色出现在社会发展的全过程。把主体的人的概念扩大即作为主体的人民，随着社会实践的深入和国家治理的现代化进程，在国家治理中作为主体的人民并不是一成不变，本质先定的存在，而是随着国家治理的开展和实践活动的深入，不断发展变化的。党的十一届三中全会后，我国国家治理逐渐开始经济体制改革，大力发展生产力，实行改革开放，“主要生产力，即人本身。”[①]释放经济主体的意识和活力，计划经济体制向市场经济体制转变，人民主体地位的确立只有建立在人民主体意识觉醒的基础上，人民主体地位才能得以在国家治理中得以成为现实，才能真正推进国家治理实践，坚守中国共产党的执政立场。“新中国成立以来，‘主人翁’心理在社会中所具有的组织化作用，激励了奋斗在现代化建设各条战线上的人们。由人们‘主人翁’心理支配的行为构成了社会存在的实践基础，对弘扬意识形态中的人民主体意识起到了巨大作用。”[②]改革开放四十多年的发展，作为主体的人民在中国特色社会主义建设中所表现出的自主性、自觉性、主动性和创造性，用主体自身的发展论证了国家治理对于人民主体发展的价值所在，从思想意识层面开发人民主体意识。加强社会治理制度建设，构建理性和谐的社会心理良好的循环体系，使社会各组成因素，各组织系统在两性互动中发挥主体功能。又是从制度、社会层面为人民主体意识创设一个良好的社会环境。人们从自我出发，迸发出劳动热情，产生创造自我生活、实现梦想的需求，充分发挥个人的自身潜能，创造出更多的客观价值。正是基于此，习近平首先界定社会发展的价值起点，做出新时代我国社会主要矛盾的科学判断，立足人民，为人民提供人生出彩的机会，把人们凝聚在中国特色社会主义建设的伟大进程中。国家政治生活的主体参与意识，把自身的全面发展与国家的发展进步相联系，这是人民主体性和社会发展同向而行的关键前提。“我深知改革的难度，主要是任何一项改革必须有人民的觉醒、人民的支持、人民的积极性和创造精神。”[③]

人民主体方向论彰显执政理念的人民性，坚持人民主体为发展方向，关键在于对“人”的理解和把握上，基于马克思主义实践唯物主义，对执政为民中的“民”做了本质阐释。从个体的“现实的个人”为立论点，关注人对美好生活的诉求，解决民

① 马克思恩格斯全集：第 46 卷上册 [M]. 北京：人民出版社，1980：261.

② 陈新汉 . 社会自我批判角度理解“四个全面”及其人民主体意识 [J]. 中国地质大学学报(社会科学版)，2016(05)：6.

③ 人民需要政府果敢政府需要人民信任 [N]. 人民日报，2012-03-15(03) .

生日常这一人的存在状态的现实生活起点，进而从人和人集合构成的人民群体，谋发展、促发展，不断满足人民对美好生活的需要，执政党的目的和指针。党在执政过程中坚持人民主体性原则，以人民为中心，强调人民在实践中的主体价值和作用，不断实现改革发展的成果由全体人民共享。执政兴国的理念始终秉承“努力实现好、维护好、发展好最广大人民的根本利益”，充分彰显了党执政理念的人民性。以人民为主体，执政党确立自身的价值定位和执政理念，这是执政党建设的首要的基本问题。全面从严治党，充分体现了党的建设顺应人民的要求，“人民群众反对什么、痛恨什么，我们就要坚决防范和纠正什么”。①“当前，社会主义和资本主义两种制度处于并存、竞争之中，只有那种能够为大多数人的幸福创造更多条件和机会的社会（制度）才能最终赢得人们发自内心的支持与认同。”②以全心全意为人民服务为宗旨，加强党内政治生态建设，使中国共产党始终坚守人民本位，始终代表最广大人民的根本利益。邓小平曾深刻揭示了人民群众和执政党的关系，“工人阶级的政党不是把人民群众当作自己的工具，而是自觉地认定自己是人民群众在特定的历史时期为完成特定的历史任务的一种工具”。③党的十八大以来，中国共产党着重强调深入推进改革的不断完善和提升，不断从党的执政能力和执政水平对党的建设提出新要求，推进国家治理体系和治理能力现代化，旨在通过国家治理现代化，提高党为人民服务的能力和水平，构建人民民主的政治基础和参与平台，不断增强人民“共治”的参与意识。人民在国家治理中的“共治”所达到的程度和水平，是这个国家实现现代化的题中应有之义。人民民主专政的社会主义国家的性质决定了党的执政理念都要绝大多数人的根本利益出发，执政为民，人民主体方向论从执政的对象上规定了人民的利益是执政的最终目标。党的执政理念和执政实践始终把人民的根本利益作为党的指导思想和行动指南，关心人民疾苦，维护人民各种利益，人民主体方向论设定了中国共产党的发展目的和价值目标，“带领人民创造美好生活，是我们党始终不渝的奋斗目标。必须始终把人民利益摆在至高无上的地位，让改革发展成果更多更公平惠及全体人民，朝着实现全体人民共同富裕不断迈进”。④人民主体方向论回答了为谁执政，依靠谁执政，怎样执政的理论和实践问题。从理论上和实践上都体现了“以

① 习近平．决胜全面建成小康社会夺取新时代中国特色社会主义伟大胜利——在中国共产党第十九次全国代表大会上的报告（2017年10月18日）[M]. 北京：人民出版社，2017：61.

② 王燕．论马克思的“否定的幸福观”及其实践智慧 [J]. 南京师大学报（社会科学版），2015(02).

③ 邓小平文选（第1卷）[M]. 北京：人民出版社，1994：218.

④ 习近平．决胜全面建成小康社会夺取新时代中国特色社会主义伟大胜利——在中国共产党第十九次全国代表大会上的报告（2017年10月18日）[M]. 北京：人民出版社，2017：45.

人民为中心”执政理念的内涵和要求。人民主体方向论从价值导向上确保人民的实践活动沿着执政为民的这一执政轨道进行，体现了“以民为本”的政治立场。

第二，从人民与社会发展的关系而言，坚持人民主体地位，是中国特色社会主义的发展方向和根本保证。人民作为利益主体的地位得到重视，在社会发展和劳动实践的双向互动中，人民对美好生活的向往不断实现，人民的需求不断得以满足，将人的自由全面发展与社会发展紧密联系起来，将人民主体地位不断加以巩固和提升，使人民群众真正成为社会的主人、历史的创造者，才能不断向马克思所设想的人的自由全面发展的共产主义迈进。马克思人民主体性思想的中国化凸显了两个核心价值理念：人民性和实践性。如何坚持人民性，坚持人民主体性？如何在实践中坚持人民的主体地位，进而凸显人民是实践主体？这两个问题的难度不在于每个问题如何解答，而在于如何在坚持人民主体性原则的基础上，把人民和实践有机地统一起来。实现二者的统一，是马克思人的本质的体现和实现，也是实践唯物主义的核心。人民主体性的发挥，必须建立在一定的客观条件允许的基础上才能得以成为可能，在实践中才能使主体性转化为现实的社会生产力，促进社会的发展和进步。实践以无比充足的论据论证了“人民共创共治共享”的建设新谋划对于新时代中国特色社会主义发展的方法论价值。从经济基础和上层建筑的决定与被决定、作用与反作用的关系和生产力和生产关系的矛盾运动关系而言，坚持人民主体地位，通过整合各种社会意识，实现社会的和谐、平衡和稳定，由此构成良好的生产关系，从而使得上层建筑不断适合经济基础的状况，不断适应社会生产力的发展要求，整个社会就具有源源不断的创新活动和发展诉求。生产力和生产关系，经济基础和上层建筑的矛盾运动不断推动着社会生产方式、社会交往方式的调整，甚至变革，以使生产关系更好地适应生产力发展的状况。人民主体方向论要达成的就是通过生产关系的良好存在状态，最终促进生产力的发展，实现人在建设发展中的本质内涵。其实质就是社会关系的调整和优化。“人们用以生产自己的生活资料的方式，首先取决于他们已有的和需要再生产的生活资料本身的特性”，生产方式“是这些个人的一定的活动方式，是他们表现自己生命的一定方式、他们的一定的生活方式。个人怎样表现自己的生命，他们自己就是怎样”[①]。从这层涵义分析，人民主体方向论所规导的发展路径，要实现的生产和发展，实现生产和发展所依赖的方法和手段，同人们的发展需求完全一致，这就把生产力发展、生产关系、生产方式和人们的发展需求统一起来，“他们（从事生产实践活动的人们——笔者注。）是什么样的，这同他们的生产是一致的——既和他们生产什么一致，又和他们怎样生产一致”。人民主体方

① 马克思恩格斯选集（第 1 卷）[M]. 北京：人民出版社，2012：147.

向论所蕴含的激励动力，充分挖掘和释放着生产者的实践张力，必然促进社会创新活力的迸发，通过整合社会意识，统一起社会的共创行为。因此，人民主体方向论充分印证着马克思这样一个论述，“个人是什么样的，这取决于他们进行生产的物质条件”[①]。对此，马克思还有这样的明确论述，“各民族之间的相互关系取决于每个民族的生产力、分工和内部交往的发展程度”，“不仅一个民族与其他民族的关系，而且这个民族本身的整个内部结构也取决于自己的生产以及自己内部和外部的交往的发展程度”。[②] 正是从这一社会关系为出发点，人民主体方向论要建构和实现的就是生态良好的社会关系，从这个社会关系出发的人们的思想观念和实践意识便统一在步调一致的生产实践之中。“思想、观念、意识的生产最初是直接与人们的物质活动，与人们的物质交往，与现实生活的语言交织在一起的。人们的想象、思维、精神交往在这里还是人们物质行动的直接产物”。[③] 这即是说，人民主体方向论完成的即是通过共同的整合，把人的思想观念、思维意识和社会生产力的发展统一起来，这可以说是人类社会发展规律的复归。

马克思人民主体性思想的中国化聚焦“人民”是人类社会历史的缔造者，充分肯定人民群众在社会历史发展中的决定性作用，人民群众共同在社会历史实践发展中发挥首创精神和创新能力，不仅加快创新型国家建设，更要建立起全民创新体系机制，激励和支持大众创业万众创业，建立和完善中小企业创新的机制，由物质驱动向创新驱动转型，实现发展的高质量转变。这一思想理论内涵在实践中得到了很好的运用，极大推动生产力的发展，生产关系在不断的调整和优化中实现着社会结构的丰富和完善。不断增进人民福祉，凸显民生，关注民生，补齐民生短板，让改革发展成果更多、更公平、更实在地惠及广大人民群众。民生问题是增强人民主人翁意识，从而让人民在劳动中具有归属感的第一要素，让人民在共建共创中不断拥有获得感、幸福感和安全感，集聚了社会发展的动力，最终指引人民想着共同富裕的目标积极迈进。同时经济基础所决定的上层建筑等越来越得到发展和提升，不断地反作用生产力和生产关系的矛盾运动。推进国家治理现代化，是中国特色社会主义的鲜明特征，衡量社会主义国家的现代化的指标之一即是人民政治意识的发展、人民管理国家的参与度和主体性，以及人民政治权益的实现程度。不断推进国家治理现代化，在党的领导下，各个主体积极平等参与，共同管理国家事务和社会事务，在人民主体监督下，使党和国家的政治制度“更加完备、周密、准确，能够切实保证人民真正享有管理国家各级组织和各项企业事业的权力”。在人民群众的实践活动

① 马克思恩格斯选集（第 1 卷）[M]. 北京：人民出版社，2012：147.
② 马克思恩格斯选集（第 1 卷）[M]. 北京：人民出版社，2012：147.
③ 马克思恩格斯选集（第 1 卷）[M]. 北京：人民出版社，2012：151.

中，不断推进国家治理能力和治理体系现代化，实现中国特色社会主义的政治现代化，坚持党的领导，人人平等参与，人人皆能参与，坚持“五位一体”总体建设布局和“四个全面”战略布局，依法治国和以德治国相结合，人民共同协商共治，不断改革和完善中国特色社会主义政治体制，切实保障人民当家作主的政治地位和政治权力。“当人们还不能使自己的吃喝住穿在质和量方面得到充分保证的时候，人们就根本不能获得解放。”[①] 作为实践的劳动者，人们创造者社会赖以生存和发展的物质资料和精神资料，并在实践中平等地享有着这个社会的劳动成果和发展资料，这是使实践得以存续的现实基础，也是人作为实践主体所本身必须享有的权利。但马克思又指出，人的“‘解放’是一种历史活动，不是思想活动，‘解放’是由历史的关系，是由工业状况、商业状况、农业状况、交往状况促成的”[②]。“要使人民群众享有实质（Substantive）的自由和权利，即享有人们有理由珍视的那种生活和愿意过的那种生活的‘可行能力’(Capability)”[③]。全面建设小康社会，实现中华民族伟大复兴是新时代国家治理的目标，人人共享人生出彩的机会，激发人民群众的主体能动性。进入共产主义社会的高级阶段，“当随着全面发展生产力也增长起来，而社会财富的源泉充分涌流的时候，——只有在那个时候，才能完全超出资产阶级法权的狭隘眼界，社会才能在自己的旗帜上写上‘各尽所能，按需分配’”[④]。马克思所设想的共产主义社会里，充分表达了在生产力高度发达的同时，社会发展的终极目标：即人的自由而全面的发展。国家治理中坚持人民主体性原则，便是实现人的自由而全面发展的合理内核。在生产力发展的进程中，使物的尺度与人的价值尺度相统一，随着国家治理实践的深入，人类社会终将实现人的类和个体之间发展需求的统一，而这种统一，便是生产力高度发展(社会财富无限涌流，社会分工消失，异化劳动归于劳动的本质内涵等)和人的自由全面发展的价值满足(劳动是人的第一需要，每个人在社会发展中实现着个人价值的效应最大化等)的高度统一。人民日益增长的美好生活需要必须以社会的平衡和充分发展为基础，推进国家治理体系和治理能力现代化，实现国家治理的科学化和现代化，为人民不断发展和变化的新需求创造更好的生存发展条件和环境。在实践创造中进行文化创造，增强人民素质能力的现代化水平，实现人的自由全面发展是马克思主义人民主体性思想的本质要求和价值目标。在国家治理实践中，人自身的发展程度和自身价值的实现得以成为现实。随着历史进程的加快和国家治理实践的深入，人民主体意识的提升和人的发展在与政府治理

① 马克思恩格斯选集(第 1 卷) [M]. 北京：人民出版社，2012：154.
② 马克思恩格斯选集(第 1 卷) [M]. 北京：人民出版社，2012：154.
③ 阿马蒂亚·森 . 以自由看待发展 [M]. 北京：中国人民大学出版社，2002：127：.
④ 马克思恩格斯选集：第 3 卷 [M]. 北京：人民出版社，2012：241.

决策有效融合对接的过程中，将会在更大程度上实现人自身的充分发展。一切真理，都源自于实践，所有发展，都有赖于人民。人民群众物质解放是精神解放的实践论结果，而精神解放又是物质解放的认识论前提。自全面深化改革开放以来，在中国特色社会主义这个伟大实践中，坚持人民主体性原则、“以人为本”强调改善民生工程、“以人民为中心”的发展理念等，不断构建和丰富马克思人民主体性思想的逻辑架构，用新时代发展战略不断论证人民主体性的科学性和现实性，在治国理政中不断形塑个体主体的现实样态，拓展人的自由而全面发展的空间。在人民主体性和社会发展的矛盾发展中，辩证调适人民主体诉求和社会需要的主客观条件，把人民主体性贯穿于中国经济、政治、文化、社会、生态文明等建设实践的全过程，同时也深刻引领着新型国际关系和“人类命运共同体”建构的全球治理实践。因此，从作用机理的视角出发去理解和阐释人民主体性，可能不失为深度发掘和理解这一思想原则精髓的重要路径。

三、人民主体目标论

人民主体目标论是马克思人民主体性思想的“总支点”，也是撬动中国发展的“总支点”。人本身在改造对象世界的过程中，这一实践活动本身就蕴含着实践主体、实践方法和实践目标和最终指向的价值所在。正是实践这一本身的丰富蕴含，才使人的本质得以现实复归，人在改造对象世界的过程中得以逐步克服“异化劳动把自主活动、自由活动贬低为手段”，“把人的类生活变成维持人的肉体生存的手段”[①]这一实践过程中人的存在状态。马克思人民主体性思想的新时代发展构建了人的主体性的系统框架，从理论上和实践上都凸显了人作为主体的实践本质。人的主体性是建设必然要遵循的原则和目标，人是中国特色社会主义的建设主体，中国一切发展实践和战略方针的制定都是基于人的基础上所预想达到的发展目标。对此，马克思人民主体性思想的中国化从根本上提供了主体目标论的指导。“以人民为中心”的发展聚焦了新时代错综复杂的社会发展工程中的关键点，清晰地规定了所有发展所要指向的目标，只要遵循这个目标，发展的结果一定是目标的最终达成。从国家治理现代化的目标考察。衡量现代国家制度和制度的执行能力的现代化程度，需要在国家治理实践中得以检验和评判，以人民为中心，人民自身权益保障的程度，以及人自身发展所实现的程度，人民主体性发挥的程度是国家治理现代化和全面深化改革的价值追求和实现目标。新时代推进国家治理能力和治理体系现代化，是中国经济社会发展水平，文化传统创造性转变和创新性发展以及时代发展的必然要求，主体

① 马克思恩格斯选集（第1卷）[M]. 北京：人民出版社，2012：59.

目标论清楚界定了中国特色社会主义制度完善和发展的内生性价值，完全符合新时代中国特色社会主义发展中出现的新情况新特点，本质上推进了国家治理现代化的进程。从社会主义发展的战略安排考察。全面建成小康社会，实现中华民族伟大复兴的战略目标，就是要从人民动力出发，发挥人民主体性，以人民为中心规定社会发展各个系统工程的目标指向，不断完善上层建筑的制度设计和制度安排，使之规范化、法治化和制度化。全面建成小康社会，实现中华民族伟大复兴作为中国特色社会主义的大系统目标工程，必须改革和完善各个子系统之间的发展要素，这就要求把经济建设、政治建设、文化建设、社会建设、生态建设、党建作为改革的战略任务来抓。习近平人民主体性的论述内在规定了主体目标，这一内在规定规制了中国特色社会主义发展的起点和归宿。

人民主体目标论阐释了执政为民的价值追求。执政为民体现了党坚持马克思主义根本原则的无产阶级立场。无产阶级要实现和维护的是最广大人民群众的根本利益，没有任何只属于自己的特殊利益，无产阶级的最终目标就是要实现人的自由全面发展。无产阶级的这一性质决定了中国共产党执政为民，“以人民为中心”的发展价值旨归，要求执政兴国要把促进人的全面发展作为执政的根本目的，一切工作的出发点和落脚点始终是要实现好、维护好和发展好人民的根本利益，让人民共享改革发展的成果，实现社会的公平正义，增强人民的获得感、幸福感、安全感和归属感。“人民共创共治共享”是中国共产党执政思维和执政方式的创新，充分体现了理解人、依靠人、尊重人、塑造人和惠及人的发展思想，将人作为实践的主体导向。中国共产党充分分析和把握人自身、人与人、人与实践、人与社会等的相互辩证关系和相互作用，把人作为发展的根本出发点和一切实践发展的唯一价值尺度，不仅关注实践的改造，更关注人自身需要的满足。这一关注把人从执政兴国的被动安排的角色束缚下解脱出来，实现了人自身实践的自觉能动性和自主性，投身到社会性的实践活动中去。这一执政路径的选择始终围绕着“人”的因素进行，人成为执政过程中分析问题、解决问题的主体因素和最高指数，在发展中人实现了实践主体的被动转型，人不断在发展实践中确证着自身的主体地位和自身价值的实现。长期以来，执政为民更多地把人民定位在利益受众者的地位，换言之，人民更多地是利益被施于者。人民虽然处于历史创造者主体的地位，但由于社会发展阶段，以及执政认知和理念的局限[①]，人民作为历史创造者的主动性并未充分地让人民群众深切认识

① 造成这种局限的原因具有主客观多重因素，这符合社会存在决定社会意识这一马克思主义基本原理。“发展着自己的物质生产和物质交往的人们，在改变自己的这个现实的同时也改变着自己的斯维尔和思维的产物。不是意识决定生活，而是生活决定意识。”党的执政理念也不例外，由此相应地是执政方式、执政方略的调整和变化。参见马克思恩格斯选集：第 1 卷 [M]. 北京：人民出版社，2012：152.

到。无产阶级是解放人民，解放全人类的领导者，人民是被解放、被满足的。这种观念在相当程度上阻碍了人民主体意识的发展，束缚了人民主体性的发挥，甚至当前社会发展阶段，党的一些领导干部在工作中淡化人民主体性的意识，充当了救世主的角色。习近平指出，重新确立起人民自身的主体性对于自身发展对于中国特色社会主义建设的关键作用，人民幸福是依靠人民群众奋斗出来的，使人民完成了自身主动创造角色的转换。"人民共创共治共享"的新谋划，是对党执政理念的全新诠释，是党执政能力和执政水平的提升，是党执政方式和执政方略的创新。全体人民共同的事业恰恰就是中国特色社会主义伟大事业，人民共创共治共享恰好表明要充分发挥人民主体性，从而共同投身到社会主义现代化建设的大潮中，在共同的实践劳动中不断进行自身主体的自觉选择和创造，在共创共治共享中不断实现人的自主性和自为性，自觉主动地占有生产资料和物质产品，并进行合理分配。这是当前中国共产党执政的着力点和落脚点，把人作为目的的实践导向，通过共创共治共享激发人的主体性，这是人从事各种社会性活动的根本动因。党执政理念的这一突破，实现了理论和实践双重统一，发展目标更加具体而明确。人的正当的合理的需求需要在社会性的劳动中才能得以满足，单纯地把人视为发展的手段的实践，最终只会丧失执政为民的人民基础，"必须推翻那些使人成为受屈辱、被奴役、被遗弃和被蔑视的东西的一切关系"[①]，创设人民共同进行社会化劳动的主客观环境，始终关注人的生活世界，关注人自身物质世界和精神世界的满足，实现人的复归。

四、人民主体方法论

马克思人民主体性思想的中国化是新时代中国共产党汲取中国传统优秀文化中民本思想的精华，总结中国朝代更替的历史变迁，以及国内外社会主义革命和建设得失成败的经验教训的基础上得出的为政治国之道，遵循自革命战争以来的马克思主义中国化逻辑，实现马克思主义中国化时代化的整体发展。人民共创共治共享的发展路径是马克思人民主体性思想新时代发展蕴含的主体方法论的具体概括。国家治理现代化中对于人民主体性，坚持人民主体地位，对"历史主体""阶级主体""个体主体"的角色定位和功能做理性明晰是国家治理成败的先决条件。"社会结构和国家经常是从一定个人的生活过程中产生的。但这里所说的个人……是从事活动的，进行物质生产的，因而是在一定的物质的、不受他们任意支配的界限、前提和条件下能动地表现自己的。"[②] 在这里，马克思对人民主体和国家发展、社会结构以及社会关系等之间的关系做了明确规定，国家建设和社会发展一定是建立在具有实践性的

① 马克思恩格斯全集（第 1 卷）[M]. 北京：人民出版社，1956：461.
② 马克思恩格斯全集（第 3 卷）[M]. 北京：人民出版社，1960：29.

人民主体之上。对人民主体具体的规定性是国家治理的质的要求。正是从这一内涵出发，列宁指出，“生气勃勃的创造性的社会主义是由人民群众自己创立的”。[①]“人民，只有人民，才是创造世界历史的动力。”[②]正是这一主体定位，坚持人民主体地位，激发人民主体意识，发展人民主体能力，“动员了全国的老百姓，就造成了陷敌于灭顶之灾的汪洋大海，造成了弥补武器等等缺陷的补救条件，造成了克服一切战争困难的前提。”[③]中国新民主主义革命的胜利可以称作人类战争史上的阶级实现自身解放的革命奇迹，但从实质上来说，却是中国共产党革命胜利的必然，具有这一必然性的核心即是对人民的角色认知和主体定位。而“没有调查就没有发言权”，“从群众中来，到群众中去”的主体定位，更是给中国社会主义建设事业规导了国家治理的核心主线。“群众是我们力量的源泉，群众路线和群众观点是我们的传家宝。”[④]基于这种主体定位的思想认识，中国特色社会主义开启了“摸着石头过河”长达几十年的实践探索，坚持人民主体性，尊重人民的首创精神，我们的实践建设始终闪耀着“人民主体”的思想光芒，投射出对人民主体性这一方法论的遵循和坚持。“消灭剥削”“消灭压迫”“共同富裕”正是对尊重人民、爱护人民、让人民获得更多自由的根本性理解。[⑤]“任何时候我们都必须坚持尊重社会发展规律与尊重人民主体地位的一致性，坚持为崇高理想奋斗与为广大人民谋利益的一致性，坚持完成党的各项工作与实现人民利益的一致性。”[⑥]“相信谁、依靠谁、为了谁，是否站在最广大人民的立场上，是区分唯物史观和唯心史观的分水岭，也是判断马克思主义政党的试金石。”[⑦]“中国特色社会主义是亿万人民自己的事业。要发挥人民主人翁精神，坚持依法治国这个党领导人民治理国家的基本方略，最广泛地动员和组织人民依法管理国家事务和社会事务、管理经济和文化事业、积极投身社会主义现代化建设，更好保障人民权益，更好保证人民当家作主。”[⑧]马克思人民主体性思想的新时代发展集中和提炼了马克思主义者们坚持人民主体性的方法论经验，人民共创共治共享的发展路径集中体现了党的执政根基在于最广大人民群众，领导中国特色社会主义事业建设的力量源泉也在于最广大人民群众，充分发挥最广大人民群众的主动性和创造性

---

① 列宁全集（第 33 卷）[M]. 北京：人民出版社，1985：53.

② 毛泽东选集（第 3 卷）[M]. 北京：人民出版社，1991：1031.

③ 毛泽东选集（第 2 卷）[M]. 北京：人民出版社，1991：480.

④ 邓小平文选（第 2 卷）[M]. 北京：人民出版社，1994：368.

⑤ 郭广银. 中国共产党人民主体思想的理论演进与实践发展 [J]. 中共中央党校学报，2013(05).

⑥ 江泽民文选（第 1 卷）[M]. 北京：人民出版社，2006：279.

⑦ 胡锦涛. 在“三个代表”重要思想理论研讨会上的讲话 [M]. 北京：人民出版社，2003：16.

⑧ 胡锦涛. 坚定不移沿着中国特色社会主义道路前进为全面建成小康社会而奋斗 [M]. 北京：人民出版社，2012：14.

(共商、共建、共治)，并把人民群众的创造性劳动和创造性成果统一起来(共享)，最终把理论、实践和实践结果统一起来，这也是马克思人民主体性思想在新时代发展中体现的主体方法论的内涵所在。

马克思人民主体性思想在新时代发展中用各种方式和各种表述论述了人民是社会发展的主体，“人民共创共治共享”是人民主体性的具体实践等这样的立场和观点。中国特色社会主义建设是全体中国人民共同的事业，人民推动了改革的不断深入和发展，在漫长的发展过程中使中国最广大的人民群众创造了丰富的发展成果，中国特色社会主义建设的成就是广大人民群众劳动智慧的结晶，人民才是改革发展成果的最终受益者。正如马克思在《哥达纲领批判》里庄严宣告，“在随着个人的全面发展，他们的生产力也增长起来，而集体财富的一切源泉都充分涌流之后，——只有在那个时候，才能完全超出资产阶级权利的狭隘眼界，社会才能在自己的旗帜上写上：各尽所能，按需分配！”[①] 面对新的历史时期对社会发展所提出的新情况新要求，习近平强调坚持人民主体性的重要性，不断深化人们对社会发展战略的认识，这有助于人们对社会主义初级阶段的新发展新要求形成正确客观的科学认识，从而在中国特色社会主义建设实践进程中进一步激发最广大人民群众参与的主动性和创造性。人人共建，人人参与共创，在劳动实践和共享劳动成果中不断增强人们对劳动本质的定义和劳有所得价值的科学定位，逐步转变对社会公平正义的认识和要求，马克思人民主体性思想在新时代发展中体现的政治智慧便在于此。通过“人民共创共治共享”，统摄国家治理的战略安排，凸显和关注民生，实施各项惠民措施改善民生，加快产业结构升级优化，推动人民积极参与社会生产的主体意识和主体行为，提升生产力发展水平，为人民共享发展奠定坚实的物质基础和精神条件。“人民共创共治共享”思想的精髓也渗透到新时代中国共产党其他治国理政思想当中，坚持人民主体性，坚定中国特色社会主义发展道路，倡导协同构建人类命运共同体，秉承共商共建共享的全球治理观，推动新型国际秩序规则关系建构的民主化进程，积极促进共建共享共赢的“一带一路”国际合作，打造国际合作的新平台，积极为世界人民谋利益，增添国家之间共同发展的新动力。“人民共创共治共享”的建设新谋划为世界各国的发展贡献了中国智慧和中国方案，让世界人民在交流合作中共享中国的改革发展成果，进一步丰富了马克思人民主体性思想的理论体系，更加拓展了“人民共创共治共享”的实践领域，必将推进新时代中国特色社会主义走向更开放的世界格局。

---

① 马克思恩格斯选集(第3卷)[M]. 北京：人民出版社，2012：365.

五、人民主体价值论

在马克思的诸多著述中，“人民”“群众”“人民群众”等概念的界定和论述彰显了鲜明的人民革命立场和人民群众首创精神的唯物主义态度，以及无产阶级改造世界的价值旨归，充分论证了人民主体性在人类社会发展中的唯一选择性和决定性。在其哲学著作中，马克思以人民群众为主体对以往哲学的存在空间和社会价值做了阐述，进而奠定了解释世界和改造世界的哲学基础。人民群众是国家治理的主体力量，全面建成小康社会是人民主体需求满足的客观物质基础。马克思确定了人在社会历史中的主体地位，并构想了人的主体发展的现实图景。人既是认识和实践的主体，这是人的主体身份，同时又在实践中以客体的身份出现，这即是马克思所说的人在实践中改造着客观物质世界的同时也改造着人自身的人的主体性。人民主体价值论是马克思人民主体性思想新时代发展的落脚点和思想核心，是新时代中国共产党对马克思科学社会主义理论的坚持和遵循。马克思人民主体性思想在新时代的发展中多种论述都归结于最终的论证，满足人民的生活需求和利益诉求是中国共产党治国理政的落脚点和终极价值旨归。以人民为中心，人民价值至上，实现人的自由全面发展而不断创新治国理政的战略决策。中国共产党必须坚持、尊重和充分发挥最广大人民群众的主体性，在中国特色社会主义建设中充分凸显人民作为主体的地位与作用，凝聚了人民对所作用的客体的价值取向。马克思人民主体性思想的中国化对新时代治国理政做了根本要求，从政、治政必须遵循人民在社会经济活动中的价值取向，把人民主体性这一基本原则贯穿于党建、社会、政治、经济、文化和生态等各个领域建设实践。在马克思人民主体性思想的中国化进程中，最广大人民群众正是社会发展的根本动力这一历史唯物主义立场和观点，始终是中国共产党爱民情怀、为民执政、治国理政的根本世界观和方法论。人民是发展的动力，从本质上来讲是依靠谁、如何依靠，最终又有谁来评判的问题，而为了人民是一个最终价值旨归的问题。从这个层面理解，为了人民不仅仅是价值目的论，更是发展方法和路径的唯一选择性。为了人民是目的，依靠人民是方法，是依托，在发展中两者是有机统一，融会贯通，不可分割的整体。马克思人民主体性思想新时代发展的多种论述把为了人民、依靠人民、如何依靠有机地系统地统一起来，实现了唯物史观和唯物主义认识论的统一，立场、观点和方法的统一，集中统一于中国共产党治国理政的实践中，融合进人民主体性实践的过程中。任何时候都保持和牢记共产党人的使命和担当，不忘初心，形成深入基层考察调研的工作模式，继续领悟群众路线的精髓和根本要义，“党的正确主张变为群众的自觉行动，把群众路线贯彻到治国理政全部活动之中”，“就要坚持人民是决定我们前途命运的根本力量”，“就要坚持全心全意为人民服务的根本宗旨”，“就要保持同人民群众的血肉联系”，“就是要让人民来评判我们的工作”。[①]

近几年来，中国特色社会主义国家治理呈现出人民积极参与社会话题评议，人民代表在各类会议上为人民代言，党的国家领导人所呈现出来的重民、亲民、为民的政治行为，不断促进“人民共治”政治生态的建构和丰富。经济基础和上层建筑的原理充分论证了上层建筑对经济发展的反作用，对经济基础的重要推动或制约作用。人民共治意识的增强和激发，促使人民不断增强自身的主人翁意识，人作为创造自己幸福生活的主体，越来越感受到主体的实践能动性，主体自主性对于个人奋斗、生活幸福的重要性，激发人民群众的创造活力，让人民依靠共治生态下所创设的主客观条件，释放自身的能动性和自主性，实现个人价值，人人皆可出彩，人人皆有出彩的机会。劳动“只有在社会中和通过社会”，“才能成为财富和文化的源泉”。[②]对于国家治理来说，如何把“蛋糕做大”是最基础的要求。“孤立的劳动（假定它的物质条件是具备的）即使能创造使用价值，也既不能创造财富，又不能创造文化”。[③]这里就充分印证了人民是历史创造者主体的真理性和实践性，建立在全体社会成员实践基础上的劳动才真正具有了创造历史的功能和作用。“随着劳动的社会性的发展，以及由此而来的劳动之成为财富和文化的源泉，劳动者方面的贫穷和愚昧、非劳动者方面的财富和文化也发展起来”[④]。在这里，马克思指出，在资本主义社会之前包括资本主义社会，这个规律是全部历史的规律。从马克思这里对“劳动”和“社会”的定义和阐述可以得出，人的价值的实现和人本身的发展，一定在人和其他社会成员的社会化的劳动中才具有实现的可能和现实基础。但只有坚持人民主体性，坚守好人民立场，才能使人的价值和人自身的发展成为现实，中国共产党的人民群众基础才能成为事实。执政为民是对党的执政理念的总概括，党的执政理念首先解决的就是人的定位和人的本质问题。在这里，首先，“民”一定是从单个的“现实的个人”出发的。社会性劳动的形成一定基于个体劳动的基础之上，但个体劳动本身的狭隘性和非原则性，以及往往受个体意识的制约和影响，因此缺乏整体性和凝聚性，这也同时注定了个体价值的实现往往不能借助个体劳动而实现。在这一现实事实面前，整合个体意识，凝聚个体劳动，实现社会性劳动，最终凝聚人的创造力的合力，是社会发展的先决条件和基础前提。通过整合的社会性劳动，个人生产社会的物质财富，人民主体性思想对人的内涵的界定正是从“现实的个人”出

① 习近平．习近平谈治国理政 [M]. 上海：外文出版社，2014：27-28.
② 马克思恩格斯选集（第 3 卷）[M]. 北京：人民出版社，2012：359.
③ 马克思恩格斯选集（第 3 卷）[M]. 北京：人民出版社，2012：359.
④ 马克思恩格斯选集（第 3 卷）[M]. 北京：人民出版社，2012：359.

发，通过对执政方略和执政方式的探索和创新，都是为人的实践劳动准备科学、合理，能促进人的实践活动深入开展的体制机制条件，健全科学的体制机制进一步为人的社会性实践活动提供了创造空间，更加促进人主体性的发挥，激励人创造力的迸发，创新意识和创新能力得以提升。个人在社会性的劳动中，本身构成了人与人之间的必然联系，这种必然联系一方面是人在生产实践中的必需，同时也是人实现自身发展和价值的需要。人民主体方向论本身就蕴含着人是发展的目的和发展结果的评定标准。党执政理念的目的就是为了人的生存和发展，人的生活的改善和满足程度，以及人的精神需求的满足程度是党执政兴国的终极目的和归宿。这其中关注的就是执政“为了谁”的问题，人民主体方价值论其实质回答的也是发展为了谁的问题，强调人民是发展的主体，人民是发展的创新动力源泉。执政为民最终要实现的就是一切发展惠于人民，为了每个人生存和发展的需要。通过社会性的实践劳动，最终对人的个体的一种社会确定，这一社会确定在日常现实生活中表征为人的社会地位或社会角色的肯定和认同[①]。

中国共产党执政的终极价值是实现人的自由全面发展。中国共产党把人的生存和发展视为社会存在的根本意义和基本准则，在执政兴国的具体实践中，时刻关注人的世界和人的关系的辩证发展，以人的发展和人的需要的满足作为价值的出发点，力图在实践中使人的世界和人的关系逐渐实现回归，回归于人自身。人民在社会发展的实践过程中，不断地实现自觉性、自主性和自为性的结合统一，人们在创造性的社会劳动中，不断地创造着这个社会赖以生存和发展的物质资料和精神资料，同时人也在实践中进一步推动社会发展和自身发展，不断地在这一过程中享有着自己劳动创造的物质和精神的成果。党的执政理念和执政方略的不断创新，立足本国实际，但却不囿于本国发展的范围，把坚持人民主体性的发展思想运用于世界发展的视野范围中，积极谋求国际合作，扩展人的交往活动范围，为实现人的自由全面发展创造条件。党的十九大报告再次强调，“世界命运握在各国人民手中，人类前途系于各国人民的抉择。中国人民愿同各国人民一道，推动人类命运共同体建设，共同

① 这种肯定和认同，是社会对人的一种肯定，也是人自身对人本质的彰显，表现为通过共创共治的社会性实践活动，人获取的必需的生存资料的满足程度、生产资料的占有程度、劳动成果的占用程度，以及通过这些资料的占有情况，人自身改造的程度，精神世界的丰富程度。人对社会财富的占有程度是对人的实践活动的一种直接性的显性衡量标准。人作为现实的个人，更多地以精神主体的存在进行着自身的实践活动，所以精神需求的满足是激励人自主性和创造力深入发展的最关键的条件。惟其如此，人不断地在实践中证明着自己是“类存在物”的本质。这也正是共享的理论智慧所在。参见马克思恩格斯选集(第 1 卷) [M]. 北京：人民出版社，2012：57.

创造人类的美好未来!”[①] 充分表达了共产党人的开阔无私的人类情怀。

第二节　马克思人民主体性思想中国化的主体论考证

马克思人民主体性思想的中国化涵盖马克思主义哲学、马克思政治经济学和科学社会主义三大领域。对于其主体论的新时代建构，在于建立一个源头、过程、发展的考证谱系，从而形成更加系统的认识体系。

一、主体认识论，其哲学基础是历史唯物主义

马克思人民主体性思想的中国化以马克思生产力理论和中国面临的实际问题，以及无产阶级爱民情怀为逻辑起点，坚持以人民主体性为原则，全力推进国家治理能力和治理体系的现代化，完善和发展中国特色社会主义，不断丰富和创新中国发展的战略决策，以人民为中心全面建成小康社会，实现中华民族伟大复兴。将人民主体性置于历史境域中进行审视，理解把握人民主体性[②] 原则和人的生存[③] 等基本内涵，从主体性逻辑出发考察中国发展战略，就必须先理清中国模式所形成的人民主体性的历史脉络。以时间节点为参考，以生存根源为研究视角，在此基础上，以“理论图谱——实践图谱——价值图谱”为分析框架，分析中国共产党一百多年来的发展战略规划，探究人民在中国模式发展进程中的主体性变奏。

---

① 习近平．决胜全面建成小康社会夺取新时代中国特色社会主义伟大胜利——在中国共产党第十九次全国代表大会上的报告(2017 年 10 月 18 日) [M]. 北京：人民出版社，2017：60.

② 马克思在论述人在历史发展中的主体地位时指出，人在历史发展中首先表现为人不断地以一种较之以前比较全面的方式，让自己成为一个越来越全面，越来越完整的人，作为主体的人就是在这一过程中，不断占有着自己全面的本质。而马克思在论证人的主体地位的同时，自然指向了人作为发展主体最终也自然而然实现了主体价值，即我们所期待的个体个性的解放，人的自由度和全面性在发展中不断提升并予以实现。参阅《1844 年经济学哲学手稿》，北京：人民出版社，1979 年版，第 76 页．

③ 在马克思的论著中，马克思从人的基本生存需要出发论述了基本的物质生产资料。任何人历史活动的前提必须是为了满足自己的某种需要，并且在社会化的活动和劳动中首先一定要“为了这种需要的器官做事”，否则，个人个体就丧失了存在的意义，“他就什么也不能做”。这就是马克思所说的“我们首先应当确定一切人类生存的第一个前提，也就是一切历史的第一个前提”。中国反贫困战略即是马克思关于人(个体主体)，人民群众(人民主体)，人民主体性的理论运用。反贫困斗争的基本前提是满足人民日益增长的物质文化需要，才能更进一步实现人们对美好生活的需要，才能有效地处理好需求和发展两者间的矛盾。参阅《马克思恩格斯选集》第 1 卷，北京：人民出版社，1995 年版，第 77 页，第 79 页。

(一) 动力主体——价值主体”人民主体性逻辑图谱初成

中国共产党成立之初就明确自身担负的无产阶级使命，这一时期革命的目的即是带领人民“失去锁链”，获得整个世界，取得主体自由和独立。20世纪初的中国，由于内忧外患中国社会底层民众生活状况的极度赤贫化。“中国人民的贫困和不自由的程度，是世界所少见的。”① 由此可见当时中国民众生存状态的特殊性、极端性和复杂性，因此正确判断造成所有生存状态的根源，并实施根本性的战略策略，才能从根本上改变中国人民的生存状态。

1. 制度革命发动：人民主体性被动式卷入

基于对中国民主革命时期严峻形势的判断，中国共产党意识到革命要取得成功必须发动广大劳动人民，唤起人民的独立意识，不断救济贫困，通过革命摆脱受欺压被奴役的命运，改善生活状况，才能最终实现国家独立和民族解放。在革命的不同时期，中国共产党明确革命斗争的主要任务，不断确定人民作为革命动力主体的身份和地位，对“人民”“人民主体性”的内涵和实践要义进行阐释和厘清。中国共产党在中国革命不同特定阶段对人民地位的确认始终遵循马克思人民主体性思想，逐步增强人民主体性的方法论内涵和价值导向作用。以无产阶级革命发动人民奋起斗争，改变自身受压迫受剥削的根本生存状态，“动员了全国的老百姓，就造成了陷敌于灭顶之灾的汪洋大海，造成了弥补武器等等缺陷的补救条件，造成了克服一切战争困难的前提。”② “星星之火，可以燎原”充分体现了发动人民群众的革命意识和革命行动，依靠人民，对中国革命具有决定性作用。消除剥削制度，制度革命发动济贫，从打土豪分田地，正确处理人民内部矛盾，建立最广泛的革命统一战线，开展各种形式的武装斗争，不断进行党的建设，明确革命的主体力量和革命的最终目标。

2. 暂时性救济：人民主体性逐步进入

新中国成立以后，人民日益增长的物质文化需要和落后的社会生产之间的矛盾成为当时社会的主要矛盾，中国共产党社会主义建设的主要任务是带领人民发展经济，获得物质生活富裕。这一时期人民生存状态的主要根源源自落后的生产力所导致的国家整体贫困，暂时性救济扶贫成为这一时期战略决策的主要形态，面对普遍生存问题和如何消除人民生存问题上，毛泽东明确提出党是解决生存问题的坚定领导力量，人民群众是社会主义建设的主体力量，指出“全国大多数农民，为了摆脱贫困，改善生活，为了抵御灾荒，只有联合起来，向社会主义大道前进，才能达到

① 毛泽东选集：第2卷 [M]. 北京：人民出版社，1991：631.

② 毛泽东选集（第2卷）[M]. 北京：人民出版社，1991：480.

目的"[①]。党充分发挥集中人民力量的政治优势，改善人民生存问题在短时间内取得了显著成就，改变了民不聊生、食不果腹的社会状况和生活条件。实施农村“五保户”和贫困户救济，失业人员安置和就业人员培训等城镇工人失业救济等建设战略，开展不同形式不同内容的社会建设和生产活动。“土地改革运动使上层和下层、中央和地方整合在一起，使中央政府获得巨大组织动员能力，以及政令统一。”[②]国家通过土地改革给予农民基本生产资料，人民通过公有制下的集体劳动，吃大锅饭，所有生产资料生活资料实行集体分配。城镇建设中实行劳动保险等社会保障制度，同时实行暂时性救济。从社会主义的具体实际出发，提出通过工业化和合作化进行社会主义建设的战略构想，形成解决社会主义建设和人民群众生存问题的基本认识，从满足人民群众利益角度分析社会主义建设和人民群众生存问题。同时中国共产党设定了共同富裕的具体目标：在几年内使现在还存在的农村中一小部分缺粮户统统变为余粮户或者自给户，使全体农民达到中农和中农以上的生活水平[③]。这一时期人民在社会主义建设中虽然多数以被救助被安排的弱势群体出现，但人民的主体行为在社会主义建设中逐步进入，并逐渐发挥出自身的主体作用。

(二) 改革主体——利益主体”人民自主性建设的主体性逻辑图谱展开

从本质上看，中国共产党中国特色社会主义建设承载着人民的物质需要和精神诉求。从社会发展角度看，人民主体性依赖于社会经济发展水平，更依赖于国家治理体系和治理能力的现代化水平。人的自主性究其实也是一个社会意识形态范畴的问题[④]。从革命主体到改革主体的转变，尽管是在中国共产党主导下完成的角色转变，但这一转变的型塑力量使人民逐步意识到社会属性是增强自身自主性，并获得物质自由、脱贫致富的决定性因素。

1. 体制变革：人民主体自主性生成

“如果经济发展老是停留在低速度，生活水平就很难提高。这不是经济问题，实际上是个政治问题。”[⑤]主流意识形态直接源于对人民群众民生状态和民生诉求的直接关注，这与马克思对现实的个人的生存状态的关怀和设计的理论起点完全一致。

---

① 毛泽东文集(第7卷) [M]. 北京：人民出版社，1999：176.

② 杜润生自述：中国农村体制变革重大决策纪实 [M]. 北京：人民出版社，2005：20.

③ 毛泽东文集(第7卷) [M]. 北京：人民出版社，1999：510.

④ 斗争的根源即是人们对基本生存条件的思想占有，当人们在极端贫困的境遇下，而且这种境遇成为社会大多数人的普遍生活状态的时候，革命、斗争就发生了。这即是人们思想意识对生产资料的支配。参阅《马克思恩格斯选集》第1卷 [M]，北京：人民出版社，1995：86.

⑤ 邓小平文选(第3卷) [M]. 北京：人民出版社，1993：354.

“每一个意识形态的兴起，都能反映某一时代的希望和需求，也都能被其他的意识形态按照后来的经验修而正之，取而代之。”[①] 中国共产党全面启动农村改革实行家庭联产承包责任制，放宽农产品价格，赋予农民农业生产自主权，体制改革释放出巨大的主体效应。广大农民在逐渐开放的市场经济中，不仅仅以集体的方式存在，更重要是通过个人的劳动而实现脱贫致富的现实可能。党逐步实施有计划、有组织的农村改革战略，特别是共同富裕的深化阐述和具体实施，党确立了大规模开发式战略。“贫穷不是社会主义，社会主义要消灭贫穷”；“我们要坚持社会主义，要建设对资本主义具有优越性的社会主义，首先必须摆脱贫穷”[②]。中国共产党通过体制变革，带动人民脱贫致富，人民逐步突破计划经济体制的束缚，自主性在市场经济的竞争中获得了充分的劳动空间，在逐渐发展的商品经济中，人民自主性在参与改革开放的事实中逐渐确认并增强。

2. 大规模开发式战略：人民主体自主性发展

中国共产党逐步实施有计划、有组织的改革开放战略布局，“社会主义的本质，是解放生产力，发展生产力，消灭剥削，消除两极分化，最终达到共同富裕。”[③] 针对普遍贫困问题，支援经济不发达地区发展资金（1980 年），“三西” 农业建设支援（1982 年），以工代赈的扶贫计划（1984 年），“老、少、边、穷” 地区的扶贫，成立专门扶贫机构（1986 年，1993 年），制定专项财政扶持政策，“八七” 扶贫攻坚计划等，党确立了大规模开发式扶贫战略。“贫穷不是社会主义，社会主义要消灭贫穷”；“我们要坚持社会主义，要建设对资本主义具有优越性的社会主义，首先必须摆脱贫穷”[④]。中国共产党在市场经济中，逐步突破政府全能型的战略模式，人民主体性在市场经济的协调运行中逐步进行意识和行为建构，市场经济自身所具有的生机和活力，激发着人民的主体意识和主体行为，致使人民自觉介入中国特色社会主义改革进程中。“发展着自己的物质生产和物质交往的人们，在改变自己的这个现实的同时也改变着自己的思维和思维的产物。不是意识决定生活，而是生活决定意识”[⑤]。人民主体性在这一时期获得蓬勃发展，并开启主体性建构的自主发展模式。“已经得到满足的第一个需要本身、满足需要的活动和已经获得为满足需要而用的工具又引起新的需要，而这种新的需要的产生是第一个历史活动。”[⑥] 人民生活需求的动态变化持续建

---

① [美] I · 克拉莫尼克，F · M · 华特金斯 . 意识形态的时代——近代政治思想简史 [M]. 章必功，译 . 上海：同济大学出版社，2006：序言 .

② 邓小平文选（第 3 卷）[M]. 北京：人民出版社，1993：224.

③ 邓小平文选（第 3 卷）[M]. 北京：人民出版社，1993：372.

④ 邓小平文选（第 3 卷）[M]. 北京：人民出版社，1993：224.

⑤ 马克思恩格斯选集（第 1 卷）[M]. 北京：人民出版社，2012：152.

⑥ 马克思恩格斯选集（第 1 卷）[M]. 北京：人民出版社，2012：159.

构着主体性的本质逻辑，在不断深入的改革开放中人的主体意识日益明晰，发展意识更强、个体意识更自主，社会文明程度更高。

（三）劳动主体——需求主体”人民自主脱贫的主体性逻辑图谱强化

党的十八大以来，中国共产党发展战略转向精准化，“五个一批”，“六个精准”扶贫政策，四位一体的新发展理念的发展格局逐步完善并全面展开。人民日益增长的对美好生活的期待与不平衡不充分的发展之间的矛盾成为新时代的社会主要矛盾，这同时赋予马克思人民主体性思想新的精神内涵，劳动主体不仅是人民主体性唯物史观的逻辑构成，同时劳动主体精神要义的另一重逻辑更加彰显，人民在劳动中的主体需求更加被观照、被尊重。马克思在《论犹太人的问题》中指出，“任何解放都是使人的世界即各种关系回归于人自身”①。新时代中国共产党的全面发展战略实现中国社会的深度发展，特别是中国共产党反贫困的巨大成就同时改变了主体的劳动形式、劳动内容和劳动空间等，劳动逐渐显现它的本质内涵，劳动者和需求者有机统一于劳动过程中，人民自主性发展获得前所未有的空间。个体劳动的共同参与为共同富裕增加丰富的实践内涵，利用更有效的制度安排，为人民创设形态各异的发展空间和平台。“扶贫开发贵在精准，重在精准，成败之举在于精准”“扶贫对象精准、项目安排精准、资金使用精准、措施到户精准、因村派人精准、脱贫成效精准”。新发展阶段党的发展战略对人民定位的阐述，提出内源发展、科学发展、精神关注、教育认知、生态链条式战略思维、社会保障机制完善等思想理念，发展模式呈现自主性激励，在党的领导下资本、政府、领导干部及人民，共同参与，多向输入和输出。当主体用他们共同的生产能力创造出整个社会财富时，人的自由全面发展才得以成为可能。

二、主体方向论以科学社会主义学说为理论基础

新时代中国特色社会主义全面深化改革，是社会主义制度的完善和发展，是社会主义的本质的体现。主体方向论基于“价值主体——自由主体”人民主体性现实发生的逻辑机理，考虑人的生存根源、生存状态和解决生存和精神需求问题的机制政策，从而促成三者的多场耦合和内在匹配逻辑的机理发生，通过“理论逻辑”“需求逻辑”和“实践逻辑”的三维整合，达成政府外源性战略激励与主体对象内源性的良作为的良性互动，建构未来中国共产党现代化治理均衡体系（见下图国家治理方向性运作系统）。

① 马克思恩格斯文集（第 1 卷）[M]. 北京：人民出版社，2009：46.

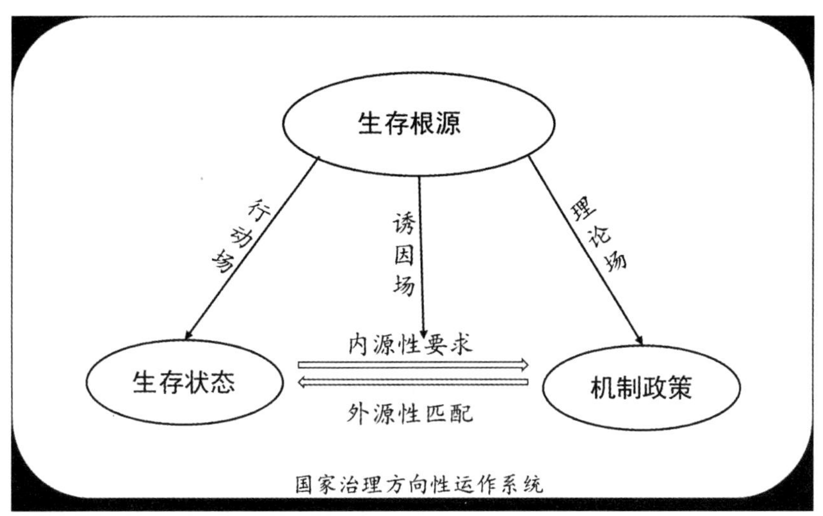

新发展阶段继续推进党的发展战略，促进共同富裕，利用党的政治优势，集中力量把蛋糕做大是量的积累，建立蛋糕分配的合理机制是保障量变能转化为质变的关键要素。但未来中国的治理效能更有赖于人民的民主化、法治化和制度化的人民的共同体意识，具有实现共同富裕和中国式现代化的责任感，有实现中华民族伟大复兴的使命感。国家发展的关键使命是将“合法性的追求与民主创造经济发展与民生幸福的有效性结合起来”，兼顾“功能开发”“形态建设”与“现实绩效”[①]。实现共富共享共福的共同富裕，人民不仅是受益主体，更多地承担着社会发展的现代转向重任，人民主体性的这一理论逻辑决定了国家现代性发展的实现逻辑。实现共同富裕，推进中国式现代化，实现人自由而全面的发展，中国共产党现代治理更多地表征为整个社会系统的综合联动，人民的现代性主体意识和现代化行为是国家治理运作系统中重要的一环。坚持人民主体性原则，正确理解与把握人民主体的现代转向和社会发展的内在逻辑勾连，我们“应该把发展看作包括整个经济和社会体制的重组和重整在内的多维过程”[②]，通过政治力量的干预和整合，促进共同富裕，推进中国式现代化，优化国家治理的主体方向论治理模式。

三、主体目标论以马克思主义政治经济学为发展指导

在目标的界定上，马克思人民主体性思想的中国化运用全局观念、系统思维和治理理念对治国理政思想进行丰富和创新。坚持人民主体地位，对“历史主体”“阶级主体”“个体主体”的角色定位和功能做理性明晰是国家治理成败的先决条件。从

① 林尚立．民主与民生：人民民主的中国逻辑 [J]. 北京大学学报（哲学社会科学版），2012(01)：112-122.

② [美] 托达罗．第三世界经济发展 [M]. 印金强等，译．北京：中国经济出版，1992：50.

事活动并进行物质生产等的个人行为实践，由于人的主体能力或功能的欠缺和薄弱，必然经历人与物质世界的不同形式的矛盾冲突。早期猿人、晚期猿人、早期智人、晚期智人的人类发展从本质上而言是人与物质世界斗争统一的辩证发展过程。在漫长复杂的发展过程中，人的发展呼唤社会结构和国家，以此来增强个人在物质世界里的力量①。在这里，马克思对人民主体和国家发展、社会结构以及社会关系等之间的关系做了明确规定，国家建设和社会发展一定是建立在具有实践性的人民主体之上。对人民主体具体的规定性是国家治理的质的要求，坚持人民主体地位，激发人民主体意识，发展人民主体能力。主体意识的突破和主体需求的爆发，必然带来主体对社会结构和国家变革的主体愿望，即社会结构和国家与主体需求相一致。在这一点上，革命战争时期中国共产党动员全国老百姓的革命战略，很显然为中国革命准备了最核心的战争条件，也正是这一核心条件弥补了中国革命客观条件薄弱的缺陷，如武器装备落后、薄弱②。人的革命主体地位的确立，最终创造了人类历史上中国革命的战争奇迹，我们走出了一条“小米加步枪”的革命胜利之路。中国共产党领导的中国新民主主义革命的胜利是无产阶级革命胜利的必然，具有这一必然性的核心即是对人民的角色认知和主体定位。“没有调查就没有发言权”，“从群众中来，到群众中去”的主体定位，从实践理路上给中国社会主义建设事业指明了国家治理的核心主线。此时人民主体性的运用和功能在改革开放的发展战略中得到新的阐释，中国特色社会主义开启了“摸着石头过河”长达几十年的实践探索，坚持人民主体性，尊重人民的首创精神。人民主体性的实践运用和价值评判标准成为共同富裕理论的设计前提和实践目标指向。改革开放发展战略不仅仅是中国特色社会主义的时代要求，从人的主体性发展而言，更多地是人的主体性需求和社会结构、国家发展状况之间的矛盾，主体的拥护与否、主体的赞成与否，主体的高兴与否和主体的答应与否作为社会发展的显性依据贯穿于改革开放过程的始终，并延伸于改革开放的全部领域，而最终决定着改革开放的深度和广度，只要人的主体性需求不断发展变化，改革开放这一解放生产力、发展生产力的战略举措就没有终点。但人的主体性发展的终极目标并非单个主体的自由解放，关于这一点马克思在《共产党宣言》中明确论证了每个人的自由发展是一切人自由发展的条件。所以共同富裕并非仅仅

① “社会结构和国家经常是从一定个人的生活过程中产生的。但这里所说的个人……是从事活动的，进行物质生产的，因而是在一定的物质的、不受他们任意支配的界限、前提和条件下能动地表现自己的。”参阅马克思恩格斯全集：第 3 卷 [M]. 北京：人民出版社，1960：29.

② “动员了全国的老百姓，就造成了陷敌于灭顶之灾的汪洋大海，造成了弥补武器等等缺陷的补救条件，造成了克服一切战争困难的前提。”参阅毛泽东选集：第 2 卷 [M]. 北京：人民出版社，1991：480.

是每个人在经济领域的齐头并进，究其本质是依据人的自由全面发展的理论逻辑而做出的经济战略设计，这也是治国理政中人的主体性发展的根本价值所在。新时代"人民性"嵌入进治国理政的各个领域，在世界局势不断变化的复杂背景下，中国特色社会主义始终保持与时俱进，从发挥人民主体性中不断获得不竭的生命力。

四、主体方法论以马克思主义哲学为方法论基础

作为科学的世界观和方法论，马克思曾不断论证人的本质和人对历史发展的作用，历史活动是群众的，人民群众的活动不断拓展着实践的深度和广度，而群众所获取和享用的活动空间的大小决定国家发展的程度和国家发展的空间。在这一空间里，人主体需求满足的程度相应地决定着国家的发展。就此而言，人作为社会发展的实践创造主体，马克思的人民主体性思想为国家治理提供了世界观和方法论原则。《德意志意识形态》中马克思提出"个人存在"是人类历史的首要前提，正是这一"个人存在"使"社会知识"一次比一次更深入地变成了"直接的生产力"，人的主体性在社会生活的过程中，更大程度利用主体所具有的智力力量改造社会生活①。这不仅仅论证了人主体发展的走向，同时为国家发展提供了路径和方法。社会历史的发展以及社会发展的状态，取决于从事社会实践的人，即社会实践的主体，社会历史创造者的主体这一人的因素。在马克思那里，人是推动社会变革的主体，社会发展必须依靠人民，依靠广大的群众，形成社会变革的合力才能实现实践发展的最终目的。历史发展的实质在于作为历史主体的人的实践活动，在于现实的人及其发展。人民群众的实践开展和实践行为"制约着整个社会生活、政治生活和精神生活的过程"。人民群众从事社会历史的实践渗透在日常生活的个体行为之中，其行为的实践走向和价值取向取决于整个社会发展的现有状态和这个社会发展的战略规划上。这一方法论原则被中国共产党创造性运用到了中国革命和国家治理中。坚持人民主体地位，发挥人民主体参与性，把人民主体性原则贯穿于国家治理的大政方针中。习近平指出："一个国家选择什么样的治理体系，是由这个国家的历史传统、文化传统、经济社会发展水平决定的，是由这个国家的人民决定"②。从"四位一体"到"五位一体"的中国特色社会主义建设，依据人民主体性，不断丰富和发展，生态建设的补

① "自然界没有制造出任何机器，没有制造出机车、铁路电报、走锭精纺机等等。它们是人类劳动的产物……是物化的知识力量……固定资本的发展表明，一般社会知识，已经在多么大的程度上变成了直接的生产力，从而社会生活过程的条件本身在多么大的程度上受到一般智力的控制并按照这种智力得到改造。"马克思认为，生产工具只不过是"已经在生产中实现了的科学力量"。参阅马克思恩格斯全集：第 46 卷下册 [M]. 北京：人民出版社，2006：285，219−222。

② 中共中央文献研究室．习近平关于全面深化改革论述摘编 [M]. 北京：中央文献出版社，2014.

充，进一步诠释了人民主体性原则对于国家治理的方法、内容和路径选择的决定性意义。“以人为本”到“以民为本”，使国家治理的功能性、实践性和目标性更加具体，主体更加明晰，价值指向更加明确。从方法论的角度分析，“以人民为中心”的发展思想是治国理政的方法论总纲，精准扶贫、党史教育等治国理政的具体决策要求是人民主体性方法论原则在国家治理实践中的具体而自觉地运用。在国家建设和社会发展过程中，国家治理的方法和路径纷繁多样，依据不同时期、不同社会发展状况会生成和创新出更加科学而具体的方法、路径和战略决策，但统领所有战略决策的核心方法只有人民主体性这一方法论原则。习近平强调并要求党员干部要把以人民为中心的发展思想贯彻到治国理政的全部活动之中，把群众工作和社会发展统一结合，贯穿到社会管理工作的方方面面和每个具体环节，深入调查，认真研究新时代人民群众的需求和期待，不断探索和积极创新群众工作的新方法。这些论述是对人民主体性方法论的基本遵循，是推进国家治理体系和治理能力现代化的关键环节。

新时代中国特色社会主义运用何种思路、如何进行改革发展，如何应对和处理发展中出现的新情况和新问题，保证各项战略决策落实到位。对于社会实践发展路径的本质和必然选择，马克思人民主体性思想在中国化的进程中充分凸显和发掘人这一创造主体为新时代中国特色社会主义的纵深发展提供了科学而具体的方法论指导。

五、主体价值论以马克思人的自由全面发展为原则

人民群众是社会历史的创造者，通过运用马克思主义哲学的基本原理价值主体论得出“人创造环境，同样，环境也创造人”① 这一历史唯物主义观点，以及科学社会主义人的自由全面发展的终极价值，来分析中国发展的价值旨归。人民主体性是国家治理的根本方法论原则，人民性是国家治理的根本政治立场和价值原则，人民决定国家治理的进程、性质和最终价值目标。国家治理中，衡量一切工作好坏、成败的标准源于人民的评判。这种主体性原则是中国共产党历届领导人坚守的中心思想和价值准则。首先，在制度设计上，始终以人民作为社会制度设计和制定的根本出发点，最终让人民评判制度的实施结果。人民是制度设计中需要考虑的人的因素，人是执行社会制度的主体，是把社会制度转化为实践生产力，实现物尽其用，资源最优配置，使人的因素和物的因素综合作用，并辐射这种作用的发生机理和渗透力，实现社会变革、推动社会发展的主体。其次，在发展战略上，始终立足于人民共享发展这一关键点上。在中国特色社会主义发展战略构想中，实现共创共治共享的共享发展和全面建成小康社会等发展战略思想饱含着强烈的重民、亲民、爱民、惠民

① 马克思恩格斯选集（第 1 卷）[M]. 北京：人民出版社，2012：172.

的民生情怀，把人民这一评判主体置于国家治理的实践层面，同时又具有人民是评判主体的价值内涵。“知屋漏者在宇下，知政失者在草野。”中国特色社会主义和国家治理唯一的评判主体是人民，人民对国家治理的满意度和认同度即是评判标准。评判的具体内容是人民拥有获得感、幸福感和安全感，而人民对国家治理的评判结果最终决定着民心的向背，决定着中国共产党的执政地位。立场对否，价值定向准否，道路坚持对否，治理内容实否，治理结果如何，人民是评判这一切的主体。

通过纵横向分析，主体认识论、主体方向论、主体目标论、主体方法论、主体价值论五个部分，结构完备，内容丰富，逻辑紧密贯通，贯穿了马克思主义哲学、政治经济学、科学社会主义三大领域，形成了一个有机的系统理论体系。

第三节　马克思人民主体性思想中国化的主体逻辑

人民主体认识论、人民主体方向论、人民主体目标论、人民主体方法论和人民主体价值论构成马克思人民主体性思想中国化的内在逻辑严密、内容丰富的理论体系。基于这种逻辑，马克思人民主体性思想的中国化按照“缘何以人民为主体”、“如何以人民主体”、“怎样以人民主体”这样一个逻辑顺序展开。

一、主体认识论：缘何人民为主体

主体认识论回答“缘何人民为主体”的问题。经济全球化和世界多极化正在持续深入发展，局部冲突和动荡频发，国际政治体系结构和国际政治力量对比虽然有很大变化，但整个世界的经济秩序和政治秩序并没有得到彻底改变。“一球两制”的历史现象将长期存在。资本主义对我国进行意识形态的渗透从来不会停止，而且会变化各种手段愈演愈烈。坚持人民主体性，以人民为中心，推动中华优秀传统文化的创造性转化、创新性法发展，构筑中国精神，增强意识形态领域的主导权和话语权，为人民提供精神指引。中国改革开放40年以来，中国一直致力于提高社会生产力，尤其党的十八大后，中国经济、政治、文化、社会、生态等领域发生深刻变化。尤其是经济发展进入新常态，转变和创新发展观念、转变发展方式，注重发展质量和效益的提升。社会主要矛盾的变化对中国共产党治国理政提出了许多新要求。如何不断提升发展质量和社会效益，解决好社会发展不平衡不充分的问题，“更好满足人民在经济、政治、文化、社会、生态等方面日益增长的需要，更好推动人的全面发展、社会全面进步”[①]？这是新时代中国特色社会主义发展到新阶段的内在要求，也是社会主义本质体现的必然要求。同时，经济的发展带来人民群众的主体意识增强和主体诉求的充分表达。新时代，全面建成小康社会，实现中华民族伟大复兴，破解国内难题、化解国际冲突，除了坚守人民本位，保持党同人民的血肉联系，团结全国各族人民，提人民群众的向心力和凝聚力，为人民搭建实现人生出彩的舞台，别无他途。

二、主体方向论：如何以人民为主体

人民主体方向论从生产关系和生产力的角度回答了坚持人民主体地位的必要性，体现了在社会历史实践中人民是历史发展的动力的内涵。人是生产力中最活跃的因素，人在实践中自主自觉的程度决定了生产力的程度，生产力水平的高低直接决定了人在生产中所结成的生产关系的构成。而生产什么，为谁生产，决定着劳动者的本质和劳动者对劳动成果的占有能力。坚持人民主体地位，人民是历史发展的动力，是决定劳动性质的根本，使决定劳动成果是否归属人民的基础和前提。生产关系构成着一个社会的基本制度和具体体制。我国人民民主专政的社会主义国家的性质决定了我国社会的基本制度的核心是人民本位，人民为政治主体、经济主体和分配主体。我国的根本制度是社会主义制度，是人民当家主的制度。主体方向论从根本制度上规导了社会基本制度和具体体制的生成和完善。当生产关系与生产力发生矛盾并严重阻碍生产力发展时，必须改变社会根本制度以推动生产力的发展，革命就成为必然。具体体制与生产力发生矛盾时，则需要通过社会制度自身的完善，改革就成为必然。我国社会主义制度是与生产力相适应的，提高和推动生产力还有赖于具体体制的完善和创新。新时代全面深化改革的重要工作就是对各项具体体制的调整、丰富和完善。人民主体方向论决定了改革的方向，改革必须坚持人民主体地位，坚持科学社会主义基本原则坚持四项基本原则。如此，在发展中无论出现任何新情况、新问题，发展走向何处、何境，人民主体性都是我们贯穿始终的核心。

三、主体目标论：人民主体的发展问题

主体目标论是回答了“为谁发展”、“怎样发展”、“实现什么样的发展”一系列问题。“以人民为中心”的发展思想概括了发展为了人民、发展依靠人民，增强人民群众的获得感、幸福感、安全感和归属感，最终实现“以人民为中心”的发展态势。新时代，我国社会取得了前所未有的成就，但随着中国特色社会主义的深入发展，

① 习近平．决胜全面建成小康社会夺取新时代中国特色社会主义伟大胜利——在中国共产党第十九次全国代表大会上的报告（2017年10月18日）[M]．北京：人民出版社，2017：12.

新情况、新问题不断涌现，人们的思想观念和生产意识在现代化的浪潮中出现信仰危机和错误认知。信仰危机分化着人民主体性的共识。一个民族从哪里来，要到哪里去；一个国家怎样发展，要发展向何处去；一个国家的人民要过什么样的生活，要达到什么样的美好程度。这些都是关系到一个国家的人民信仰的问题。从国家政权合法性来讲，人民对国家的拥护和认同程度是国家的合法性基础。以人民为中心明确国家治理的目标，关系到国家政治合法性基础。主体目标论用以指导国家治理，会坚定人民对党领导下的政治体系、政治制度的确信和认同。从国家治理来讲，人民对劳动的正确认知会增强人民对共同富裕的信心，自觉认同“重义轻利”的传统美德，国家治理就会在民族大融合、大团结的浪潮中稳步前行，社会发展的实践合力得以成为现实。从社会发展目标来讲，中国改革开放经过40多年的发展，取得了令世界瞩目的成就，但它的不均衡性日益凸显，利益固化的格局日渐凸显，这在极大程度上会阻碍人民主体性的发挥。“所谓利益固化，是指既得利益集团、阶层或群体通过阻碍改革、僵化体制等途径，维持自身对既得利益的持续占有，导致利益在团体内固定下来的现状或趋势。”[①] 主体目标论将会在社会的全面发展中对目标进行精准定位，规定发展最终要实现的结果。

四、主体方法论：人民主体发展的路径问题

主体方法论主要回答了坚持人民为主体的战略决策、具体制度实施的方法和路径等问题。进入新时代，中国特色社会主义成就卓著，但面临的困难挑战和冲突问题前所未有。如何坚持人民主体地位，把以人民为中心的发展目标贯穿到社会发展的各个领域，真正实现人民当家作主，实现人的自由全面发展，让改革的成果惠及全体人民。马克思人民主体性思想的新时代发展运用唯物辩证法，系统地提出了人民共创共建共治共享等一系列方法和路径。结合新时代中国特色社会主义发展的实际情况，加强顶层设计和总体规划，布展一项项具体而科学的发展策略，及时处理发展中出现的各种冲突和问题。发挥人民主动性，干在实处，走在前列，和全国人民一道协同推进中国特色社会主义事业。

五、主体价值论：人民主体的价值评判问题

主体价值论主要回答了发展为了谁、依靠谁、以谁的利益为标准来衡量发展成效和目标实现的问题。马克思这一精辟的论述，充分论证了人民在发展中的动力作用和主体地位。习近平多次强调：人民群众是我们力量的源泉，人民是社会历史的

① 和军，李绍东．垄断利益固化机制与突破路径[J]．理论导刊，2013(02)∶30.

创造者，人民群众才是社会历史发展的真正英雄。人民是发展的主体和价值主体，改善民生，保障人民各项权益，以人民的满意度为衡量标准。中国特色社会主义必须紧紧依靠人民不断发展和完善，坚持党是领导一切的核心和主导，坚持人民主体性，充分发挥人民的积极性、主动性和创造性，以最大限度地凝聚共识推动发展，不断地由人的自觉状态向自主、自由状态发展。

马克思人民主体性思想中国化理论体系的五个逻辑组成部分，从提出问题、分析问题，再到解决问题这个逻辑顺序依次展开，整个论述脉络清晰，层层递进、环环相扣，构成了一个严密的逻辑整体。

第四节　马克思人民主体性思想中国化的理论层次

理论的三个层次，根据理论的抽象——具体程度，可以将理论划分为宏观理论、中观理论和微观理论等三个层次。[①] 在分析马克思人民主体性思想中国化的内容结构和逻辑结构的基础上，对其论述所呈现的理论层次进行分析，对于进一步深化对马克思人民主体性思想中国化的研究，具有重要的价值和意义。本文将根据理论的三个层次，从宏观到微观，再到中观对马克思人民主体性思想在新时代发展进程中所呈现出的理论层次予以分析。

一、宏观层次

相对而言，宏观理论（或一般性理论）更多地作为研究者观察问题、分析问题的一种理论视角或理论背景。一般不用于直接解释具体的经验现象（或不直接为解决具体问题提供具体的指导或具体的技术），往往以广泛的经验现象为对象，提供一种高度概括的、一般性的解释框架。基于马克思主义基本原理，马克思人民主体性思想在新时代发展中对人的本质理论在中国特色社会主义事业建设实践中进行了深化和发展，首先厘清了人的劳动的本质内涵，人民是历史的创造者这一动力问题，把人的需要的满足作为发展的价值目标。这为治国理政提供了科学的世界观，有助于党在实际工作中对人民形成科学系统的认识。对客观世界社会基本矛盾运动的认识，马克思人民主体性思想在新时代发展中其实本质上回答了全面深化改革的内在动力问题，回答了我国社会基本矛盾的发展和变化的根本原因是人民主体性的发挥程度。对共产党执政规律的认识，马克思人民主体性思想在新时代发展中探索出了一系列从政治国的新

① 风笑天．社会学研究方法 [M]. 北京：中国人民大学出版社，2000：4-10.

理念、新方法，进一步深化了广大党员对共产党执政规律的认识，使广大党员干部深切地认识到人民对于政权稳固的重要性。新时代中国共产党通过对中国特色社会主义发展规律的认识，科学把握中国特色社会主义发展的基本规律，通过对人民主体性的论述，厘清了中国国家治理的本质问题和基本方向问题，明确新时代中国特色社会主义的总任务，所有发展的战略决策和发展方略都要服务服从于这个总任务。关于人类社会发展规律的认识，探索出了世界共同发展的理论构想。人类命运共同体从本质上蕴含着马克思“真正的共同体”，“自由人的联合体”的理论底蕴。所以有学者说，人类命运共同体是马克思“真正的共同体”思想在当代中国的实践。[①]

从人类社会发展的一般规律来分析和考察马克思人民主体性思想在新时代发展中呈现的内涵，新时代发展关于人民的论述和实践作为从理论上和实践上都包含着生产力和生产关系、经济基础和上层建筑的矛盾运动关系。马克思人民主体性思想的新时代发展深刻蕴含了对现实社会发展规律把握的科学性和实践性。中国经济现在向纵深发展，改革发展到深水区，发展过程中出现的深层次问题也愈加凸显。国家治理现代化仍需要进一步提高，社会的公平正义在现实分配领域尚存在明显的不足，甚至缺失。单从现阶段分配的公平正义这一现实情况而言，必然牵制和影响整个社会生产关系的构成和生态发展，由此衍生出社会关系的复合物和衍生物便成为可能，必然阻碍社会生产力的发展。“人们是现实的、从事活动的人们，他们受自己的生产力和与之相适应的交往的一定发展——直到交往的最遥远的形态——所制约。”马克思人民主体性思想的新时代发展充分认识到人们的存在就是人们自己的现实生活过程，在这个过程中，人的“意识 [das Bewuβtsein] 在任何时候都只能是被意识到了的存在 [das Bewuβte Sein]”[②]，基于此，马克思人民主体性思想中国化对这个时代和社会发展的规律充分把握，分析个人的现实生活过程和活动，从现实的、有生命的个人本身出发，人的“每日每时从事的历史活动，是一切历史的基本条件”[③]，提出坚持人民至上、坚持问题导向、坚持守正创新、坚持系统观念、坚持胸怀天下，让人民成为自己每日每时所从事的历史活动主人。因为对于人民而言，“即使感性在圣布鲁诺那里被归结为像一根棍子那样微不足道的东西，它仍然必须以生产这根棍子的活动为前提”[④]，这就为人民提供了生产活动的理论指导。在社会发展过程中，生产力、社会状况和思想意识这三个因素，由于在现实条件下，人们享受和劳动、生

① 康渝生、陈奕诺．“人类命运共同体”：马克思“真正的共同体”思想在当代中国的实践 [J]. 学术交流，2016(11)．

② 马克思恩格斯选集（第 1 卷）[M]. 北京：人民出版社，2012：152.

③ 马克思恩格斯选集（第 1 卷）[M]. 北京：人民出版社，2012：158.

④ 马克思恩格斯选集（第 1 卷）[M]. 北京：人民出版社，2012：158－159.

产和消费等这些实践，所从事的精神活动和物质活动等，都必须要由拥有不同技术的人来分担，才能使实践变得有价值和意义。这同时也注定了这样一个事实，三个因素之间因为分工的存在彼此之间可能而且一定会发生矛盾。如何解决这一矛盾，推动生产力的发展？在马克思那里，“要使这三个因素彼此不发生矛盾，则只有在消灭分工”。然而现实情况是，社会发展的现实所需是当社会发展还需要分工承担所必需的重任之时，分工不但具有存在的现实性，更具有存在的必要性。“人民共创共治共享”的发展思路在允许分工充分发展无限细化的同时，给社会主义发展提供了一个相当有借鉴性和操作性的发展方案。由创造人民共创共治的发展格局，在这个过程中，通过生产力和生产关系的不断调整和变革，使人民群众在自己的实践劳动中不断实现着社会资源和价值成果的共享。这不仅是人类社会发展规律的体现，更指明了人类社会未来发展的趋势。这一趋势不以任何人的意识和行为发生改变。恩格斯在《共产主义原理》里对新的社会制度（共产主义——笔者注）进行了阐述，整个社会“为了共同的利益、按照共同的计划、在社会全体成员的参加下来经营”①，“这种新的社会制度将消灭竞争，而代之以联合”②，以“共同使用全部生产工具和按照共同的协议来分配全部产品”，它要实现的共享问题在马克思看来，生产资料“由社会全体成员组成的共同联合体”共同占有，每个劳动者拥有生产资料的所有权，平等地参加社会的生产和再生产，创造社会财富，并最终集中在社会财富和生产资料的分配领域，人人得以拥有财富管理和财富分配结果的公平性和正义性，每个人的一切合理的需求和需要都能在越来越大的程度上得以实现和满足。这也即是马克思人民主体性思想在新时代发展中中国化时代化的价值所在，这也更凸显人民主体性。

综上概之，马克思人民主体性思想的中国化从宏观理论维度呈现了这些思想观点的宏观层次，架构起整个理论体系的框架，使具体的战略决策具有整体的理论指导和方向把握。

二、中观层次

中观层次介于宏观层次和微观层次之间。它基于某一方面的现象为研究对象和宏观理论，并以某一类现象提供一种相对具体的分析框架。从这个意义上而言，中

① 马克思恩格斯选集（第 1 卷）[M]. 北京：人民出版社，2012：302.

② 在这里，恩格斯所谓的“竞争”表征为这样一种概念内涵：“竞争不过是单个私有者经营工业的一种方式”，这种竞争满足的是单个私有经营者的个人利益。恩格斯的这一概念完全诠释了当前社会经营状况和私有结构的复杂所进行的竞争行为，这种竞争行为往往造成资源占有的不均衡和财富分配的不公平。这同时也更印证了“人民共创共治共享”所体现的共产主义原理和人类社会发展的一般规律，共创共治共享从深层次上规制了社会主义发展的体制和机制。参见马克思恩格斯选集（第 1 卷）[M]. 北京：人民出版社，2012：302.

观层次理论是针对某一领域、某一社会问题或某一发展目标，提出一个整体的战略框架或方针政策。马克思人民主体性思想在新时代发展中的中观理论层次更偏重于理论如何应用和如何在实践中具体操作。对新时代民生发展、民生诉求满足的程度和民生凸显的问题的认识，凸显民生，着重解决人民群众的衣食住行等生活需求，提升民生地位，拓展民生外延，充实民生内容，激发民生动力，通过各种具体经济发展战略不断增强人民的获得感和幸福感。

对民主政治建设中人民主体意识的认识，运用马克思主义的立场、观点和方法，以人民为中心，凸显人民政治地位，推进政治体制改革，保证人民当家作主，全面加强党的领导，保障人民政治权益，这是提升人民主体意识的重要前提和条件，对此具有一系列部署和安排。关于对民主政治建设中人民主体意识的认识。习近平强调，继续深入推进政治体制改革，加强人民满意的服务型政府的建设和完善。关于对人民整体思想观念和文化素质的发展的认识。牢牢掌握意识形态工作的主导权和话语权，深入培育和积极践行社会主义核心价值观，加强思想道德建设，坚持以人民为中心的创作导向，繁荣社会主义文艺，推动文化事业和文化产业的蓬勃发展。这些重大战略部署，整体规定和具体指导着中国特色社会主义文化建设的发展。关于对社会协同治理中人民主体性的参与度认识。不断促进社会的公平正义，创造良好的社会平台，使每个人都有出彩的机会。人人尽责、人人享有，形成有效的社会协同治理格局在良好的社会秩序和完善的社会保障体制下，充分发挥人民主体性，推动全社会形成强大的发展合力。马克思人民主体性思想的新时代发展为新时代加强和创新社会治理提供了具体的理论指导。关于对党的建设要以人民本位的认识。坚守人民本位，义正言辞地提出，坚持党要管党，全面从严治党，营造风清气正的党内政治生态。从人民本位出发，夯实党的理想信念宗旨的根基，全面推进党的建设各项内容，把制度建设贯穿其中，深入推进反腐败斗争，加强党的执政能力建设。

“人民共创共治共享”充分彰显了中国社会主义发展过程中“以物为本”最终向“以人民为中心”的飞跃，回答了新时代我国处于整体社会转型升级的关键时期所凸显的诸多根本发展问题，回答了如何应对和适应当前社会发展阶段高质量发展的转变问题。人民是社会发展的动力和智慧集合体，如何激发人民主体动力和主体智慧，激发人民的创新动力，“人民共创共治共享”为这些问题的解决提供了科学的理论指导和方法论。人民共创共治共享体现了中国特色社会主义的本质要求。从发展本质上而言，人民共创共治共享是共同富裕思想的深化和提升。首先，人民共创共治共享的新谋划要实现的不是少数人共享，一部分人共享，它要实现的共享是改革发展的成果为全体人民共享的人人享有、人人各得其所的全民共享。这是共享要实现的辐射性格局。其次，党的十八大以来，党的“五位一体”总体布局更加注重建设的全面性和均衡性，这就关涉到共享横向格局，人民共享要实现全面共享，共享成果的全面性和综合性是衡量共享程度的重要标准。再次，从共享的纵向格局来看，人民共享的本质和内涵更偏重于实现共享目标的过程，即是共创、共建、共治的实践参与过程，在这一实践参与过程中，人民的物质需要和精神需求将在自己的实践活动中，在自己的创造性劳动中的得以满足和不断提升，对自己劳动成果的占有和再利用，其实质就是共享的过程。最后，人民共创共治共享是一个渐进的实践的过程，这期间实现的人民共享必然经历一个从低级到高级、从不充分到充分、从不均衡到均衡这样一个过程。这个过程如同中国特色社会主义建设的过程一样，呈现一个螺旋式的渐进上升状态。这即是说，即是人民共享达到一个较高的水平时，人民之间实现共享的程度和达到的水平仍然存在差别。这完全符合中国特色社会主义的发展规律。一般性规律和具体性规律的统一是分析一个社会发展所呈现出来的曲折性和前进性的科学依据。人民共创共治共享的过程从本质上同样体现了一般性规律和具体性规律的统一。在全面建成小康社会，实现中华民族伟大复兴的伟大进程中，尊重和利用一般性规律和具体性规律，树立人民共创共治共享的发展理念，坚持人民主体性，坚持人民主体地位，以人民为中心发展，坚持发展成果由全体人民共享。在具体发展过程中，不断调整发展的战略决策，做出更有效、更科学的制度安排，凝聚共识，不断增强人民共建共创共治的发展合力，增强发展动力，更加深入地团结一切可以团结的力量，实现全民共创，不断在共创的过程中实现发展坚持人民主体性，坚持人民主体地位，以人民为中心发展，人民共享发展劳动的成果，不断实现主体的价值。这些中观层次的思想论述，治国理政思想，为具体的战略决策、社会发展的具体方案的制定和实施，提供了科学的指导。

三、微观层次

考察马克思人民主体性思想在新时代发展中的微观理论层次，主要从十八大以来中国共产党治国理政的各项具体的发展战略和具体部署上考察。微观层次理论实质上是中观理论的更加具体化、细致化和个案化。按照中观理论的具体的战略安排，在实践中针对具体领域的建设和具体方面的问题实施具体的发展方法和路径。针对老龄化人口的增加，提出一系列养老服务体系，社区养老服务，老年人医疗救助基金等，切实提升了老年人服务保障体系。针对不同贫困区域环境、不同贫困农户状况，提出精准扶贫，根据具体扶贫对象精准识别、精准帮扶、精准管理，这种扶贫方式的创新出实招，见真效。2021 年后，中国反贫困斗争突破了平台式发展形态，而进入层叠式纵深发展模型的结构重建。以收入增长为基础的多元化财富形态等的出现，随之带来高净值人群、创业方式、财产性收入、理财思维、消费结构等结构性要素的出现。财富收入的结构性叠加式变化，相应的是贫困发生率的快速下降：2020 年底 9899 万农村贫困人口全部脱贫，对全球减贫贡献率超过 70%，贫困发生率从 1978 年高达 97.5% 到如今彻底摆脱贫困（世界减贫的中国贡献，人民日报海外版，2021—06—08）。1949 年新中国成立时，城乡居民的恩格尔系数分别高达 80%、90%，2020 全国居民恩格尔系数为 30.2%（中华人民共和国 2020 年国民经济和社会发展统计公报，国家统计局，2021—02—28），消费结构呈现多元化、追求型态势：信息（13%）、教育文化娱乐（9.6%）、医疗保健（8.7%）(中华人民共和国 2020 年国民经济和社会发展统计公报，国家统计局，2021—02—28）。从社会主要矛盾的变迁和人民主体性原则角度理解中国反贫困斗争，通过人的社会行为的变迁、人民需求的演变与反贫困斗争的内容变迁，把人民主体性纳入反贫困进程中进行讨论和研究远远不够。中国反贫困斗争史同时也是人民主体性发展史，反贫困斗争直接启动人的主体需求和社会发展的互构[①]式过程，而人的主体性在这一过程中，经历着期待式救济——被动式卷入——自主性统筹的进路变迁。鉴于此，从反贫困的视角，通过反贫困政策体系的客观评估、深入分析人民主体性的发展图谱，不但有助于未来精准扶贫和发展脱贫战略的调整和完善，而且也有助于在人民在反贫困进程中增强人的可行能力，最终反哺中国的反贫困事业，推进贫困治理体系和贫困治理能力现代化。

“实现公平正义是我们党的一贯主张”，“通过制度安排，依法保障人民权益，逐步建立社会公平保障体系，努力营造公平的社会环境，保障人民平等参与、平等发展的权力”。[②] 首先，完善的社会保障制度。实现真正意义上的人人尽责、人人共创、人人参与、人人享有的发展格局，“所有的劳动者在推动发展中分享发展成果”[③] 新时代治国理政中，中国共产党更加注重社会保障体系的完善和发展，强调不断进行制度安排，保障社会的公平正义。无论社会发展处于哪种阶段，制度是社会发展的基础性前提，它不仅是衡量执政党执政能力和执政水平的标准，也是社会公平正义的重要保证。从“人治”到不断改革和完善中国特色社会主义的社会、政治、经济、

① 郑杭生提出社会互构论的概念，“个人与社会、国家与社会关系这一现代性过程的重大问题的研究，具体指社会行动主体间多元互构、并立共变关系的理论系统”，“着眼于个人与国家、社会与国家等多重关系，解释利益共同体与权力系统的互构、非制度行动与制度性行动的交互建构”。由这一观点出发，民生建设即可理解为国家与人民的互构共变是解释贫困现象的根本依据，也是缓解贫困、民生建设的根本出路。郑杭生、杨敏：《社会互构论：世界眼光下的中国特色社会学理论的新探索》，北京：中国人民大学出版社，2010 年，第 199，459 页

② 中共中央宣传部．习近平新时代中国特色社会主义思想三十讲 [M]. 北京：学习出版社，2018：21−232.

③ 中共中央宣传部．习近平新时代中国特色社会主义思想三十讲 [M]. 北京：学习出版社，2018：21−229.

文化和生态等体制机制，是中国共产党不断进行制度创新，努力克服人为因素等造成的社会不公平的现象。制度建党、制度治国，强化党对于制度建设的执政意识，加强党对于制度建设的执政能力的提升，才能在治国理政中保证全体人民协同参与的平等性，使人民最大限度获得共创共治的物质基础和实践基础，从而在实践中释放自身的最大活力，积极推动社会的发展和进步，也最终能实现执政建设各项战略决策的目标。其次，机会均等、社会资源共享机制。“人民共创共治共享”这一共享发展理念实质上是一个综合性的价值导向，它对社会发展的动力，发展规律以及发展的价值目标做出全面的探索和实践。共创共治共享的整体实践就是要实现人人平等参与和发展的机会均等，实现社会资源人人得以共享的现实。然而事实却是，不平衡不充分的社会发展和人民对美好生活需要之间的矛盾冲突，这一矛盾成为新时代我国社会的主要矛盾。这一现实情况决定了我们要正视当前社会社会资源不充足，而且分配和占有不均衡的现状。如何改变这一发展现状，需要中国共产党把这一现状统筹进治国理政的全过程，不断探索积极解决这一社会发展问题的新方法和新路径，不断创新执政思想，把共享发展规律贯穿于执政兴国的具体战略实践中。最后，在制度建设方面，新时代中国共产党建构起的精准扶贫体系，精准扶贫，制度扶贫，创新扶贫方式，扶贫开发工作呈现新局面。这一战略举措是实现社会公平正义，全面推进和促进人民的时代创新，是党对于改革“红利”的主动转移支付，充分体现了改革发展的成果为全体人民所共享的价值旨归。“加大对革命老区、民族地区、边疆地区、贫困地区的转移支付。实施脱贫攻坚工程，实施精准扶贫、精准脱贫，分类扶持贫困家庭，探索对贫困人口实行资产收益扶持制度，建立健全农村留守儿童和妇女、老人关爱服务体系。”[①]这些发展理念的提出，充分体现了中国共产党对发展范围的具体性，推动了一系列惠民、为民服务工程的建设和完善，也成为党的执政建设中的创新，党的执政建设也更具有实效性，充分体现了社会主义制度的优越性。为“蛋糕”做大做了系统而具体的整体战略规划。协调推进“四个全面”战略布局，使这块“蛋糕”不但具有了量的积累，而且越来越注重“蛋糕”的质的提升，全面建设小康社会为蛋糕提供了精致的制作方案。如何按照这个制作方案把这块“蛋糕”做大做好，“四个全面”战略布局提出，全面从严治党、全面依法治国和全面深化改革等三大战略安排，推进国家治理现代化。

新时代马克思人民主体性思想中国化的微观层次覆盖了新时代中国共产党治国理政的方方面面，渗透到“一枝一叶总关情”的具体问题和建设领域里，用老百姓的话说就是，“对症下药，药到病除”。马克思人民主体性思想中国化的微观层次更

---

① 中国共产党第十八届中央委员会第五次全体会议公报 [M]. 北京：人民出版社，2015：14–15.

加浓缩了中国共产党对人民的情怀和使命，对人民主体性的坚持，真抓实干，不能光喊口号，充分体现了一个坚定的马克思主义者对劳苦大众所肩负使命的矢志不渝，砥砺前行。

第六章
马克思人民主体性思想中国化的实践理路

新时代马克思人民主体性思想的中国化基于以习近平为核心的中国共产党领导集体对人民深厚的感情和对人民历史动力原理的认识，包括感性的体验，但更深次的则来自以于对人民、对人民主体性的理性的认知和实践提炼，是马克思主义唯物史观最根本的时间体现和现实丰富。习近平曾深情地说，对人民，要深深懂得人民是历史创造者，才能爱得彻底、真挚、持久。如何懂得，这是获取理性认识的前提条件。这就关涉到一个根本性的问题——实践。从实践中获取对人民的理性认识，使感性认识上升到理性的总结，不断形成对人民是历史创造者的历史唯物主义和实践唯物主义立场和思维。马克思人民主体性思想的中国化随着治国理政的全面展开而不断充实和丰富，这是人民主体性在新时代实践中运用和发展的必然结果。坚持人民主体地位，充分发挥人民主体性，需要经由实践才能显现出人民主体性的诸多人民思想，以人民为中心谋篇布局，把人民主体性贯穿和渗透到治国理政的全部活动之中，赋予这些思想论述以更强的理论性、现实性和操作性，在更大程度上体现了马克思人民主体性思想中国化理论体系所内含的精神要义和核心价值。为此，从实践上建构和彰显马克思人民主体性思想在新时代发展中的理论体系和价值意义，考察新时代关于人民的论述、观点和理论在实践中的运用和彰显，让人民主体性的普照之光照耀社会生活的各个领域，发挥人民主体性，积极推进中国特色社会主义事业的伟大进程，是马克思人民主体性思想中国化时代化所担当的理论和实践使命。

第一节　凸显民生以增强人民获得感

马克思人民主体性思想的中国化首先体现在经济领域的建设和发展上，通过经济发展，改革和调整经济发展中诸多不适应生产力发展的体制机制。而人民主体性思想的新时代发展在经济领域的建设实践中又集中反映在对民生问题的关注，这集中体现了人民主体性思想在新时代发展中的理论目标和价值指向。“让老百姓过上好日子是我们一切工作的出发点和落脚点”，民生是一个社会发展的基础性问题，是社会和谐稳定、实现公平正义的前提，人民生活幸福的根本之基。马克思恩格斯在论述人的社会存在，以及人的社会存在所赖以发展的前提和基础时指出，人必须能够解决生活所需，能够正常生活，这是人类生存的第一个基本前提，人类一切历史都是从这一基本前提出发，不断发展进步的。人们在劳动中生产满足人们“需要的资料”，这些需要的生产资料，首先是物质资料，物质资料的获得是人进一步发展自身世界的基本条件，由这个基本条件出发，人的精神世界的需求才得以成为可能，人对精神世界的发展和建构决定着人自身价值的实现和人自身的发展，并不断推动着人类文明的进程。“即使感性在圣布鲁诺那里被归结为像一根棍子那样微不足道的东西，它仍然必须以生产这根棍子的活动为前提。”[①] 正是对民生问题的凸显和关注，使得人民主体性思想在新时代发展中具有鲜明的民生指向，也使得新时代党的民生建设呈现出新内容、新形式和新特点。民生保障、民生改善、民生发展是我国民生建设的图谱，中国的民生保障、民生改善、民生发展的民生建设理路，从根本而言，内在地建构着国家与人民的互构互进关系。人民既是民生建设的对象，又是民生建设的根基和主体，人的主体性的发展和人的主体意识的跃升决定着民生建设的质量和水平。国家“十四五规划”和“二〇三五年远景目标”指出的“十四五”经济发展的关键是坚持“以人民为中心”，并在这一主体性原则基础上提出“十一个坚持”[②]。从国家与人民的互构关系分析，人民主体和价值主体各据发展的起点和终点，并在发展进程中不断型塑国家与人民的现实样态。社会互构论认为“个人与社会之间存在着互相建塑与型构的关系”[③]。以社会互构论为认知范式，阐释国家与人民的互动关系，将国家与人民的互构关系置于民生建设之中，观瞻新时代民生建设进程中人民主体性的发展理路。

---

① 马克思恩格斯文集（第 1 卷）[M]. 北京：人民出版社，2009：286、531.

②“十一个坚持”是习近平总书记在这次会议上对国家发展战略的精辟概括。分别从党的领导，发展原则，路径选择，国家治理等方面论述了坚持以人民为中心，全面依法治国的过程中，坚持党的领导，坚持中国特色社会主义道路，坚持依宪治国、依宪执政，坚持推进国家治理体系和治理能力现代化等。参阅：坚持习近平法治思想——论学习贯彻习近平总书记在中央全面依法治国工作会议上重要讲话 [N]. 人民日报，2020-11-20(01).

③ 郑杭生，杨敏 . 社会互构论：世界眼光下的中国特色社会学理论的新探索 [M]. 北京：中国人民大学出版社，2010：198.

一、民生建设序列的国家与人民的互构演进

我国民生建设分别经受了计划经济、市场经济两大经济体制的主导和影响，它们决定了民生建设不同的构建格局。在不同时期的民生建设进程中，国家和人民的互构关系经历了历史的嬗变和重建，而民生建设的格局决定了国家与人民互构关系的构成。人民是否在民生建设的序列中，这是国家与人民互构关系是否真实存在的认定标准，序列分析是考察国家和人民互构关系的基本前提。从历史逻辑分析，“序列”作为一个动态概念出现在民生建设中，即在民生建设进程中，人民在民生建设的各要素中居于怎样的地位，承担着怎样的角色。

(一) 国家——集体”

新中国成立后，党对农业、手工业和资本主义工商业实行社会主义改造，农业社会主义改造使全国96.3%的农户加入合作社，建立了互助组、初级社、高级社，手工业的社会主义改造使全国90%以上的手工业者加入了合作社，通过国家资本主义形式，改造资本主义工商业的所有制形式，将其纳入社会主义公有制企业。三大改造的完成标志着社会主义制度的建立，也是高度集中的计划经济的开始。建国初期毛泽东就提出共同富裕思想，确立了民生建设的目标。“土地改革运动使上层和下层、中央和地方整合在一起，使中央政府获得巨大组织动员能力，以及政令统一。”[①] 国家通过土地改革给予农民基本生产资料，人民通过公有制下的集体劳动，吃大锅饭，所有生产资料生活资料实行集体分配。城镇民生建设中实行劳动保险等社会保障制度，同时实行暂时性救济。民生建设在短时间内取得了显著成就，改变了民不聊生、食不果腹的社会状况和生活条件。但是，在经济发展、人民需求不断变化的过程中，计划经济逐渐显现出缺陷和不足。“如果经济发展老是停留在低速度，生活水平就很难提高。这不是经济问题，实际上是个政治问题。”[②] 民生建设始终在国家和集体的一端进行单向度输出，僵化的体制机制，高度集中的政策安排和利益分配，人民的主体性被国家的主导型超越，主体自主性在集体统分统筹的指导下迷失消解，人民在民生建设中多数以被救助被安排的弱势群体出现。在这一体制下，人民的行动必然由国家及其所建构起来的集体所塑造，相应地呈现出“强民生，弱人民”的互构状态，人民的主体自觉很难被发掘，或者难以为主体自觉觅得自主行为空间。

① 杜润生自述：中国农村体制变革重大决策纪实 [M]. 北京：人民出版社，2005：20.
② 马克思恩格斯选集（第 1 卷）[M]. 北京：人民出版社，2012：152.

(二) 国家——市场——人民"

从本质上看，"民生"承载着人民的物质需求和精神追求，"民生"依赖于社会生产力发展的水平和程度。改革开放后乃至相当长的一段时期，民生建设在市场经济的指导下，逐步突破政府全能型的发展模式，人民的主体性在市场经济的协调运行中逐步进行意识和行为建构，自觉或不自觉地介入民生建设发展中，国家建设和人民行为产生了初期互构。但是，这一时期"社会结构通常是在政治国家下组织起来的"[①]，这导致在民生和人民之间存在着"中间人"或"代理人"的角色，即各级领导干部。除了作为"中间人"或者"代理人"，他们在民生建设中又兼具"当家人"的身份，这两重身份使得民生建设的张力在落实的过程中出现欲有意强化却无意被弱化的境遇。随着市场经济进入纵深发展阶段，我国进一步实行经济、政治等体制改革，国家采取政策和资源直接性输入，人民成为民生建设链条上的直接受益群体和执行群体。人民在市场经济改革浪潮中经受着被动式卷入、主动性审视等心理流变和行为变迁等一系列主体世界的倾覆和修复。主体世界的革新相应地催生客体世界与之相适应的、相匹配的生产要素等，民生建设的巨大成就直接促成主体需求的满足，为人民主体性提供了前所未有的空间。因此，这一时期的人民主体性呈现出被动性、不自觉性，同时又具有主动性。共同富裕成为人民主体参与的具体性目标，利用更有效的制度安排，为人民创设形态各异的发展空间和平台，共建共治共享的民生发展格局逐步形成。马克思给出了主体性具体呈现的标识是人的个性的不断解放。在他的关于人类社会发展的三大形态理论中，当人还处于对自然、对物的依赖阶段时，人的吃穿住行的状况表现为：无论是在量的占有度上，还是在质的提升度上都尚未获得自由空间的时候，个体主体就一定还处于被役使的阶段，需要被唤醒，人的个性解放就无从谈起，"人们就根本不能获得解放"[②]。当个体主体用他们共同的生产能力创造出整个社会财富时，个人的全面发展才得以成为可能。在这一阶段，民生建设的发展突破了以往输入型救济模式，在资本、政府、领导干部及人民的共同参与中发生多向输入和输出，通过层层压力逻辑实现了与人民的互构，最终使人民位居民生建设的序列中。

二、人民主体行动过程中的国家整合与自治逻辑

国家与人民的互构关系要求并表现为国家和人民的相互配合，表征为一种民生

① 郑杭生，杨敏. 社会互构论：世界眼光下的中国特色社会学理论的新探索 [M]. 北京：中国人民大学出版社，2010：440.

② 马克思恩格斯全集 (第 42 卷) [M]. 北京：人民出版社，1979：638.

内容和人民需求的契合度。这种契合度贯穿于国家和人民之间“互构场景”和“互构域”的变动之中。社会互构是一个极为生动的过程，行动者的进入和退出，行动方式的变异，互构机会和资源的重新集结……这些都不能被预先确定”[①]。就此而言，国家与人民的互构不仅仅是一个结果，而且是一个“互构域”形成并不断发展演变的过程。“互构域”是一个施力与反施力相互作用的机能系统，必然是国家的“互构”和人民的“反互构”力量交互发生作用，并贯穿于人民主体行动过程中民生建设的整合发展和人民自治的场域之中。1949年新中国成立后，面对国内的现实状况，我国实行高度集中的计划经济，集体化成为当时国家建设的政治单元，民生建设的构成单元是生产队或组织，人民和国家之间是一种主体间性[②]的沟通关系，通过这种民生建设建立起人民对国家集体组织的“组织性依附”[③]。这种关系中国家的高度和人民的低度很难形成互构的民生共建共治格局，现代国家的民生建设治理形态在国家的统一安排中越走越远。全能型民生制度抑制了人民的自主性和创造性，人民在“互构、共在、共生”的民生建设“互构域”中失位，而民生建设在人民缺席的状态下也难以走出自我的闭环系统。改革开放拉开了民生建设的新序幕，民生建设随着人民主体性空间的释放和优化而不断自我调适和发展优化，主体间性的关系转变为主体间的共建共治。新时代社会主要矛盾的转变，人民对物质的需求更多地转向对美好生活的期待，正是民生建设对人民主体性的改造使然。而人民对美好生活的期待又在重构民生发展的内容，民生建设将在国家和人民的互构中不断趋于和谐均衡。民生建设中主体序列的不断调适和优化，正是作为主体之一的国家在不同领域进行整合的结果，以使人民个体化行动的离散性演变为人民主体性行动的聚合性。

（一）人民个体化行动中的国家整合

社会互构论指出，“个人行动实践中，意义、利益与劳动终是同构同生的，这种一体性贯穿在‘个人分化’和‘个人丛化’的整合过程。因而利益、意义与劳动成了理解和分析个人丛化的基础”[④]。就单一个体而言，个体主体性的行为具有主观性、感性和随意性的特征，在缺乏统一布局的前提下，人民这种个体化行动的离散性在很

① 郑杭生，杨敏．社会互构论：世界眼光下的中国特色社会学理论的新探索 [M]. 北京：中国人民大学出版社，2010：432.

② 按照拉康主体间性的观点，国家作为民生建设的主体是由其自身存在结构中的“他性”界定的，这种主体中的他性就是主体间性。很显然在这一主体间性下国家使人民退出了民生建设场域，主观推测和判定人民的主体性需求和发展。

③ 李停．农地金融创新、人地依附关系改变与城乡统筹发展 [J]. 农村经济，2020（04）.

④ 郑杭生，杨敏．社会互构论：世界眼光下的中国特色社会学理论的新探索 [M]. 北京：中国人民大学出版社，2010：291.

大程度上会延缓甚至牵制民生建设的发展，丧失了人民主体性本身所具有的主体发展功能。民生建设的整个发展进程中，国家主体决定了民生建设的内核和方向，人民主体则最终决定民生建设内容的实施和目标的达成。

1. 社会要素运行的法治格局

亚里士多德曾谓："幸福不仅是合德性的实践活动，实现幸福更需要良好的政体和法律，因为良法可以使人变好。"① 因此，民生建设法治化，走法治化的民生建设之路，把民生建设的战略决策置于法治化的治理体系之中。中国特色社会主义和谐社会的最大表征是"和谐—执政"这一模式，在这一模式下民生治理至少包括现代化、市场化、民主化、法治化、民生幸福等六个要素变量。这些要素变量为民生建设如何回应现代化国家治理的要求和方向提供了明确的建构路径，保障民生战略决策的有效实施。十九大报告中增加"幼有所育"和"弱有所扶"两个新的民生内容和目标，并在具体实施推进过程中设立了法律监督保障体制。国家"十四五规划"和"二〇三五年远景目标"再次强调：坚持人民主体性原则，以人民为中心，坚持人民主体地位，以满足人民日益增长的美好生活需要为根本目的。十九届五中全会精神再次重申：必须不断增强人民群众的共建共享共治意识，现代民主意识②，而这也是民生建设本身所要建构的国家和人民互构的法治化运行逻辑。

2. 人民共治的社会治理

社会发展依赖于人民主体发展，同时社会发展也在不断创设人民主体发展的条件和空间。这即是共同体和人民主体的互构逻辑③。基于马克思对共产主义社会（自由人联合体）和人的个体主体的基本理论，代之以阶级和阶级对立的资产阶级旧社会的是自由人联合体，在这个联合体里，每个人得以自由全面发展，同时这一全面发展又为其他人的自由发展准备条件④。这就是马克思著名的"自由人联合体"思想，也是马克思人民主体性思想的价值指向。从实践考察，人民主体地位实现的重要标识即是在主体形态上实现社会共同体和人民主体的融合统一。从学理上看，民生体现为社会共同体和人民主体的理论互构。民生建设贯穿"以人民为中心"发展思想，

① Aristotle .Nicomachean Ethics [M].Beijing: Shangwu Press, 2003: 315.

② 民主与民生被誉为人民民主的中国逻辑，民生建设是民主社会里公民集合体的共同理性。参阅林尚立 . 民主与民生：人民民主的中国逻辑 [J]. 北京大学学报，2012(1)：12–20.

③ 关于互构，杨敏教授和郑杭生先生基于现代性与本土化的张力提出多主体间同构共生的解释性理论，在这一理论中提出"社会互构论"。有关"社会互构论"的具体内容请参见社会互构论：全貌概要和精义探微 [J]. 社会科学研究，2010(04) .

④ 马克思恩格斯全集（第 42 卷）[M]. 北京：人民出版社，1979：294.

社会共同体和人民主体互为统一，考虑社会（“许多个人的共同活动”①）和个人（“现实的个人”②）之间的契合点。十九届五中全会从新时代中国特色社会主义的发展战略、路径选择等方面论证社会共同体和人民主体的互构进程中所产生的社会效用和人民需求的满足。党作为一个整体对中国特色社会主义领航掌舵，全国各族人民精诚团结、群策群力，构建起整个社会发展的不同样态的共同体。民生建设在这一主体逻辑下运行，符合马克思主义个人自由全面发展思想。

3. 多维制度生态体系

“制度实质上就是个人或社会对有关的某些关系或某些作用的一般思想习惯”③，是“时空延伸程度最大的那些实践活动”④。民生制度作为一种规范体系，必须在动态的民生建设进程中才能得以呈现。当前，从民生建设和人民二者相互需求来看，民生建设需要制度的多维性建构，才能优化民生建设的效能，才能优化规范的制度生态，形塑民生和人民的互构，构建良好的“互动域”。建构与优化民生建设规范的多维制度生态，将主体的行为和需求纳入到制度规范生态体系构建中，可以高效规避民生建设单向度认知和“人治”思维，让主体行为在民生建设中最大限度地发挥出主体功能作用，主体的需求和愿望必然也在制度体系中有据可依。制度理性的刚性力量和主体的能动性便可能在实践中形成合力，从而进一步促进民生建设的现代化程度。汉密尔顿指出：“如果人人皆是天使，那么政府就显得不足轻重了。如果人由天使来控制，政府更会成为摆设”⑤。十九届五中全会从人民主体性原则出发，以人民为中心建构多层次的社会保障体系，民生保障、民生改善、民生发展成为民生建设制度化思路，以制度保障分配结构的不断优化，民生建设的制度规范生态正朝着多维度体系化方向建构。

---

① 在分析“许多个人的共同活动”中，马克思用历史唯物主义的观点，分析并全面论证了在人的本质“在其现实性上，它是一切社会关系的总和”。参阅马克思恩格斯文集：第1卷 [M]. 北京：人民出版社，2009：501.

② “现实的个人”是马克思提出的新唯物主义的概念，是马克思新唯物主义的出发点，有生命的个体构成人类历史的首要前提。从现实的个人考察人的本质，人自身的全面发展和个性解放即是马克思所构想“人的真正的共同体”参阅马克思恩格斯文集：第1卷 [M]. 北京：人民出版社，2009：519. 参阅马克思恩格斯全集：第3卷 [M]. 北京：人民出版社，2002：394.

③ 凡勃伦 . 有闲阶级论——关于制度的经济研究 [M]. 蔡受百，译. 北京：商务印书馆，2019：148.

④ 安东尼·吉登斯 . 社会的构成：结构化理论大纲 [M]. 李康等，译 . 北京：生活·读书·新知三联书店，1998：80.

⑤ [美] 汉密尔顿 . 联邦党人文集 [M]. 程逢如，译 . 北京：商务印书馆，2004：264.

(二) 主体社会化进程中的自治逻辑

自治是一种主体依据客观条件，结合自身主体存在状态，有意识有目的的处理自身事务并对其主体行为负责的制度和行为反应。“国家的权力与社会的自治是相辅相成的，传统国家的‘帝国’具有松散、局部和裂变的特征，其性质控制能力十分有限，个人和族群散布在大大小小的自治实体中。”① 民生建设虽然是国家政府的治理安排，但建设行为却必须要置于具体领域的组织群体内才能发生，进而产生效能。人民主体性的自治本身就被赋予了两种并行而不可或缺的功能，即民生的有效治理和人民的自主参与，只有兼具两种功能，人民主体性的自治才成为可能。人民个体化的行动即是在这一自治逻辑下逐渐进入主体社会化的改造进程中。

1. 人民主体性的自治面向

建国初期乃至之后很长时期，当时的客观环境决定不可能在各个地域之间出现大规模的人口迁徙和流动，我国各个区域人口相对固定。因此，民生建设的基础以地域为边界，交往对象也相对有限，人与人之间形成的共同体也只局限在熟人之间。同时，人民更多地依赖于民生建设的构成资料和提供的空间。由此而形成的“等靠要”思想在民生建设史中占据了漫长的时期。改革开放打破了各个地域之间的边界，城镇化进程日益加快，边界日渐模糊，地域原有的公共规则逐渐被重构。民生建设思路从“全能型政府”逐渐向“服务型政府”转型，虽然在这一进程中人民的民生期待不断受到冲击和解构，但同时也在不断重建主体思路。两种思路的转型必然拓展了人民自我发展、自我治理的“反互构”空间。新时代我国社会主要矛盾的转化同样说明只有国家与人民深度合作，才能实现理论逻辑、实践逻辑和价值逻辑的统一。只有国家和人民高度依存的“互动域”的发生和形塑，才能在共时共变的建设进程中实现互构，精准扶贫战略才能有根本性的翻转和突破。

2. 人民主体性的自治形态

按照马克思人的依赖关系最初社会形态理论，人民主体性同样经历依赖、等待、索取这一最初自治形态。三大改造的完成确立了社会主义制度，在相当长的时期内，计划经济主导民生建设，虽然在国家独立、人民解放的现实境域下，人民作为独立的现实的人的存在这一思想认知获得本质的改造，但自治行动是投射在国家和政府视域才得以发生，自治行动是在被动式的、没有选择的境遇下发生，进行狭隘的自我建构的。这一状态同时也说明国家和人民互构、共时、共变的行动缺失的情况下，人民主体性的自治行动难以获得实质性结果和本质突破。改革开放后家庭联产承包

① 郑杭生，杨敏．社会互构论：世界眼光下的中国特色社会学理论的新探索 [M]. 北京：中国人民大学出版社，2010：408.

责任制普遍实施，市场经济成为经济发展的主要形式，商品经济蓬勃发展，以市场行为为导向的民生建设不断冲击人民主体性自治的空间和行为。以地域为单位的共同体不断被打破，主体的社会化程度越来越高，主体性自治空间的裂变以不同形式促成主体性行为的转变，在这一进程中国家和人民开始交融、共生、互构。随着社会化程度的日益加剧，人民在建设的激流中快速成长，主体性意识不断增强，自主自觉行为日益鲜明，不仅呈现出政治独立，还有经济独立和由此而衍生出的文化需求、精神独立、个性解放等多维产物，这是对民生发展的行动回应。随着社会物质的丰富，主体活动的客体空间愈加开阔，以物的依赖性为基础的人的独立性，人的社会关系全面建立，主体性需求呈现多元化趋势，全面的主体性能力愈加突出。“已经得到满足的第一个需要本身、满足需要的活动和已经获得为满足需要而用的工具又引起新的需要，而这种新的需要的产生是第一个历史活动。”[①] 这不仅仅是人民主体性的发展，同时也是民生建设对主体的要求，这一双向发展构成人民“反互构”主体自治逻辑。

（三）走向主体性参与治理

中国共产党的百年奋斗史即是一部中国百年民生史，百年间，中国人民从站起来的革命战争时期走到了追求个性独立、共同富裕的强起来的新时代。百年间，中国从争取民族独立发展为经济总领位居世界第二的国家，反贫困斗争从基本保证人的生存问题的物质扶贫到关照人的精神陶冶的发展式反贫，中国特色社会主义事业在深入发展的进程中不断构建协同配合、合力攻坚的体制机制，构建并强化党和人民集中力量办大事、办难事的强大效能体系，充分凸显立党为公、执政为民的思想宗旨。人民个体是民生建设的细微单元，正是这些“微细胞”和“微单元”共同构成了社会共同体，最终使人民主体成为民生建设的终极单元。国家和人民的互构关系决定了民生建设现代性的变迁走向，而优化和提升国家和人民互构关系的核心是人民生活的品质和需求的满足。未来的很长时期中国的民生建设将进入全新时期，2020 年新型冠状病毒席卷全球，这一重大的公共卫生事件给中国的民生基础工程带来了新的不确定性的压力和挑战。中国的民生政策将如何调整并走向何方？人民如何在民生政策护佑下实现和国家的深度互构？这是民生建设理论和实践都要关注的紧急而重要的课题。

1.2022 年后民生建设面临的挑战

民生保障和民生改善如何界定？ 2021 年以后，民生建设以往的集中连片且数

① 马克思恩格斯全集（第 42 卷）[M]. 北京：人民出版社，1979：159.

量规模性的发展模式将逐渐向精准定制且质量水准性的发展模式转变。民生建设是一个复杂的系统工程，社会保障的提高、就业体系的完善、基础设施建设的增加等仅仅是民生状态货币性量化标准，而人民日益增长的对美好生活的期待不仅包含货币性量化标准的提高，还包含精神性隐性能力的发展和需求的重构。十九届五中全会明确指出，我国已转向高质量发展阶段，治理效能提升，人力资源丰富，市场空间广阔，发展具有多方面优势和条件，但民生保障存在短板，社会治理还有弱项。改善人民生活品质，提高社会建设水平是今后民生建设的重点。民生是一种复杂的状态，中国百年来要解决的民生问题的核心是提升和保障人民的发展能力，解决人自身存在的可行能力匮乏的根本问题。因此，今后对民生建设的界定，需要在社会建设和人的能力两个维度进行界定，人民的主体能力的开发和提高对于民生建设而言具有更加本质的因素。人民的主体能力是民生建设的起点，更是民生建设整个进程中的主体力量，进而最终指向民生建设的价值主体。今后民生建设主要面临两大课题，一是如何巩固既有民生建设的成就，而是如何应对新的民生需求。涉及两大课题的问题主要包括，第一，从居民收支结构数据来看（见表1）民生需求结构需要进一步提高和优化。

表1　2022年全国居民收支主要数据（数据来源于国家统计局）

指标	绝对量（元）	同比增长（%）(括号内为实际增速)
(一) 全国居民人均可支配收入	36883	5.0(2.9)
按常住地分:		
城镇居民	49283	3.9(1.9)
农村居民	20133	6.3(4.2)
按收入来源分:		
工资性收入	20590	4.9
经营净收入	6175	4.8
财产净收入	3227	4.9
转移净收入	6892	5.5
(二) 全国居民人均可支配收入中位数	31370	4.7
按常住地分:		
城镇居民	45123	3.7
农村居民	17734	4.9
(三) 全国居民人均消费支出	24538	1.8(−0.2)
按常住地分:		
城镇居民	30391	0.3(−1.7)

续表

指标	绝对量（元）	同比增长（%）(括号内为实际增速)
农村居民	16632	4.5(2.5)
按消费类别分:		
食品烟酒	7481	4.2
衣着	1365	–3.8
居住	5882	4.3
生活用品及服务	1432	0.6
交通通信	3195	1.2
教育文化娱乐	2469	–5.0
医疗保健	2120	0.2
其他用品及服务	595	4.6

注:

①全国居民人均可支配收入＝城镇居民人均可支配收入 * 城镇人口比重 + 农村居民人均可支配收入 * 农村人口比重。

②居民人均可支配收入名义增速＝（报告期居民人均可支配收入 / 基期居民人均可支配收入 -1）*100%；居民人均可支配收入实际增速 =（报告期居民人均可支配收入 / 基期居民人均可支配收入 / 报告期居民消费价格指数 *100-1）*100%。

③全国居民人均收支数据是根据全国十六万户抽样调查基础数据，依据每个样本户所代表的户数加权汇总而成。由于受城镇化和人口迁移等因素影响，各时期的分城乡、分地区人口构成发生变化，有时会导致全国居民的部分收支项目增速超出分城乡居民相应收支项目增速区间的现象发生。主要是在城镇化过程中，一部分在农村收入较高的人口进入城镇地区，但在城镇属于较低收入人群，他们的迁移对城乡居民部分收支均有拉低作用；但无论在城镇还是农村，其增长效应都会体现在全体居民的收支增长中。

④比上年增长栏中，括号中数据为实际增速，其他为名义增速。

⑤收入平均数和中位数都是反映居民收入集中趋势的统计量。平均数既能直观反映总体情况，又能反映总体结构，便于不同群体收入水平的比较，但容易受极端数据影响；中位数反映中间位置对象情况，较为稳健，能够避免极端数据影响，但不能反映结构情况。

2. 现代性选择的问题

国家和人民的互构关系、互构程度决定着民生建设的现代性走向。新时代民生建设和人民的关系不应仅是“给予”和“索取”的单向脉络，而应是保障和发展的“互构”与“反互构”的多维构建和聚合。因此，应对民生建设的新挑战也必须在遵循这一逻辑前提下进行民生建设的布局和发展。一方面，主体通过发展完成自身主体性建构，从而具备与民生建设相匹配的主体系统机能。主体性功能的最大化只能在人民自身充分觉醒和充分发展建构过程中才能得以实现，国家行为才能进入主体行动的互构框架之中，互构与反互构才能得以持续发展。另一方面，国家通过保障体系为人民提供主体自治的政策安排和平台，创设与人民主体性程度相当甚至超越于其程度的发展场域。这是对人民主体予以增能和赋权，以使人民通过完善的体制和政策安排，打破精英政治的话语体系，消解人民的政治冷漠，强化主体参与意识，重构国家和人民的互构关系。

第一，增能：主体可行能力的具备。人的可行能力的具备，这是国家和人民互构关系可持续发展的核心要素。人的可行能力的具备不仅仅是主体自身的自主和自觉，更重要的是在民生建设进程中人民拥有主体参与建设的话语体系，这是主体意识从精英政治剥离出来的第一步，逐渐以主体性原则和价值视域审视民生建设的发展和走向，国家和人民之间应该呈现一种协调与整合的状态，人民主体性的参与治理才是民生建设的现代选择。中国民生建设是否能实现治理体系和治理能力现代化，其中最核心的问题即是人民的定位问题，如何将马克思主义理论中关于人民主体性的思想进行中国式的运用，这不仅是一个需要学理分析的理论问题，更是需要我们一步一步实践进行论证和检验的现实问题。坚持人民主体性原则从学理上规定了人民是民生建设的基础构成，民生建设是为了人民，也必将从人民那里找寻主体力量。中国共产党始终为人民谋福祉，最大限度惠及民生，又从实践逻辑上印证了人民是民生建设的终极单元。人民是民生建设共同体的“微细胞”，同时也是不同地域、不同群体、不同建设内容的“微单元”。民生建设的发展是实质上也是民生共同体的构建过程，在这一过程中人民不断完成着自身主体性的建构和超越，为主体的自由而全面的发展不断汲取能量。民生建设是国家治理的基础性环节，直接决定并影响着国家治理能力和治理体系的水平和现代化程度。因此在今后的民生建设中，如何实现人民主体性的参与治理，不仅仅是民生建设体制机制的更加系统完善，更重要的是人民具备怎样的主体性，才得以匹配上系统完善的体制机制，最终使得民生建设系统机能整体高速运转。第一，民生发展创设人民可行能力发展的机会。生存、医疗、教育、就业、社保、环保等都是限制人的可行能力发展的因素，现阶段普惠性基础性兜底性民生遵循“最困难、最突出、最具体”，精准划定民生保障群体，民生问题，民生工作，脱贫攻坚战取得突破性成功。改善性发展性民生建设注重“经济条件、政治自由、社会机会、透明性保证和防护性保障”等因素[①]，提升人自身的“造血”功能，使人在政策保障的制度机制下，产生能动的自觉意识，进而发生自主创造活动。第二，搭建数字化信息技术互构平台。利用大数据技术优势，可以有效提升国家公共服务供给与人民多元化诉求的互构整合水平，并能解决国家对于一些

① 阿玛蒂亚·森．以自由看待发展[M]．任赜，余真，译．北京：中国人民大学出版社，2013：62：14.

地区的治理难度，如偏远地区，人口流动性频繁的地区等。同时数字化的运用和覆盖更能在很大程度上提升人的主体关注度和主体参与自觉。

第二，赋权：国家保障的理性介入。“经济发展使社会上的每一个人，每一个集团，每一个阶层都有了自己的经济利益，由于有了自己的经济利益，他们就会要求参与政治生活，要求了解政治体系的活动过程，尤其关心政治体系的决策，关心政治体系将会给他们带来怎样的后果。”[①] 李克强在2020年国务院政府工作报告中指出加大基本民生保障力度，从时间图、路线图、阶段任务部署都做了整体部署和政策安排，城乡统筹的民生保障制度全面建立并逐步完善。马克思指出，人必须能够解决生活所需，能够正常生活，这是人类生存的第一个基本前提，人类一切历史都是从这一基本前提出发，不断发展进步的。[②] 这实际上也指出了劳动空间的必要性，因为只有为个体提供并保障了劳动空间，个体才能通过劳动和社会化的生产创造社会财富，从而享有与之相匹配的物质生活。民生保障制度具备的首要功能即是为劳动创设条件和互动框架，从而主体的自主性、能动性和自由性会随之增强，国家和人民的互构也才得以发生。习近平指出，中国社会发展的目标就是“真正实现社会共享、实现每个人自由而全面的发展”[③]。通过人民共建共治“发展”落实民生建设的理性举措，在民生建设进程中构建国家与人民互构的现代性民生框架。阿玛蒂亚·森指出，贫困的本质不是物质（食物）的欠缺，而是民众可行能力和自由的匮乏[④]。国家和人民互构的民生建设格局是对人民主体发展的定位，即在经济独立的前提下，拥有政治上的平等和人格独立，这也正是马克思的人民主体性思想，他们挣脱的将是整个锁链，而他们获得的将是整个世界。这是人追求自身解放，个性独立的基本要求，政治解放和经济独立是人走向现代性的第一步，“较高水平的政治参与常常导致国民产品更平等的分配”[⑤]。我国民生建设经历了由单向度贯穿到全方位发展的深入过程，在这一过程中人民也经历了主体性的自为到自觉自主的递进。主体的自治行动需要在动态的社会财富创造中体认生成，才能最终探索出民生发展、财富积累、民生优化和主体自治之间交互融通的发展格局，实现民生与人民的共时共生互构[⑥]。

① 王沪宁．比较政治分析 [M]. 上海：人民出版社，1987：237.

② 马克思恩格斯选集（第3卷）[M]. 北京：人民出版社，1995：757.

③ 习近平谈治国理政（第二卷）[M].北京：外文出版社，2017：214.

④ 阿玛蒂亚·森.以自由看待发展 [M]. 北京：商务印书馆，2002：85.

⑤ [美] 塞缪尔·P·亨廷顿．难以抉择 [M]. 汪晓寿等，译．北京：华夏出版社，1988：79.

⑥ 关于经济发展和民生的共生互构，韩喜平教授分析了国家建设和改善民生之间的共生互构，全面依法治国和改善民生之间一方面是在法治化的进程中，人民的民生权利得以保障，这是国家民生战略的主体，另一方面人民的民主化法治化意识日益增强，这是个体主体发展走向现代化的前提，也是民生目标的价值所在。参阅韩喜平、巩瑞波．“四个全面”战略布局的民生导向解析 [J]. 南京社会科学，2015(08)：5.

第一，优化参与式治理体系。在单一性的民生建设中，国家和政府的权力集中，人民难以形成主体自觉性和能动性，人民的需求和行为也就难以在民生建设中发生作用并得以实现。同时，人民主体行为参与度的薄弱，甚至缺失，对民生建设的毫无选择权，致使民生建设只能单向度运作，无法将人民纳入运作过程中。随着人民需求的多元化与个性化出现，这种单向度的民生建设格局必然面临思路调整、再选择和被选择。而人民的参与式“发展”，则是民生建设坚持人民主体地位，发挥人民在民生建设中的主体性的新的思路调整。国家和政府不再以“家长”的身份主导民生建设，而是基于平等对话，做好顶层设计，并且在实际民生建设中更多地以引导者和协作者的角色出现，这种身份角色的转型，相应地带来人民角色的转换，曾经的“选择”在这里终于回归其原本的内涵：选择从来都是双向的。人民幸福感和获得感的出现就是双向选择后，人民角色转换的产物。

第二，建立行政管理和法律规制相结合的互构建设机制。从法律层面来讲，利益平衡的主要工具是以法律的权威为核心。民生建设关涉到的最深层次的问题就是各种利益之间的平衡和分配问题，单纯的行政管理往往容易陷入“行政命令”式的人治思维，通过法律来协调相关利益方多层面的冲突因素，把民生建设纳入到国家法治化体系之中，以达到一种共存和相容为基础的合理状态。因此，法治在规范民生建设中各种利益关系方面发挥着其独特的平衡价值，从而也使民生建设不断突破行政管理的“人治”、“靠人”、“法不外乎人情”的被动型思维观念。法治在民生建设的推进过程中不仅作为规范社会关系与行为的基本准则，同时也具有检测与评估社会转型过程中国家和政府对于民生治理的法治建设水平与能力的功能。

三、民生建设的新发展

在马克思人民主体性思想的中国化时代化进程中，坚持以人民为中心，新时代中国共产党对当代民生问题所处的历史方位做出科学研判，基于我国社会主要矛盾的转化，充分把握社会发展和民生建设的辩证关系，对新时代保障和改善民生进行了积极探索和实践总结。在民生建设中始终坚持“人民是历史创造者”，“群众是真正的英雄”等这些人民根本动力的历史唯物主义论述，在实践中对民生予以全面价值定位，民生目标更加具体而实在，涉及到的领域愈加具有深度和广度，保障和改善民生的措施和路径愈来愈呈现多样性和层次性的特点，确立了一条民生促发展，共享发展以最大限度惠及民生的新时代民生建设之路。

（一）民生价值定位

人民主体性思想的中国化时代化通过对人民主体性等相关理论的具体论述和阐

释，对保障和改善民生进行了更加科学、理性的“价值判断”。保障和改善民生没有终点，只有连续不断的新起点。新时代关于民生等内涵发生了新的变化，民生内容更加丰富，覆盖面更广，深度和广度都发生了前所未有的变化。这使得民生建设在治国理政中占据非常重要的地位，民生的地位不断提升，在理论和实践中民生建设的作用不断得到强化。民生工作成为党执政兴国的重中之重，“发展”和“理性”逻辑所构成的民生观念进一步发展和完善。

1. 民生是社会意识形态的重要基点。民生问题不仅是一个经济问题，社会问题，更是关涉到社会稳定、发展方向的一个政治问题。“如果经济发展老是停留在低速度，生活水平就很难提高。这不是经济问题，实际上是个政治问题。”[①]民生这一属性的定位，决定了在社会意识形态的发展中，民生占据着至关重要的作用。“意识 [das Bewuβtsein] 在任何时候都只能是被意识到了的存在 [das bewuβte Sein]，而人们的存在就是他们的现实生活过程”。[②]中国特色社会主义意识形态的内容和建设路径直接源于对广大人民群众民生状态和民生诉求的直接关注，这与马克思对现实的个人的生存状态的关怀和设计的理论起点完全一致，通过对民生问题的关注，把民生问题置于头等重要的地位，不断满足人民对美好生活的需要，实现个人自身的发展和完善，不断满足人的经济需求，最终实现人的经济解放和政治解放。“每一个意识形态的兴起，都能反映某一时代的希望和需求，也都能被其他的意识形态按照后来的经验修而正之，取而代之。”[③]而人真正的解放首先在于生存的解放和生存保障的获得。社会意识形态从本质上而言，是社会发展和人的解放的工具，通过实践让人民群众的社会属性得以强化和发展，不断获取自身发展的条件和手段，不断建构和整合社会主义意识形态。所以马克思说，社会意识形态“没有历史，没有发展，而发展着自己的物质生产和物质交往的人们，在改变自己的这个现实的同时也改变着自己的思维和思维的产物。不是意识决定生活，而是生活决定意识”[④]。把社会主义社会意识的发展立足于现实的、有生命的个人，这就充分论证了人的经济解放的实质就是民生幸福的前提要件，民生在社会意识形态系统中具有理论和实践意义的价值基点地位。党的十八大以来，党对民生问题和民生建设的内在关切和战略布局，在中国特色社会主义建设的伟大进程中，民生诉求在现代化的实践中不断实现满足，新的民生需求的出现，不断推动着中国特色社会主义现代化的进程，“已

---

① 邓小平文选（第 3 卷）[M]. 北京：人民出版社，1993：354.

② 马克思恩格斯选集（第 1 卷）[M]. 北京：人民出版社，2012：152.

③ [美] 克拉莫尼克、华特金斯 . 意识形态的时代——近代政治思想简史 [M]. 章必功，译 . 上海：同济大学出版社，2006：序言 .

④ 马克思恩格斯选集（第 1 卷）[M]. 北京：人民出版社，2012：152.

经得到满足的第一个需要本身、满足需要的活动和已经获得为满足需要而用的工具又引起新的需要，而这种新的需要的产生是第一个历史活动”。① 如此，人民生活需求的不断满足和全面建成小康社会，共同富裕的实践活动持续建构着社会主义政治意识形态本质逻辑，表征为中国特色社会主义理论的中国特色、中国精神、时代特色，不断坚定人民对中国特色社会主义的道路自信、理论自信、制度自信。社会意识形态具有鲜明的阶级属性，这一决定了民生反映着人民利益的价值取向和根本要求。

2. 民生为政治建设提供基础保障。对于政治建设的本质而言，其功能和作用主要在于保障人民的社会权益，协调和完善社会关系，这也是政治建设所建构的上层建筑的主要功能所在。经济决定政治，政治反作用经济。政治建设作为一种意识形态存在，与民生之间也必然存在着不可分割的联系。② 中国共产党的民生建设的价值指向和政治建设的价值目标存在着本质上的一致性，这种内在逻辑的一致性，决定了民生对于政治建设的基础作用。首先，民生所具有的整合作用对政治建设的影响。民生问题是全体社会成员的现实诉求和理想期望的集合体，这种现实诉求和理想期望渗透在人的实践活动和社会发展进程中，便要求中国共产党把人的愿望和实践活动有机融合，通过具有普遍性的民生思想来解决人的需要和现实发展之间的矛盾。所以民生思想一旦形成，便具有了理论本身所内含的指导性和凝聚力，旨在为人民群众的生存条件和生活改善提供保障，解决人民对美好生活的需要和期待，如此，这种纲领性的民生思想就会在很大程度上激发每个社会成员的积极性和能动性，凝聚起整个社会的力量，最终实现社会资源的有效整合。从解决群众最关心、最直接、最现实的利益问题入手，这就为政治建设提供了良好稳定的发展局面。其次，民生所具有的辩护功能对政治建设的影响。民生问题解决的程度，民生建设的量的积累和质的提升，民生建设中变量和存量的发展变化，是对执政党政治制度合法性和正当性，发展战略科学性和合理性的有力说明和论证。建设人民满意的“服务型政府”，树立服务理念，坚持人民至上，体现了以人民需求为导向的政治追求。追求社会的公平正义，精准扶贫，不断合理调整、科学规划民生工作的着力点和具体内容。民生的这一价值特性有力地发挥着对政治建设的解释和支撑作用。最后，民生规定了党的治国理政的目标和行为。马克思人民主体性思想的中国化基于民生建设，对于如何治国理政有着丰富的论述，这些论述充分说明执政实践和政治行为必须建立在具体的民生需求和民生状况的基础之上，民生思想在政治建设领域的导向功能，使得民生具有了多重价值和意义。由“实践”和“理性”建构起来的党的民生工

① 马克思恩格斯选集（第 1 卷）[M]. 北京：人民出版社，2012：159.

② 十八大以来重要文献选编（上）[M]. 北京：中央文献出版社，2014：236.

程，使中国共产党的执政理念不断实现着理论和实践的飞跃和创新，不断创造着民生领域的新成就，正是在这些成就的基础上，新时代党的执政目标显得更加具体和现实。

(二) 民生目标具体化

中国改革开放创造和积累了丰富的量的劳动成果，随着社会生产力的不断提高，社会财富实现了量的不断创收和突破。在量的要求上我们成功解决了十几亿人的吃饭问题，但在质的发展中，我们同时也面临着前所未有的民生问题。人民群众面临的现实生活的压力，致使民生问题发生了变化，以往相对具有单一性特征的民生问题已经日益呈现出多维性、复杂性和层次性。民生问题这一特性的转变决定了民生建设内容的全面性和丰富性，由此必然带来民生目标设计的具体化，细致化，以满足多维性、复杂性和层次性的民生需求。新时代党对民生问题所作出的发展战略和规划充分体现了党民生工作的精细化和生活化。党的十九大报告对民生建设的内容予以进一步丰富和充实。在民生建设的基本目标设计上，在原有"民生内容的基础上，又增加了“幼有所育”和“弱有所扶”两个新目标，把民生建设的关注对象扩展到孩子和弱势群体，真正践行了惠及全体人民的执政理念，彰显了温暖的人性的光辉。在发展中更注重补齐民生短板，实现资源的转移支付，不断实现社会的公平正义，朝向“七有”民生目标，“七有”是中国共产党在全面建成小康社会的进程中民生目标的具体化表述，是党对人民群众最直接、最关心、最现实问题的理性回应。基于新时代中国特色社会主义处于全面转型的时代把握，民生领域呈现出矛盾多发的特征，各种问题相互交织，党对民生问题的复杂性、层次性和动态性作出科学研判，开启了微观民生建设目标的实践，而这也是马克思人民主体性思想中国化的新时代发展本身所要实现的理论目标。

(三) 民生保障和改善的新路径

在改革开放深入发展进程中，中国共产党保障和改善民生的政策措施、制度安排和条件创设等方面始终受现阶段具体社会发展状况所制约和影响，新时代社会发展状况决定了现阶段解决民生问题在路径选择上要更具有针对性、实效性和时代性。“以人民为中心”的发展思想，人民共建共创共治共享的发展新谋划，形塑了共建共创共享的民生形态。这标志着中国共产党进一步提升了发展型民生的科学内涵。共享发展型民生，对全体社会成员的社会意识和实践行为予以整合和引导，形成民生建设的合力，不断创造民生成果而最终实现全体人民共享民生发展的“红利”。在这一民生目标的实现路径中，共建共创共治是前提和基础，同时也是方法和路径，在整个民生建设中不断完成着民生成果的数量积累和质量效益的提升。共建共创共治共享的民生形态是基于马克思人民主体性思想新时代发展的精神要义和价值旨归所形成的一种全新的民生建设模式，体现了新时代民生领域的新要求。基于马克思主义理论价值旨归考察，实现民生的首要前提和根本价值目标即是个人生存需要的极大满足和自由全面发展的实现。不从个人主体出发，不激发每个社会成员的自主性，就无法整合起民生建设的创造合力，保障和改善民生就无从谈起。在共享型民生形态中，个人主体意识逐步增强，个体主体性在实践中不断自主能动性地发挥作用，并在实践中转化为现实的生产力。“在一个工作对于维持自尊和生活水准而言处于至关重要地位的社会中，获得工作的可能性就是‘机会’的一项重要含义。”[①] 共享型新的民生保障和改善路径，不仅仅是实现个人拥有民生保障的平等机会，更重要的是通过这种主动性的民生建设模式，使得个人不断转变自己的思想意识，自觉积极认识民生建设中需要承担的责任和义务，甚至积极应对民生建设中遇到的各种风险，最终更进一步促进每个人的民生参与度，持续实现民生的自觉、自主和自为。在这种民生状态和社会关系下，人们便能自主自觉地认识到，人的生存和发展问题并非仅仅是国家和政府的职责，人的生存和发展问题的解决在极大程度上取决于人自身的思想观念、文化素质和实践能力的增强和提升。在这一实践逻辑映照下的民生建设便呈现出一种可持续的、具有再生能力的绿色民生状态。

四、民生建设的全面实施

民生建设的新发展和新要求决定了以往的以经济民生建设为重点的民生建设已经不能适应和满足民生的系列需求。在人的主体性愈加凸显的今天，践行马克思人民主体性思想中国化的精神要义，要求民生建设完成内容和形式的全面转型，不断满足和丰富当代民生的多重需求。这也标志着新时代中国共产党在实现人的全面发展和社会全面进步方面要承担更多的新使命。

（一）充实民生的物质基础

发展是中国共产党执政兴国的第一要务实，也是党解决民生问题的首要前提。[②] 党的十八大以来，我国经济取得重大成就，把握经济发展新常态，成功实现了发展

① [英]安东尼·吉登斯. 第三条道路：社会民主主义的复兴[M]. 郑戈，译. 北京：北京大学出版社，2000：113.

② 习近平在十八届中央政治局第二十八次集体学习时的讲话[N]. 人民日报，2015-11-23(01).

观念的转变，在全面建成小康社会的进程中，在民生诉求日益多样化和广泛性的新的民生状况下，新发展理念成为我国经济发展的目标和价值指向。不断调整生产力和生产关系之间的关系，转变经济发展方式，发展的质量和效益不断提升。“以人民为中心”的发展思想，从战略高度规制了经济建设的核心定位。经济发展的重点转向“以民为本”，以人民为中心统筹发展，协调统一，全面发展。经济发展的目的除了更大程度上创造社会财富的无限涌流，更多地转向质量和效益的提升上，不断满足人民对美好生活的需要，解决社会不平衡不充分的发展问题，致力于解决社会资源分配的不合理。当前供给侧改革的深入推进，经济结构不断优化，经济发展的质量和效益不断提升，区域协调性增强，都充分体现了党在民生建设上的物质储备。改革开放的巨大成就为民生建设提供了充实的物质资料，人的价值主体地位的确认需要在不断发展的社会财富中得以体认，才能最终探索出经济发展、财富积累、民生优化和人的发展之间交互融通的发展之路，实现经济发展与民生的相融共生。

（二）保障民生政治权益

保障民生政治权益是真正实现发展成果共享，解决民生问题的重要制度保证。党的十九大做出我国社会主要矛盾发生转化的重大政治判断，是对当前我国社会经济利益呈现多元化发展态势的科学研判。民生问题的解决在很大程度上必须依靠政治的力量才能解决。马克思人民主体性思想的中国化首先在政治导向上规定了民生的价值旨归。发展要以增进民生福祉为根本目的。针对当前经济发展中出现的利益分化、财富集中的现状，提出补齐民生短板、促进社会公平正义，通过政治力量的干预和整合，创设和探索反映民生需求和民意表达的政治环境和政治途径，不断增强人们的主体意识，主动寻求个人政治权益的保障途径。再者，经济的飞速发展，物质需要满足的同时必然带来人们精神层次的需要。一个国家的现代化水平，人的自身发展、实现人的本质的现实的程度，最终以人民对自身实践和自身发展的结合程度为评判依据。人民在国家治理中的关注度和参与度，是民生形态真正实现持续、内生型发展的重要基础。“经济发展使社会上的每一个人，每一个集团，每一个阶层都有了自己的经济利益，由于有了自己的经济利益，他们就会要求参与政治生活，要求了解政治体系的活动过程，尤其关心政治体系的决策，关心政治体系将会给他们带来怎样的后果。”[①] 不断促进人的全面发展，这是人民在实践中获取平等和发展权益的基础和前提。“较高水平的政治参与常常导致国民产品更平等的分配。”[②] 新时

① 王沪宁．比较政治分析 [M]. 上海：人民出版社，1987：237.

②（美）塞缪尔. P. 亨廷顿. 难以抉择 [M]. 汪晓寿、吴志华、项继权，译．北京：华夏出版社，1988：79.

代中国共产党建构起人民共建共创共治共享的民生形态，全体人民共同参与，加强和创新社会协同治理，不能“等着经济发展起来了再解决社会公平正义问题”，“‘蛋糕’不断做大了，同时还要把‘蛋糕’分好”，[①] 通过政治保障体制机制体系，维护人民的政治权益，这是民生建设的关键一环，这是实现人的经济权益的制度保证，也是制度民生的必然要求。“民主建设就不仅仅从追求建构权力与权利的合法性出发来进行，更多地将这种合法性的追求与民主创造经济发展与民生幸福的有效性结合起来，从而使中国的民主建设和发展的战略，从追求形态建设发展为功能开发与形态建设两者兼顾，更加重视民主建设的现实绩效。”[②]

（三）加强民生文化引导

“在一个有理性的存在者里面，产生一种达到任何自行抉择的目的的能力，从而也就是产生一种使一个存在者自由地抉择其目的之能力的就是文化。”[③] 民生文化引导的内涵就是在不断实现经济民生、政治民生的基础上，通过中国特色社会主义文化的创造性、创新性发展，丰富人民群众的精神文化生活，实现人在民生建设过程中的精神富有，并通过人的精神文化素质和自我价值的实现，不断创造未来人的生活质量和价值实现的条件和基础。对于民生而言，文化的价值和意义在于为人的生存和发展提供思想引导、精神动力和智力支持。第一，从满足人民的精神文化需求而言。文化民生的主体是人民，相对于人民这一主体而言，这个角度主要从党带领人民所创设的文化民生的外部客体条件分析。文化民生的新时代我国人民的精神文化世界日益表征为人民对美好生活的需要愈加突出。按照马克思主义生产力和生产关系、经济基础和上层建筑之间的辩证关系原理，物质基础的丰富和发展必然相应地带来人的精神需求的产生。从这个意义而言，精神需求和物质需求是等量齐观的。民生建设中要注重文化民生建设，这是由我国现阶段的社会主要矛盾决定的。新时代我国文化民生建设不断满足人民日益增长的对美好生活的需要，文化产业呈现出多样化、多层次发展，文化产品和文化服务越来越符合人们精神生活的消费需求。“文化也是一门行业，一个领域，这个领域是为劳动者服务的行业。随着生产的发展，精神方面的需要就增大了。”[④] 第二，从增强人民的精神力量而言。这个角度主要从文化民生建设中人的主体的自我改造和自我完善，以及对人的思想意识、心理

① 十八大以来重要文献选编（上）[M]. 北京：中央文献出版社，2014：553.
② 林尚立．民主与民生：人民民主的中国逻辑 [J]. 北京大学学报（哲学社会科学版），2012(01)．
③ 康德．判断力批判（下卷）[M]. 韦卓民，译．北京：商务印书馆，1964：95.
④ 邓小平年谱（1975—1997)(上) [M]. 北京：中央编译出版社，2004：361.

等方面的精神激励和文化引导，而达至的一种精神世界的自主、自觉和自为。从这个意义分析，文化民生担负着激发人们的内生动力，促使人们发挥其建构民生系统工程的积极性、主动性和创新性。从思想文化建设中提升人民群众的综合素质和精神风貌，在思想文化引导中增强和集聚人民的精神力量，在指导和驱动人们在民生建设中逐步形成正确的世界观、人生观和价值观。

（四）完善民生社会机制

民生建设中所要求的社会保障体制机制是协调各种社会关系，是从社会生活领域对民生问题所进行的解决和改善。新时代社会民生主要表现在人们对于生活质量、就业、教育、住房、医疗保障等社会保障的需求上。“发展不纯粹是一个经济现象。从最终意义上说，发展不仅仅包括人民生活的物质和经济方面，还包括其它更广泛的方面。因此，应该把发展看作包括整个经济和社会体制的重组和重整在内的多维过程。”① 马克思人民主体性思想在新时代发展中充分论证了民生建设和社会治理之间的关系，内涵丰富。中国共产党在民生建设上实现了新的理论和实践突破。公共资源更加倾向于人民对美好生活的需要，社会资源和资本投入到社会领域的比重越来越大，以人的需要为核心的民生主导型发展模式逐渐成为中国特色社会主义的发展指向，经济增长的高速度和社会发展进程的均衡和同步逐渐成为党的民生建设的目标和价值旨归。重点解决社会贫富差距、社会资源和利益分配不均、就业等问题，扶贫攻坚体系日益完善，覆盖城乡居民的社会保障体系基本简历，社会治理体系更加完善。② 通过社会体制改革和社会政策的调整，不断优化社会民生制度安排，促进社会的公平正义，“深入调研治理体制问题，深化拓展网格化管理，尽可能把资源、服务、管理放到基层，使基层有职有权有物，更好为群众提供精准有效的服务和管理。

（五）维护民生建设的安全环境

新时代维护民生建设的安全环境主要涵盖两大领域：社会安全和生态治理。第一，社会安全环境的维护。当前和人民群众生活息息相关的食品安全、产品质量问题成为民生问题中越来越突出的问题。维护民生建设的安全环境，构建民生安全健康的生活环境，践行马克思人民主体性思想的新时代发展的精神要旨，是民生建设系统工程的重中之重。党的十八大以来，习近平总书记高度重视人民健康安全，到

---

①［美］托达罗. 第三世界经济发展 [M]. 印金强等，译 . 北京：中国经济出版社，1992：50.

② 习近平在武汉主持召开部分省市负责人座谈会时的讲话 [N]. 人民日报，2013-7-25(01).

处走访，考察人民群众的菜篮子工程，多次强调保障食品安全、药品安全。2015年4月24日，新修订的《中华人民共和国食品安全法》经第十二届全国人大常委会第十四次会议审议通过。被称为“史上最严”食品安全法通过，网购食品纳入监管。《中华人民共和国农产品质量安全法》、《中华人民共和国产品质量法》、《国务院关于加强食品等产品安全监督管理的特别规定》《食品生产加工企业质量安全监督管理实施细则（试行）》等相关食品安全的法律法规、行政法规等进一步健全和完善，部门规章制度也更加细致和制度化。这些严密完善的法律法制体系，建构起食品安全的法制网，使我国食品安全逐步走上法制的轨道上来，民生安全越来越具有法律保障。并在此健全和完善的法制体系下，习近平同时又指出，严字当头，严谨标准、严格监管、严厉处罚、严肃问责，加强食品安全监管体系建设，实施制度完备的食品安全监管体系。突出强调了法律制度下行政作为的重要性和必要性。此外，良好的社会治安也是社会安全环境至关重要的一部分，习近平总书记曾指出，平安是民生幸福的基石。当前我国对社会治安的治理和防控力度更加严厉和严密，从实际上切实保障了人民生活的社会安全权益。积极采取专项打击与整体防控社会治安的防控体系，整合各种各方资源与力量，实现党政领导、社会参与、依靠群众的工作格局。近几年来出现的各种突发性的有关人身伤害、人身安全等社会治安事件和犯罪行为，党的反应能力和处理行为让人民群众获得生活的安全感和踏实感，人民群众对于社会治安的满意度逐步呈现上升趋势，对政府的满意度评价也越来越高。人民群众的安全感和满意度是评价民生工作成效的标准，它体现了我国社会治安综合治理工作在民生保障中的实效性。第二，建设生态环境。建设美丽中国，是党的十八大以来，中国共产党生态文明建设的目标和价值指向，是关涉到民生领域高层次需求的回应。改革开放四十年的飞速发展，人们赖以生存的自然环境被过度利用，生态资源受到极大破坏，人们对山清水秀自然环境的渴望越来越成为追求美好生活的至关重要的一部分。“人同自然界的关系直接就是人和人之间的关系，而人和人之间的关系直接就是人同自然的关系，就是他自己的自然的规定。”① 当前在党的发展新理念的指导下，人民群众绿色发展的意识和行为得到极大提升，自觉性和主动性显著增强，国家公园体制试点的积极推进，深受广大人民群众的认可和肯定，建设“干净自然”的乡村，建设“森林式”城市的生态治理行为使得生态环境明显改变。习近平指出，要实现人与自然的相融共生，和谐统一，形成绿色循环的发展方式和生活方式，像对待生命一样对待生态环境，为人民创造良好的生产生活环境，不断满足人民群众对美好生活的期盼。

---

① 马克思恩格斯全集（第42卷）[M]. 北京：人民出版社，1979：119.

人民主体性的审视首先建立在人民对生产资料的占有度上，脱离发展而谈主体性无异于无物空谈。民生建设表现在人们对于生活质量、就业、教育、住房、医疗保障等社会保障的需求上，而民生建设中要求各种社会关系相互协调、综合联动，我们“应该把发展看作包括整个经济和社会体制的重组和重整在内的多维过程”①。民生建设解决的是人最基本的生产资料的问题，是人民主体性得以存在发展的基本条件。通过社会体制改革和社会政策的调整，不断优化民生建设，把握民生建设和人民主体性之间的内在逻辑勾连，思考国家和人民在民生建设进程中的角色分配和主体安置。“国家与社会之间的互动是双向转化的……这些互动是国家和其他势力之间递归关系的基础”②。国家与人民的互构关系既是中国民生建设“中国特色”的表征，又是打破民生与人民被动式发展的元问题。亨廷顿提出的“权威合理化、结构利益化与大众参政化”③是衡量一个国家政治现代化的三个标准。“权威合理”和“结构利益”是国家治理“自上而下”的延展，“大众参与”是治理参与的轨道向上铺设。就此而言，民生发展这一命题反映“自上而下”的民生建设轨道与“自下而上”的人民参与轨道有效耦合的程度。社会互构论以“个体间性的行动关联为‘原型’，以个人与社会为‘核心’，以‘行动与结构’为主线”④。国家和人民的互构关系是一个动态发生的过程，遵循二者之间的互构逻辑，综合社会各因素之间的动态关联，考察民生建设的发展成就，将会是民生建设现代性发展的走向，这也是马克思人的发展理论对民生建设提出的时代命题和高阶使命所指。

第二节　发展民主政治以体现人民的主体定位

人民政治主体地位的确立，是一个国家对人民的定位问题，马克思人民主体性思想的中国化彰显了人民是社会历史的实践者和创造者，从这一基点出发，在国家制度的选择上，人民是国家发展的核心主体，这同时表明社会主义国家的民主是实现保障人民民主，保证人民的主人翁地位。人民经济的自主性首先是政治上的独立性，人民的主体性决定着民主政治建设的内容和实质，决定和影响着民主政治的形式和效能，这也正是马克思人民主体性思想的新时代发展所具有的理论核心。“统

① [美] 托达罗. 第三世界经济发展 [M]. 印金强等，译. 北京：中国经济出版社，1992：50.
② 乔尔·S. 米格代. 国家权力与社会治理：第三世界的统治与变革 [M]. 南京：江苏人民出版社，2017：31.
③ 塞缪尔·P·亨廷顿. 变化社会中的政治秩序 [M]. 上海：上海人民出版社，2008：142.
④ 郑杭生，杨敏. 社会互构论：世界眼光下的中国特色社会学理论的新探索 [M]. 北京：中国人民大学出版社，2010：561.

治阶级的思想在每一时代都是占统治地位的思想”，“一个阶级是社会上占统治地位的物质力量，同时也是社会上占统治地位的精神力量。支配这物质生产资料的阶级，同时也支配着精神生产资料，因此，那些没有精神生产资料的人的思想，一般地属于这个阶级的”①。发展人民当家作主的民主政治，增强人民民主的广泛性和真实性，不仅体现着对人民主体性原理的坚持，更从实践领域为人民主体性的彰显和发挥提供了现实空间。党带领中国人民实现了国家独立、民族解放和人的解放，人民翻身做了自己的主人，在这个过程中，人民民主逐渐成为中国特色民主发展道路和政治运作模式被固定下来。在这个过程中，人民完成了自身的政治解放、阶级解放、社会变革和个体解放，其实质就是发挥人民主体性，不断彰显和实现人民主体性的过程。党的二十大报告中强调健全人民当家作主制度体系，“扩大人民有序政治参与”，“保证人民依法享有广泛权利和自由”，“建设人民满意的服务型政府”② 我国人民民主专政的国家性质决定了我国民主政治建设的目标是发展人民民主，实现人民当家作主，体现了人民性和人民的主体性的有机统一。如何在民主政治建设中彰显人民性，实现人民主体从形式到内容的统一，这要求民主政治建设无论从理论指导、实践行为和价值指向上都要遵循人民这一核心要素。

一、以人民为中心坚持人民政治主体地位

发展中国特色社会主义民主政治，坚持“以人民为中心”，生动体现了基于政治价值之上的人民政治权益的价值旨归，是稳固人民政治主体地位的核心。“政治权力不过是用来实现经济利益的手段”③。政治主体地位的坚持和实现，是人民实现其政治权益的先决条件。政治权益是人民经济要求在政治上的集中体现和表征，是人民维护和实现自身发展与自身利益的一种必要的途径和保障手段。以人民为中心，发展社会主义民主政治，一方面坚持人民主体地位的基本原理，另一方面把这一基本原理贯穿于民主政治建设的全过程，通过人民民主的制度体系的健全和完善，使人民群众在政治生活中的平等权、表达权、人身自由权、社会生活权等各项权利得以实现，从实质上拥有政治主体自身所具有的主体地位，即主人翁地位，享有政治主体所应当享有的尊严和权利。以人民为中心深化政治体制改革，充分保障人民的政治主体地位，强化其政治主体性，不断促进和实现人民的政治人格的完善和发展，才能更好地实现和保障人民其他各项权益，才能真正坚持人民主体性。“以人民为中心，

① 马克思恩格斯选集（第 1 卷）[M]. 北京：人民出版社，2012：178−179.

② 习近平 . 决胜全面建成小康社会夺取新时代中国特色社会主义伟大胜利——在中国共产党第十九次全国代表大会上的报告（2017 年 10 月 18 日）[M]. 北京：人民出版社，2017：1.

③ 马克思恩格斯文集：第 4 卷 [M]. 北京：人民出版社，2009：305.

才能确立人民的主体地位，引导人民群众积极有序地参与民主政治。”①

（一）以人民为中心体现民主政治发展的价值取向

以人民为中心是民主政治发展的政治前提，人民是党和国家前途命运的决定性力量，坚持人民主体地位以落实全心全意为人民服务的根本宗旨，这些深刻论述不仅对党的政治立场予以全新阐释，而且规定了社会主义民主政治的发展方向和价值指向。“以人民为中心”的思想体现了人民地位至上，突出人民在政治生活中的主体地位。而人民主体地位这一概念本身并不会由人民主体自身得以彰显和表征，但人民主体地位并不是一个形而上的抽象概念，它具有鲜明的实践性和现实性，因而主体身份的彰显和角色功能作用的发挥必须通过主体实践行为的展开而得以实现。而主体实践行为的开展必须借助一系列科学而合理的政治制度才能予以体现，并在政治实践的操作过程中还必须有赖于政治制度加以保障。党的二十大报告中论及新时代中国特色社会主义思想和基本方略，全面推进中国式现代化的“第二个百年”新征程中，指出必须全面落实以人民为中心的发展思想，更加注重人民的各类需求的多元化和利益结构的合理性，从质的规定、量的积累、度的发展三个层面科学统筹中国式现代化战略②，优化人民主体机能，促进以人民为中心理论逻辑和事实逻辑的合题。继续健全和完善我国的人民代表大会制度、中国共产党领导的多党合作和政治协商制度、民族区域自治制度、基层群众自治制度等政治制度体系。习近平指出，“国际一切权力属于人民。我国社会主义民主是维护人民根本利益的最广泛、最真实、最管用的民主”。③党的十八大以来，党在中国特色社会主义民主政治的发展实践中，实现了坚持党的领导、人民当家作主和依法治国的有机统一，这充分体现了党在治国理政中对以人民为中心发展思想的贯彻和践行。在民主整治建设中，更加凸显人民民主的价值指向，突出人民的政治主体作用，把人民作为推动民主政治发展的根本动力。在民主政治体制改革中，深化机构和行政体制改革，增强政府的公信力和执行力，统筹考虑不同阶层的人民群众的政治诉求和民主权益，在实现政治需求的价值目标基础上，激发人民群众的创造活力，最终不断促进和实现人民政治主体的发展。

（二）以人民为中心为民主政治提供路径指向

① 方世南．深刻把握以人民为中心思想的价值论意蕴 [J]. 学习论坛，2017(06)．

② 姜迎春．马克思主义的人民性和实践性在中国得到充分贯彻，人民日报（理论版）（N）.2022-01-24(09)．

③ 习近平．决胜全面建成小康社会夺取新时代中国特色社会主义伟大胜利——在中国共产党第十九次全国代表大会上的报告（2017 年 10 月 18 日）[M]. 北京：人民出版社，2017：35.

新时代发展我国社会主义民主政治，积极稳妥地推进政治体制改革，健全人民当家作主的制度体系，在建设路径的选择上，始终坚持以人民为中心的政治导向，将会在政治主体的政治实践中不断探索和创新出新的更科学、更规范、更合理的民主建设路径。这一实践逻辑一方面充分保证了民主政治建设中政治主体的主体地位，有效激励人民群众更加广泛、更加有效地参与到民主政治建设的实践中，增强人民当家作主的主人翁意识，使之更广泛地参与国家治理和社会治理的全过程。另一方面不断创新和尝试民主政治新的建设路径，在各种不同的路径选择过程中，人民参与政治的有序性和广泛性、深度和广度都会因此而得以不断提升。不同层次的政治主体参与民主政治的程度存在着主客观的差别，民主政治不同的建设路径为这一现实差别提供了存在的合理空间和发展的现实条件，从而推进社会主义民主政治不断实现制度化、规范化、法治化、程序化，为不同政治主体提供了参与民主政治的各种可能性。政治主体的广泛而平等的参与是国家治理体系和治理能力现代化得以推进的基础。关于政治体制改革总的目标，邓小平曾有过论述，指出把调动人民的积极性和发扬人民民主相提并论，调动积极性是发扬人民民主的过程，也是发扬人民民主的结果。以人民为中心，提炼和凝聚了民主政治建设的核心精髓，在强调人的主体地位和主体价值的前提下，充分吸引人民对民主政治的向心力、认同度和参与度，尊重个体，接受差别，通过不同的民主建设路径，激发人民的热情，这一逻辑在中国发展的各个领域已经证明并在继续着这一逻辑的科学性。

二、推进政治体制改革保障人民主体权益

马克思人民主体性思想的中国化对于人民主体性的规定，首先规定了人作为主体的政治上的解放。政治解放是包括人摆脱依附关系的人身自由，人获取独立和自由以后如何自觉自主地发展自己等一系列主体性发挥的问题。马克思所论证的无产阶级革命首先就是实现人的政治解放，取得政治主导权，进而掌握国家政权，利用国家机器实现经济等领域的各项权益。人的政治权益的实现程度决定着人的其他权益的实现程度，人的发展和自身对现实生活的改造、超越最终所有达到的价值目的，往往和人们在实践过程中争取到的政治权益的空间和实现程度有关。“公社真正的秘密就在于：它实质上是工人的政府，是生产者阶级同占有者阶级斗争的产物，是终于可以发现的可以使劳动在经济上获得解放的政治形式”①。在马克思那里，任何人民都有参与国家管理和治理的权利，这是人民作为历史主体的现实存在所具有的本身的内在规定性，参与国家政治生活的过程中，不断促进自身权益的实

① 马克思恩格斯选集（第 3 卷）[M]. 北京：人民出版社，2012：102.

现和丰富。“他们是国家的成员，是国家的一部分，国家把他们作为自己的一部分包括在本身中。他们既然是国家的一部分，那么他们的社会存在自然就是他们实际参加了国家。”[①] 中国特色社会主义进入新时代，人们对美好生活的需要日益呈现纵深化和广泛性特征。人们的自我意识和自主性行为愈加彰显。如何充分发挥人民主体性，最大限度地激发人民主体性，促进人民的主体发展和完善，深入推进政治体制改革，发展中国特色社会主义民主政治，不断扩大人民民主，实现人民政治主体地位，这是坚持人民主体性原则，实现人民主体地位，实现人的自由全面发展的必然要求。

（一）坚持党的领导

推进中国特色社会主义政治体制改革，必须坚持党的领导，这是坚持人民主体性，保证人民政治主体地位的根本保障，也是保证我国人民民主专政政权性质的根本前提。“坚持党对一切工作的领导”是新时代中国特色社会主义思想和基本方略之首，“党政军民学，东西南北中，党是领导一切的。”[②] 不仅体现了推进政治体制改革，发展社会主义民主政治，党的领导是根本方向和重要指针，而且更加强调了党的无产阶级性质，坚持以人民为中心，保证和支持人民当家作主，发扬人民民主，积极促进新时期人民对民主权利和个人权益诉求的实质实现。新时代我国人民民主意识不断增强，人民争取自身民主权益的意识和行为日益凸显。党自身所具有的无产阶级性质是人民行使主体权力，发挥主体作用的前提条件。政治体制改革，发展中国特色社会主义民主政治，从实质而言，关涉到一个政治的整合问题。增强广大人民的政治意识，即政治向心力，整合广大人民的大局意识、核心意识和看齐意识，对于人民形成对民主政治的理性思维具有至关重要的作用。政治主体地位和政治主体权益的实现必然通过人民主体自身的被领导、被引导才能得以成为现实。“把全部国家政权集中在被剥削劳动群众的手里。由这些群众自己来掌管政治即建设新社会的事业”[③]。在这里，列宁指出了一个事实，在社会主义还没有达到共产主义那样的生产力的发达程度，还无法实现“各尽所能，按需分配”的人对自身需求的自由安排的阶级社会里，人民群众“由于文化水平这样低，苏维埃虽然按党纲规定是通过劳动者来实行管理的机关，而实际上却是通过无产阶级先进阶层来为劳动者实行管理

---

① 马克思恩格斯选集（第 1 卷）[M]. 北京：人民出版社，1956：392.

② 习近平 . 决胜全面建成小康社会夺取新时代中国特色社会主义伟大胜利——在中国共产党第十九次全国代表大会上的报告（2017 年 10 月 18 日）[M]. 北京：人民出版社，2017：20.

③ 列宁全集（第 40 卷）[M]. 北京：人民出版社，1986：380

而不是通过劳动群众来实行管理的机关"[①]，从现实状况角度确证了坚持党的领导，发展社会主义民主政治建设的必然性和现实性。"不通过共产党就不可能实现无产阶级专政"[②]"只有工人阶级的政党，即共产党，才能团结、教育和组织无产阶级和全体劳动群众的先锋队，而只有这个先锋队才能抵制这些群众中不可避免的小资产阶级动摇性，抵制无产阶级中不可避免的种种行业狭隘性或行业偏见的传统和恶习的复发，并领导全体无产阶级的一切联合行动，也就是说在政治上领导无产阶级，并且通过无产阶级领导全体劳动群众。不这样，便不能实现无产阶级专政。"[③] 惟其如此，也才能真正实现人民主体的政治权益。

（二）坚持人民当家作主

人民主体性从政治层面而言，其实质是在国家政治生活中谁才是国家治理的主体，谁才是国家的主人，国家的制度、体制、法律等依据谁的意志而建立。因此，从这个意义来讲，马克思人民主体性思想的中国化对于人民主体性的规定，其实质是回答了"人民是国家的主人"，这从理论和实践上对自身的主体性和人民的权力做着自我规定，"人民当家作主"这一政治实践中的展开和实施，其实质是人民授权下的中国共产党的政治管理。人民主体性本身出自哲学概念，是人在实践中的发挥人民主体性，采取多种实现形式，以实现主体性的圆满性，并在实践中和人的主体现实性统一起来。"人是在世间唯一能够自我创造的存在物；人是人自己的创造者，自己的主宰者。自我创造性、自己主宰自己，自己做自己的主人，这也就是'主体'的根本性质"。[④] 人类进入阶级社会，人民主体性的政治概念也愈加凸显，国家政权的性质和国家权力的运行、实现过程，愈来愈成为影响人民主体性发挥的至关重要的因素。人民当家作主完全实现了国家权力"以民为本"，"以民为主"的人民主体性的现代性政治变革。人民当家作主的国家制度本身体现了人民作为主体的对主体权力的一种自我规定，这种自我规定的实质就是人民必须通过政治解放，通过人民政治主体地位的确立和主体角色的实现，规定国家在权力的配置上必须以协调各方利益需求为政治制度设立的前提和出发点，以最大限度满足各个阶层人民日益增长的民主、法治、公平、正义等方面的要求，以此实现人民政治主体的愿望和要求。发展中国特色社会主义民主政治，是建立在人民主体性基础之上的民主形态，以实现和发扬最广泛的民主为价值目标，以人民为中心进行制度选在，在民主政治建设中体

① 列宁全集（第 36 卷）[M]. 北京：人民出版社，1985：154−155.
② 列宁全集（第 41 卷）[M]. 北京：人民出版社，1986：35.
③ 列宁全集（第 41 卷）[M]. 北京：人民出版社，1986：85.
④ 高清海 . 马克思主义哲学基础 [M]. 北京：人民出版社，1987：21.

现最广泛、最充分的人民民主。社会主义民主政治的进步性和合理性，关键在于通过最广泛、最真实的民主，形成人民民主的政治生态，在政治实践中保证人民当家作主的身份和地位，使人民真正成为国家和社会的主人，成为国家大政方针的参与者和制定者，这是实现人民主体性的根本政治前提。因此可以说，人民民主的现代化进程和人民主体性的历史发挥过程是有机统一的，人民民主政治的发展是中国特色社会主义的本质规定和赖以发展的主体决定性力量。在人民民主政治发展中，人民群众的政治主体地位得以充分尊重和彰显，人民作为国家制度的选择、参与、决策和制定的主体，决定着国家政治发展的走向和现代化水平。在完成人民当家作主的政治方面的历史使命的同时，经济建设才能为人民民主提供物质基础。对人民实行最广泛最真实的民主，高度民主的政治制度下的精神文明的进步中，人民的政治主体地位才得以回归它的本质属性。

（三）坚持全面依法治国

全面依法治国是新时代中国共产党对于如何坚持人民主体性，在治国理政中如何最大限度保障和发挥人民主体性所提出的系统的依法治国思想，为新时代人民主体性的发挥提供了强有力的法律保障。全面依法治国一方面体现了中国共产党在坚持人民主体性原则下，在国家治理能力和治理体系现代化的进程中所完成的现代化政治转型。另一方面，如何在坚持和尊重人民主体地位的发展实践中，处理好人的主体发展和国家现代化之间的协调共进，全面依法治国无疑显示了中国共产党治理行为的突破和提升。习近平总书记指出，领导干部是人民的公仆，要自觉把权力行使的过程作为为人民服务的过程，做到为民用权，公正用权，依法用权，廉洁用权。在民主政治发展中，推进我国政治体制改革，为谁用权？怎样用权？树立马克思主义权力观，在政治现代化的要求下，真正实现从“权力本位”向“服务本位”的转变，发展中国特色社会主义法治政治，从权力来源和实践方针上都为民主政治的发展规制了科学的世界观和方法论。人类社会发展中，法治是最科学也是最有效的国家治理方式，运用法治思维和法治方式发展社会主义民主政治，沿着法治的轨道推进政治体制改革，人民主体的政治权益才能在制度体系内的得以真正实现和切实保障。新时代我国政治体制改革进入深层次改革阶段，人民群众的民主意识日益增强，要求维护自身权益的愿望日益强烈，社会主义民主政治建设必须充分反映人民主体的政治诉求，才能实现政治建设的制度化和现代化。为此，当前坚持全面依法治国发展民主政治，对于民主政治善治生态建构和优化，实现民主政治建设的人民性，不断实现人民主体自身政治发展和政治解放，保障人民的政治主体地位，法治是关键的一环，也是无产阶级执政党完成经济任务的基础性环节。

第三节 厚植文化以提升人民主体素质

马克思人民主体性思想的中国化理论在论及人民是文化的主体时，有着不同的论述内容，充分体现了马克思主义基本原理中对人民是文化主体的基本规定和新的理论丰富与创新。马克思在《共产党宣言》中论述无产阶级在与资产阶级进行彻底的革命斗争中，在夺取政权的政治实践中，在自己的发展进程中要同传统的观念实行最彻底的决裂的思想。在此，马克思充分论证了无产阶级文化对于人民群众思想意识的重要引领作用，以及巩固无产阶级政权，加强意识形态建设的关键性和必要性。习近平人民主体性论述充分论述了文化建设，核心文化思想的引导对于凝聚人民政治认同感，提升人民主体素质的核心作用，强调培育和践行社主义核心价值观。“一个民族的复兴需要强大的物质力量，也需要强大的精神力量”，“没有先进文化的积极引领”[①]，人民精神世界的极大丰富就如同无源之水无本之木，民族精神力量的不断增强就是一句空话，就是空想。“文变染乎世情，兴废系乎时序。”恩格斯评价文艺复兴运动时，曾这样说，这“是一个需要巨人而且产生了巨人——在思维能力、热情和性格方面，在多才多艺和学识渊博方面的巨人的时代”。鲁迅先生对于以文化来改造国人的精神有着深刻而坚定的见解。举精神之旗、立精神支柱、建精神家园，激发人民主体性，需要文化担负起自身的时代使命和历史责任，为人民提供强有力的精神指引，从而为人民的提供强大的精神支撑和智力支持。习近平总书记指出坚持人民是文化主体，突出文化建设的人民性，“热爱人民不是一句口号，要有深刻的理性认识和具体的实践行动。对人民，要爱得真挚、爱得彻底、爱得持久，就要深深懂得人民是历史创造者的道理，深入群众、深入生活，诚心诚意做人民的小学生”，认识清楚文化建设的依靠力量，文化建设的方法和路径，以文化人，入心入情，才能最终提升全体人民的文化素质，从而使人民的主体素质和主体行为更加适应时代的发展要求。

一、以中华优秀传统文化增强人民文化归属感

人民是文化创造的主体，是文化的生产者，同时也是文化的产物。人民作为文化主体，在文化不断生成、发展和创新中，也不断地实现着主体的自我塑造、自我表现和自我认同，这一主体的文化精神的实践实现过程，本身又内在地形成和强化着人民对自己所创造的文化的依恋和精神寄托。在这种文化归属感中，人民便具有

① 习近平在文艺工作座谈会上的讲话 [N]. 人民日报，2015-10-15(02).

了生活的信念和信心，便具有了自身精神世界发展的自动选择和自觉过滤。正是人民作为文化创造者的这一角色定位，人民在文化实践中彰显着强烈的主体性，通过这种自我彰显，人不断确证着自己是有意识的类存在物。

（一）文化的继承和创新是对人民文化主体地位的尊重和坚持

马克思人民主体性思想的中国化强调人民是文化创造的主体，中华五千年的优秀文明是人民群众在历史的创造过程中勤劳勇敢智慧的结晶。新时代，各种文化思想相互激荡，人民面对着各种文化的影响和挑战，源自于中华民族五千年文明历史所孕育的中华优秀传统文化面临人民日益增长的新的文化需求的时代重任。这是新时代增强我国人民对自身文化认同，提升文化自信，深厚文化内涵理解的时代发展需要。构筑中国独特的民族精神，重塑中华优秀传统文化的话语形式，更好地使中华文化的博大精深为人民所理解，真正发挥中华优秀传统文化对于构筑民族精神的核心价值。“在5000多年文明发展进程中，中华民族创造了博大精深的灿烂文化，要使中华民族最基本的文化基因与当代文化相适应、与现代社会相协调，以人们喜闻乐见、具有广泛参与性的方式推广开来。”[①] 习近平对此作了深刻阐述，中国特色社会主义文化“要坚持为人民服务、为社会主义服务，坚持百花齐放、百家争鸣，坚持创造性转化、创新性发展，不断铸就中华文化新辉煌”[②]。

中国优秀传统文化有着自身生成、完善和发展的思想和现实逻辑，几千年来沿袭而来形成中国人民对生活朴素的生活期待和价值追求。“中华优秀传统文化已经成为中华民族的基因，植根在中国人内心，潜移默化影响着中国人的思想方式和行为方式。”[③] 沿袭至今的“根”的家园情怀，“和”的社会诉求，从古至今，无论几经朝代轮换、社会变革，社会性质、社会结构、经济形态、生产方式发生了怎样的变化甚至变革，从未改变过。这从根本上决定了对中国优秀传统文化的继承和创新，不断生成并完善为系统理论，完全符合当前特殊的历史背景和当代价值规整的需求。新时代对优秀传统文化的继承和创新，会让人民这一文化创造主体感受到文化的承继性和归属感，并在一定程度上消解人们单纯物质化的商业追求。不忘过去，方能创造未来。在与世界文化的激烈碰撞和茫然选择中，具有几千年深厚积淀的中国文化体系、民族精神岿然不动，深植人心，需要传统性与时代性的接轨和重新定位，用时代的声音述说中国悠久的文化精神。每个时代的人们，其精神文化需求都深深烙

① 习近平．习近平谈治国理政[M]. 北京：外文出版社，2014：161.

② 决胜全面建成小康社会夺取新时代中国特色社会主义伟大胜利——在中国共产党第十九次全国代表大会上的报告（2017年10月18日）[M]. 北京：人民出版社，2017：41.

③ 习近平．青年要自觉践行社会主义核心价值观[N]. 人民日报，2014-05-05(02).

印下这个时代经济、政治、社会、文化等发展的状态和特点，以及这个国家与世界融合度的深度和广度。习近平总书记指出，文化血脉是了解今天的中国，今天的中国人的最佳途径，对中国优秀传统文化的继承和创造性转化，是新时代中国走向世界，认识世界，认识自己，让世界了解中国的要求。

(二) 发展社会主义先进文化增强人民的文化自信

从古至今中国人民创造了优秀的中华文化，在中国革命和建设改革实践中，又创造了中国的革命文化和改革文化。这些中华优秀文化，熔铸于中国人民革命、建设和改革的伟大实践中。新时代发展中国特色社会主义先进文化，增强中国文化的认同感和自信心，要求我们坚守中华文化立场，依据新时代我国社会现实和人民精神文化的需求，继承优秀传统，并融合新时代人民群众的需求，对优秀传统文化进行创造性转化、创新性发展，增强本民族的文化自信。文化自信是文化本身所具有的塑造力和聚合性等作用在人们生活世界和内心世界，从而产生心理趋向和情感认同的一种总的对文化的感性评价和理性认知的总和。简言之，是创造文化主体的人民对依靠自身自由自觉的创造性实践活动而创造出来的文化而生成的对自身文化的优越感、自豪感，这是人民对自身主体所具有的文化创造能力的一种表现。当这种文化在社会实践中被人们所普遍认同，并在社会发展中不断生成具有核心精神的文化体系时，文化本身就转化成了一种社会生产力，这时从人民作为文化创造主体的角度来看，其主观感知和情感感受就愈加表现为对文化创造结果的自信和对自身创造主体的相信。由此可见，文化的先进与否，它在社会生活中的作用和力量如何，决定着人民对这种文化的自信程度。文化对人的这一反作用也正是文化本身独特的属性所决定的。因此，从文化创造主体角度来看，人民在实践中创造着文化，并升华在自己所创造的文化环境之中，自觉不自觉地被文化潜移默化地影响着和塑造着。对于文化创造主体和文化的实践生成关系，著名的哲学、人类学家蓝德曼有过这样的论述，“文化创造比我们迄今为止所相信的有更加广阔和更加深刻的内涵。人类生活的基础不是自然的安排，而是文化形成的形式和习惯。正如我们历史地所探究的，没有自然的人，甚至最早的人也是生存于文化之中”[①]。文化最初的表现形态即是人的生存的一种自觉方式，人的实践从一开始就开启了文化的创造活动，人们和文化的这种相互依存，共生共建的关系，始终遵循合规律性和合目的性的统一，才得以不断推进人类社会历史的进程，实现人类社会的不断进步，在这一创造性的文化实践中，人们不断完成着自我改造、自我发展和自我完善的主体价值实现过程。这是先

① [德] 蓝德曼. 哲学人类学 [M]. 彭富春，译. 北京：工人出版社，1988：260−261.

进文化在之于人的作用中本身能动性的体现，也是促使文化创造主体增强文化自信，更进一步拓展文化实践的激励因素。但文化对人的作用和影响并不都是正向的，所以人民创造、传承和选择的文化并不都是先进的文化，并不都能促进自身发展和社会进步。落后文化、糟粕文化并不能增强人民对自身创造的文化的自信和自豪，发展社会主义先进文化，就是满足人民日益增长的文化需求，激发人民创造先进文化的主体性和能动性。“对我国传统文化，对国外的东西，要坚持古为今用、洋为中用，去粗取精、去伪存真，经过科学的扬弃后使之为我所用。”① 新时代，发展社会主义先进文化，倡导对文化进行创造性转化、创新性发展对于人民而言，可净化心灵，精神皈依。对于社会而言，与时俱进、推陈出新，推动中华文明创造性转化、创新性发展，在社会主义先进文化的发展中，促进文化转化为巨大的经济价值，产生巨大的文化生产力，整合和凝聚整个社会的发展力量，不断促进社会的全面进步和发展。

二、以社会主义核心价值观凝聚人民主体文化认同

中华文化延续着我们国家和民族的精神血脉，祖祖辈辈、一代又一代的中国人薪火相传、代代守护。但文化是一个时代、一个历史发展阶段的产物，必然受当时历史条件的影响和制约，这就要求我们要继续延续和强化本民族的文化认同，必须与时俱进、推陈出新，加强对中华优秀传统文化的挖掘和阐发，赋予其新的时代表达和内涵延伸。在发展社会主义先进文化中，把中华民族最基本最根本的文化基因同新时代中国文化融合起来，同社会发展现状相协调，弘扬中华优秀传统文化的永恒人文价值和文化底蕴，凝聚起中华优秀文化的力量，从而发挥文化自身对人的精神的驱动力，激活其内在的强大生命力，不断增强人民群众的文化认同感。社会主义核心价值观是对中华优秀传统文化、中国革命文化和建设改革文化的新的时代表达和文化诠释，对于凝聚人民主体的文化认同，具有核心引领作用，成为新时代我国社会发展的强大的精神指引。社会主义核心价值观作为一种理论，本身即是思想意识的产物，是人民在中国特色社会主义伟大进程中，在不断的主体实践中，在人——自然——社会的协调发展中凝练出的主导我国当代社会价值取向的主流价值观，担负着重建我国当代文化体系的核心价值走向的重任。马克思分析论证了旧唯物主义和新唯物主义的区别②。从主观性去理解客体，人的思维是否与客观一致，是否被客观所容纳，实践是衡量的唯一尺寸和标准。实践证明，社会主义核心价值观

① 习近平在全国宣传思想工作会议上的讲话 [N]. 人民日报，2013-08-21(01) .

② “从前的一切唯物主义——包括费尔巴哈的唯物主义——的主要缺点是：对对象、现实、感性，只是从客体的或者直观的形式去理解，而不是把它们当作人的感性活动，当作实践去理解，不是从主体方面去理解”。参阅马克思恩格斯选集（第 1 卷）[M]. 北京：人民出版社，2012：133.

在社会主义先进文化发展中，集中体现着当代的中国精神，凝结着全体人民共同的价值追求。通过教育引导、实践养成、制度保障、精神文化产品的创作等，以社会主义核心价值观主导社会生活的各个领域，通过各种方式和建设路径，不断内化于心。社会主义核心价值观内含的是人们思想、文化、道德、价值观等方面的现实需求和审美价值取向，推进社会主义核心价值观的过程中，通过各种途径，将这些现实需求和审美价值取向得以满足、导向和规整。社会主义核心价值观的根本目的不仅仅是增强人们的文化认同感，更多地是实现文化所要达至的一种文化最高境界，即在文化的正向作用下人民的思维活动和主体行为得以整合，形成人民的文化自觉，这种文化自觉是人民作为文化创造主体的现实彰显。社会主义核心价值观要实现这一价值目标，先进文化对于人民和社会的功能价值作用，便实现了本质属性的回归。"任何一种类型的经济，如果它要求人们具有一种与这个伦理道德相悖的民族精神，那么这种经济将不会发展；相反，如果一种经济与这种伦理道德相一致，那么它必然兴盛起来"①。同样地，如果一种文化与社会的发展相悖或不匹配，那这种文化将不会发展；相反，如果一种文化与社会的发展相一致，那么它必然兴盛起来。这也正是社会主义核心价值观的所有实现的价值关键所在。

对此以中国优秀传统文化为基础，立足国情，高瞻世情，通过公共文化服务，服务新时代人们对文化建设的需求，形成中国风尚。社会主义核心价值观是经济全球化背景下，在不同文化因子，各类文化思潮，众多思想观念相互融合、相互激荡、相互碰撞之下应运而生，有着自身生成、完善和发展的思想和现实逻辑。一方面完全符合中国几千年来沿袭而来的中国人对生活的朴素的价值追求。沿袭至今的"根"的家园情怀，"和"的社会诉求，从古至今，无论几经朝代轮换、社会变革，社会性质、社会结构、经济形态、生产方式发生了怎样的变化甚至变革，从未改变过。这从根本上决定了当前公共文化服务的构建和发展，要从根本上对社会主义核心价值观起到助推作用，立足中国人的家国情怀是根本，也是必需，把中国优秀传统文化分化为一个一个文化因子，植入到公共文化服务的建设中。另一方面，社会主义核心价值观的生成并完善为系统理论，完全符合当前特殊的历史背景和当代价值规整的需求。经济的飞速发展，商品经济的理性思维逐渐成为人们衡量其占有社会资源多少、评判其是否贫富贵贱的唯一尺度，获取尽可能多的资本成为人们安身立命最具说服力也最具心理安全感的价值追求甚至是生活目标。凸显公共文化服务的文化传统性，与中国人"家、国、天下"的根本情怀相契合，公共文化服务的使命才有望完成。如此由公共文化服务助推起来的社会主义核心价值观必然更亲民、更符合

① [德] 马克斯·韦伯．新教伦理与资本文精神 [M]. 成都：四川人民出版社，1986：3-4.

人们的心理诉求。理论即是生活，生活即是理论的展开和实践。社会主义核心价值观（最初的样态：纯文本理论）通过公共文化服务（理论的第二阶段样态：理论和实践相伴）使之生活化、社会化（理论的第三阶段样态：实践结果、愿景的达成），随之中国风尚蔚然成风。在全球化的浪潮中，在中国人重建文明体系的进程中，具有中国特色、中国风格、中国气派的发展思想，必将让中国品牌出现在世界人民的面前。“如果一个国家能够使自己的力量被他国视为合法，并建立促使他国以和谐的方式确定其利益的国际制度，它未必需要像其他国家那样耗费昂贵的传统经济资源和军事资源。”[①] 全球化进程的纵深发展，国家与国家之间人口迁徙和流动的速度也随之加快，各国文化资源和文化需求的共享、交流和互通，公共文化服务成为传递我国文化精神和价值取向的最具说服力、也最具民情民生气息的平台。在这里，中国的民族文化在沿袭、中国的文化精神在承续、中国的价值诉求在表达，通过公共文化服务，建立起来的是一套具有辐射和传播效应的人语体系，这套话语体系建构起来的便是我们的中国品牌，它会随着世界各国人们不断迁徙、不断流动的进程的发展，把社会主义核心价值观这一饱含人类文明优秀因子的核心价值观传播到世界各地。

三、以人民为中心保障人民文化权益

人民的文化权益更多地在于满足其精神世界的需求，新时代人民对美好生活需求日益增长在更高层次上对文化权益产生更多的需求。以人民为中心发展社会主义文化，充分体现对人民群众文化权益的高度重视和文化发展的价值目标。人民文化创造主体性的发挥，有赖于人民精神文化素质的不断提升，人民权益实现的程度又影响和制约着人民主体性的发挥。在现代化民主进程不断加快的态势下，人民群众对文化的需求呈现出多层次和多元化的发展特点，如何保障人民的各种文化权益，并满足人民的文化新需求，推动文化事业的大发展大繁荣，是以人民为中心进行社会主义文化建设的现实起点，也是以人民为中心进行社会主义文化发展的重要目标追求和价值旨归。习近平强调，人民是文艺创作的源头活水。在这里，人民作为文化的创造主体和受益主体，给予人民的需求，扎根农民，创造出人民喜怒哀乐的充满情感的作品。新时代中国共产党，以人民为中心，发展社会主义先进文化，依靠广大人民作为文化创造的主体，尊重创作个体和主体的创造性劳动，并给予相应的政策支持，推动文化事业和文化产业的发展，以满足人民对美好生活的新期待为文化发展的价值指向，为人民群众提供高质量、贴合人民需求的精神食粮。例如，信息化时代下，为人民创设多维度、多场域的文化平台，保障人民享有大数据的信息

① [美] 罗伯特・基欧汉，约瑟夫・奈 . 权力与相互依赖 [M]. 门洪华，译 . 北京：北京大学出版社，2002：263—264.

和文化资源。发挥公共图书馆、博物馆、公园、社区等公共文化平台对文化的传播和推动，并利用新的条件拓宽并创新这些文化服务平台，才能以平台助建设，以建设助发展。如博物馆，可以利用信息时代的技术和信息，通过模拟有声场景、投影技术使无声的展品讲述曾经悠久的历史。人们在观看的过程中会迅速地利用自己的手机，把无数的组织信息转化成个人的社会信息，传播效应会迅速地以个人为中心，经由这个中心点呈辐射状在社会、在民众间蔓延开去，并随着传播面的扩大，逐渐增强。这就是传统的组织传播范式渐趋弱化，社会传播随着大数据的出现逐渐增强，并且在传播中不断拓宽传播的渠道，改变着它的运行空间。一部电影，可以经由观看者发布的一张电影票、一段影评以难以想象的速度把与这部电影所有相关的信息变成社会信息。手机信息的推送，会在分秒内把一条信息变成海量关注。由此，充分利用这些文化平台，采用与大数据时代相适宜的推送方式为人民群众创设传播平台等。如此，即实现了文化发展方式的多样化和创新性，又通过信息的不断整合和制度的不断完善，充分保障了人民的文化权益，满足人民的文化需求。“任何一种类型的经济，如果它要求人们具有一种与这个伦理道德相悖的民族精神，那么这种经济将不会发展；相反，如果一种经济与这种伦理道德相一致，那么它必然兴盛起来”[①] 同样地，如果一种文化与社会的发展相悖或不匹配，那这种文化将不会发展；相反，如果一种文化与社会的发展相一致，那么它必然兴盛起来。时代性是公共文化服务发展、兴盛的密码。公共文化服务如何完成文化表达方式、表达路径的转换，赋予其自身文化表达的时代性，是助推社会主义核心价值观的关键。公共文化服务的时代性内含的是人们思想、文化、道德、价值观等方面的现实需求和审美价值取向，利用公共文化服务推进社会主义核心价值观将实现这些现实需求和审美价值取向的满足、导向和规整。当代人对精神层面的追求达到了前所未有的高度，吃穿住行已不是人们生活的单一追求，因此在这种背景下，公共文化活动应当成为满足人们精神需求的阵地。如社区免费舞蹈、棋艺等培训学习，老年人网络知识的教育普及，年轻人新颖而多种方式的价值观引导等；推出和传统节日有关的文化活动等。中国多民族国家的现实，决定了民风民俗是中国最为鲜明的文化特色和地域特色，从而决定了这个具有文化多样性、文化差异性，文化需求多元化的国家，必须以各地的风土人情作为社会文化建设的出发点，公共文化服务同样如此。历史发展到现在，马背上的民族不再如曾经的年代那样，安身立命的基础，必须经由马背上的生活才能奠定；黄道婆主导了乌泥泾、以及乌泥泾所在的松江一带棉纺织业的革新和富足，曾经“衣被天下”的棉纺织地域，随着历史的进程，封存抑或改变了发

① [德] 马克斯·韦伯. 新教伦理与资本文精神 [M]. 成都：四川人民出版社，1986：3—4.

展样态。但在历史的进程中，一个民族、一个地区所延续下来的民族精神和文化传统，历经时代变迁，依然根植在人们心中，这是中国民族沿承下来的民族情结和人文情怀，是中国人安身立命的同时，深藏在心中的精神向往和灵魂牵系的依托。今天的东湾村，人们建造“黄母祠”，雕刻塑像，以示对黄道婆的怀念和敬仰。“黄婆婆，黄婆婆，教我纱，教我布，两只筒子，两匹布。”一个地方和地区的公共文化服务，必须立足于本地的人文地理，尊重并扬弃本地的历史文化传统，使之具有积极向上的时代气息，最终引导人们朝向社会主义核心价值观主导下的价值主轨道上发展、前行。中国话语境的创设，需要尊重各地区各民族之间的文化多样性和差异性，由此，各民族各地区的公共文化服务才能得以建设、推进、发展并完善，在这个过程中，厚重的是当代民族的文化特性，强化的是中国人对本国文化的理解和认同。如此，才能规避全球化形势下人们面对各国文化交汇时的无所适从，进而导致其对文化选择的盲目和理性缺失，人民才能拥有符合自身特性的文化权益。

马克思人民主体性思想的中国化蕴含深厚的人民文化主体性的思想内核和宗旨，是对马克思主义文艺理论的继承、发展和创新。以人民为中心的发展思想同时体现了人民文化主体性思想，一方面有利于社会主义文化在发展中进一步明确什么是社会主义先进文化，怎样发展社会主义文化，依靠谁、通过什么主体力量创造和发展社会主义文化等一系列文化发展的基本问题，同时在以人民为中心的社会主义文化发展中，更加确证社会主义文化的根本价值取向和评价尺度，即是保障人民的文化权益。在社会主义文化的创造和发展中始终坚持以人民为中心的文化发展导向，依据人民的文化需求，确定文化创作的素材，文化产品的研发和生产，提高人民对文化产品的审美能力和消费水平。新时代关于文化建设、文艺创作的这些论述，深刻阐明了社会主义文化发展的依据和方向，在文化建设中同样要坚持人民主体地位，更加明确了保障人民文化权益是社会主义文化发展的价值目标。

第四节　协同治理以提升人民主体参与性

马克思人民主体性思想的中国化理论体系强调人民共建共创共治共享的实践行为，并不断论述实现人民共享是共建共创共治的价值旨归，坚持和继承马克思对人民社会角色的实践定位，并在现阶段的社会治理中丰富和创新了人是社会实践发展的主体的理论。关于人民社会主体性这一理论，马克思恩格斯在《共产党宣言》对此进行理论阐释和预想，人民群众承担着革命建设和共产主义实现的历史使命。习近平坚持并吸收马克思恩格斯人民是社会实践的主体的思想，并对其做出创造性的发展，提出“打造共建共治共享的社会治理格局”，对从中国特色社会主义的建设实践中规定了人民社会主体的角色和地位，协同治理，增强人民的主体参与意识，提升人民的主体参与行为，实现社会治理各个要素之间的良性互动，建构社会治理良好的治理生态。“一个好的社会，既要充满活力，又要和谐有序。社会建设要以共建共享为基本原则，在体制机制、制度政策上系统谋划”①。进一步丰富了人民是社会主体的理论内涵，更加彰显了人民在实践发展中的社会主体性。

一、人民主体从政治范畴向治理范畴的转变

新时代马克思人民主体性思想中国化的最大的丰富和创新就是对“人民”概念的界定。特别是在社会治理领域，关于“人民”这个政治概念在治国理政中发生了表现形态上的转变，人民从政治概念更多地向实践概念转变。人民主体从政治范畴发生了治理范畴的转变。人类社会发展到现阶段，中国特色社会主义进入全面建成小康社会的关键阶段，人民单纯的争取独立、解决温饱问题的单一性要求转向人民对美好生活的需要和对自身发展的设计等综合性需要上。人民主体从争取自身政治解放的阶段性目标，在社会发展的进程中越来越多地开始向综合发展的目标转变。人民主体在社会治理中开始以社会主体、社会治理人的角色出现，成为社会治理的共同的建设者。中国特色社会主义进入新时代，我国现代化的进程逐步加快，人民的社会意识不断增强，各种社会力量迅速增长，社会组织和个人的主体性和行动能力在社会发展中越来越呈现出自主自觉性和积极能动性。在社会治理领域，政府主导型的治理模式和治理格局越来越表现出与现代化的明显滞后性，凸显社会组织和人民主体在社会治理中的主体地位，发挥人民主体的功能作用显得非常日益必要。“要发挥社会各方面作用，激发全社会活力，群众的事同群众多商量，大家的事人人参与。”② 共建共创共治共享的社会治理格局的提出是对社会治理的时代创新，丰富了人民主体的定义，更加突出了马克思主义与时俱进的理论品格，让人民参与到社会治理中，和政府一起成为社会责任的分担主体，弥补政府职能的不足，构建起社会共同治理的社会协同治理格局。

马克思在哲学领域界定了人的本质内涵，人、人民和各类社会组织相互作用、相互联系，结成一定的复杂的社会关系，这些社会关系在实践中组成一个联合的共同体，在这个共同体里，人民进行广泛而持久的对象性的实践活动。这是人之所以存在的本质属性和人作为主体所必需也应当要拥有的现实生存和生活的权利。当人

① 习近平在浙江调研时的讲话 [N]. 人民日报，2015-05-28(01).

② 习近平在参加十二届全国人大五次会议上海代表团审议时的讲话 [N]. 人民日报，2017-03-06(01).

民无法获取人身自由，无法独立地从事现实生活实践时，就无法实现人的本质，主体的这种存在状态是一种异化的状态。正因如此，无产阶级革命首先就是联合全世界无产阶级，夺取政权，完成其自身的政治使命，争得民主，摆脱束缚人身自由的枷锁。所以人民主体在最初的社会关系中主要是一种政治范畴，这一政治范畴的确定是由人所面临的现实条件和人自身的存在状态所决定的。随着政治主体地位的确立，人民当家作主使人民不断获取政治上的独立和政治权益的实现，人民作为国家和社会的主人，作为历史的创造者，创造了丰富的物质财富，为中国特色社会主义的纵深发展奠定了坚实的物质文化基础，人民在共享这些物质文化成果的基础上获取了社会财富，这即是人民即是社会价值的创造者，同时又是社会权益的享有者。人民的社会权益是人民作为社会实践主体，在参与社会实践活动和社会治理中，发挥人民主体性优惠社会关系，促使社会治理体系不断创新，而不断实现社会保障和自身需求的一系列权益的总称。在参与社会治理的实践中，此时人民主体已经从政治范畴开始向社会治理范畴转变。在这个阶段，人民主体所肩负的社会责任决定了这一转变的可能性和现实必要性。坚持以人民为中心，最大限度激发人民参与社会治理的积极性和主动性，并在社会治理实践中不断提升主体的能动意识和主体素质，创新社会治理方式，不断完善和健全公共安全体系，打造全民共建共治共享的社会治理格局。利用多种措施和方法调整和协调人民之间的社会交往关系，充分关照人民参与社会治理活动，期待提升社会服务能力等方面的需求，不断促进社会保障体制机制的完善和创新，为人民社会主体性的发挥提供良好的实践条件。

中国共产党所构建的人民共同参与的共建共治共享治理格局是具有民生特质的现代化治理道路，通过协同治理，提升人民的自主性，在参与治理实践的过程中唤醒人民的主体性，并使之得到确立和延展。人民社会主体性的确立，人民主体向社会治理范畴的转变和进入，集中人民的主体力量以此建构社会治理的现代化，人的对“物的依赖性”在人的社会治理参与度的不断提升和扩展中，将受到不同程度不同因素的影响和消解，人的对物的选择占有性和利用创造的自由度越来越高，“建立在人的全面发展和他们的共同社会生产能力成为他们的社会财富这一基础上的自由个性”①越来越彰显人民主体意识、主体人格和主体创造性的有机统一。随着社会文明进程的加快，人民主体意识的增强，人民参与社会管理的民主意识的增强，社会治理结构呈现出多层次化和多元化，复杂性和衍生性的鲜明特征，人民主体自身角色的多元化和主体需求的多层次性，单一的政府主导型的社会治理结构越来越显现出自身的不足，社会治理的发展状况越来越要求创新社会治理模式，开创新的、适

① 马克思恩格斯全集（第 46 卷：上）[M]. 北京：人民出版社，1979：104.

应社会多元发展和多样需求的社会治理格局。人民主体向社会治理范畴的转型，充分体现了社会治理形态的发展和创新，日益外化为主体间性的政府主导、社会分担、个体参与的共建共治共享的社会治理形态，形成政府主导、社会组织参与、个人自我调节的良性互动的社会治理新格局。通过改革和创新社会治理体制机制，在政策制定、制度安排和社会治理条件的创设方面搭建良好的参与平台，激发和引导人民群众参与到社会治理实践中来，充分发挥其社会主体的能动性和创造性。

政治范畴的人民主体与治理范畴的人民主体是从不同角度来诠释的，对人民主体在具体实践领域所表征的功能作用和社会发展要求而做出的概念界定和内容规定。依靠人民主体力量，建设社会主义国家，人民当家作主，保证人民民主专政无产阶级专政。这必然需要运用阶级分析来认识人民主体的作用和地位，这是无产阶级所肩负的历史使命所决定的。社会治理的人民主体主要通过社会治理中不同的治理角色和治理责任，运用社会分工分析人民主体在社会不同的实践领域和工作领域所承担的社会角色，突出人民主体的社会职责和职能，强调人民主体在社会发展中的社会权益，以及在获得这些社会权益所要享有和承担的权力和义务。无论是政治范畴的人民主体还是治理范畴的人民主体，其共性都坚持人民主体性，人民是社会发展的动力，是社会实践的主体，是社会财富的创造者和享有者，是社会发展最终的价值主体。但范畴的转变也必然带来二者在不同范畴的差异性。政治范畴的人民主体有利于我们把握社会发展的方向，以人民为中心来指导和发展中国特色社会主义伟大事业，坚持我国的社会主义的社会性质。脱离政治性，人民主体便成为抽象意义上的一个概念，人民社会权益的保障和价值实现就无从谈起。治理范畴的人民主体有利于为人民创设一个良好的社会关系，有利于社会发展的规导和各种利益的协调。由此，二者在社会发展中相互作用，互为补充，通过在不同范畴所具有的功能作用共同推进社会的全面进步。“社会治理是一门科学”，“要讲究辩证法，处理好活力和秩序的关系”，“注重动员组织社会力量共同参与，发动全社会一起来做好维护社会稳定工作。”①

二、人民主体参与于社会治理的功能作用

坚持人民主体地位是中国共产党的根本政治立场，也是中国革命和社会主义建设，更是中国特色社会主义实践经验的总结。中国特色社会主义进入新时代，党的治国理政面临新的问题和新的发展态势，推进国家治理能力和治理体系现代化，科学而有序地协调好社会发展中的各个主体间的关系，解决和处理好各个利益主体间

① 习近平在中央政法工作会议上的讲话 [N]. 人民日报，2014-01-09(01).

的问题，更好地实现不同利益主体的不同的价值诉求，需要我们进一步理解坚持人民主体地位的核心内涵和价值旨归，在社会治理中充分发挥人民主体性，最大限度地实现社会资源在全体社会成员实践中配置和优化，厘清国家、社会、个人、人民、社会组织、政府、市场等之间的关系，不断促进社会治理模式的全民共建。现代国家的社会治理，人民主体的参与程度是衡量社会治理水平的核心标准。所以，习近平指出，“要通过社会体制改革创新，充分调动各方面积极性，最大限度增强社会发展活力，充分发挥人民群众首创精神，使全社会创造能量充分释放、创业活动蓬勃开展。”[①]治理“体现的是系统治理、依法治理、源头治理、综合施策。社会治理是一门科学”，“用科学态度、先进理念、专业知识去建设和管理城市”[②]，把这一思想理念融入社会治理的方方面面，对于现代国家的社会治理至关重要。

第一，从社会治理的必要性分析，在社会治理中扩展人民主体参与面，提升全体人民的普遍参与性，具有重要的现实意义和实践必要性。现代社会发展所造就的是一个责任社会，这一责任要求每一个社会主体都要承担起现代社会国家治理的职责和任务，传统意义上政府主导型社会治理模式在现代化进程中迫切需要转型，使社会发展中的个体、人民主体和社会组织等积极参与到现代化的国家治理中来。责任和风险往往相融共生，近些年来，我国对风险应对的社会治理能力和执政态度，充分体现了党和国家发挥社会主体和社会组织等应对风险的治理模式。每个社会成员在社会利益面前是平等的，享有公平正义的权益，同时在承担的责任和所面对的风险面前同样也是平等的，现代化进程中出现的问题较之以前往往带有连带性的特点，牵一发而动全身，每个社会主体在责任和风险面前往往都无法单独完成或者进行规避救治。这就需要社会治理充分协调和处理好整个社会治理结构，优化社会各个要素之间的相互关系。这样就在极大程度上解决了政府主导承担社会治理重任和应对风险力量不足的问题，逐渐建立起个体与社会组织、社会组织和社会组织之间的互通连接，形成责任共担、风险共对、利益共享的休戚与共的社会治理格局，形成政府主导、社会和社会主体个人协同治理的共建共治共享的社会治理生态。

第二，人民主体参与性和社会治理之间是一个双向的改造过程。人民主体的社会参与度对于社会治理而言，是主体见之于客体的实践活动。在人民主体性的改造下，社会治理呈现出客体的不断完善和进步，社会治理对于人民而言，是需要被主体实践加以改造的对象化的世界，在人的社会主体实践的作用下，社会治理愈来愈趋向人的思想观念，发展目标的价值指向。而对于人民这一社会治理的主体而言，

① 习近平在武汉主持召开部分省市负责人座谈会时的讲话 [N]. 人民日报，2013-07-25(01).

② 习近平在参加十二届全国人大二次会议上海代表团审议时的讲话 [N]. 人民日报，2014-03-06(01) .

社会治理的科学化和现代化水平，决定着人民主体在实践中所改造自身状态的程度，人民在实践中所获得的社会权益的多寡有赖于整个社会治理结构的优化和社会治理效益的提升。这充分体现了马克思主义基本原理主体和客体之间的辩证关系原理。强调打造共建共治共享的社会治理格局，是习近平人民主体性论述中对人民是历史创造者这一基本原理的现实运用和实践丰富。全部“社会生活在本质上是实践的”①，人民主体性是马克思主义基本原则，更是实践的唯物论，丰富的实践性是人民之所以是历史创造者的根本特质。马克思恩格斯对未来社会做了科学的设想，所有人的富裕是共产主义社会发展的目的，人民物质需要的极大满足是人生存和发展的最基本的条件。各尽所能、按需分配所有实现的就是全体社会成员对社会福利的全员共享，福利归属社会，却为每一个社会成员提供各类生存生活所需。这一社会建设的思想在《哥达纲领批判》、《资本论》等著作中也有丰富的论述，充分阐明在未来社会主义条件下，社会拥有足够开阔的选择空间，所有人都能在社会中找到自己需要的工作，发自内心地为这份工作展示自己的个性，创造出尽可能多的工作成果，在这样的社会里，社会给每个人都提供着充裕的物质财富和闲暇时间，劳动不再是生活的第一需要，更多地是为了满足个人自由和发展所需，每一个人在社会中获取了充分的真正的自由和个人发展的空间。当前我们坚持以人民为中心的发展思想，打造共建共治共享的社会治理格局，关注人民群众最关心、最直接、最现实的利益问题，提高社会治理的社会化、法治化、智能化和专业化水平。

第五节　建设美丽中国以实现人民美好生活诉求

人与自然是生命共同体。人类只有遵循自然规律才能利用自然来发展自己，进而促进社会的进步。中国特色社会主义要实现的现代化是人与自然和谐共生的现代化。现代社会的发展人们的物质生活逐步丰富，随着而来的对精神生活的需求愈加凸显，人民对良好生态环境的热爱和期盼也是我们当前社会发展需要关注的美好生活的需求。注重生态文明建设，为人民创造更为优美的自然环境，陶冶人们的精神，更好地满足人民群众对美好生活的需求。

一、自然是人的生存源头

① 马克思恩格斯选集（第 1 卷）[M]. 北京：人民出版社，2012：139.

在马克思看来，人的“普遍性”[①]越高，人的精神范围就越广阔，人的精神需求就更多元化，人通过加工、享用和消化，丰富和滋养人的精神世界。人通过思想意识和实践能动性把这些产品表现为食物、燃料、衣着形式和房屋形式等等不同的表现形式，最终来满足自己生存和发展的需要。这是人和自然相存共生的天然的联系，具有其内在的不可割断的内在规定性。“人靠自然界生活”，“自然界是人为了不致死亡而必须与之处于持续不断的交互作用过程的、人的身体”，“人是自然界的一部分”[②]。人类在现代化的进程中，注重追求经济发展的高效益而对大自然进行的伤害和过度利用，最终会伤及人类自身。近些年由于生态环境的破坏，给我社会和人民生活造成了严重伤害。加强生态文明建设，加快生态文明体制改革，转变发展观念、发展方式，形成良好的资源循环利用的绿色发展道路，是我们还原宁静、和谐和美丽的大自然的必然选择。“纵观世界发展史，保护生态环境就是保护生产力，改善生态环境就是发展生产力。”[③]

二、生态权益是人生存的基本权益

人和自然的相融共生的相互依存关系决定了自然生态是人生存生活的基础来源，人们从这一基础来源中获取自己生存和生活的基本生活资料。人的能动性和创造性的实践活动，以及人改造自然、推进社会发展的主体性必须要借助这些自然产品才能开展和实现。这是现代社会真正具有现代性的衡量标准中的首要标准。人们的生存和生活活动的展开必须在一定的自然环境中进行，人们的主体行为直接或间接地都与自然生态发生着不可分割的联系。人与自然在生活实践中的这些联系和作用不断影响着自身的发展和生活状态的变化。现阶段人们对于良好自然生态的期盼和向往，在很大程度上反照着人和自然这种天然内在关系的种种断裂，人在这种断裂中越来越感受到生存的威胁和未来生活发展的危机感。人们对于这种断裂的敏感源于人的本质意义上的自然性，源于人在自然环境中长期形成的普遍性。当人们发现靠自身自觉的能动性无法解决面临的断裂时，长久以来人们和自然和谐共生的普遍性便产生修复和重构的自我保护意识。这一保护意识反映在现实思想意识之中即是人

① “人不像动物那样是片面的存在物，而是普遍的、无限的存在物。”参见马克思恩格斯选集：第1卷[M]. 北京：人民出版社，2012：875. 在这里人的普遍性是人在实践世界表征出来的特质，人的意识的存在，人的主体能动性使人与自然、人与事物产生关系成为现实可能，“人是类存在物”，“人在实践上和理论上都把类——他自身的类以及其他物的类——当做自己的对象”，而且“人把自身当做现有的、有生命的类来对待”，就是这种意识和能动性，人作为一种普遍的、自由的存在物进行生活实践。参见马克思恩格斯选集（第1卷）[M]. 北京：人民出版社，2012：55.

② 马克思恩格斯选集（第1卷）[M]. 北京：人民出版社，2012：55-56.

③ 习近平在海南考察工作结束时的讲话[N]. 人民日报，2013-04-11(01).

们对美好自然生态的诉求。这一诉求是人们对未来自然发展美好前景和个人与自然和谐共生状态的目标和理想，是激励人们重建美好自然生态的强大的精神力量。“生态权益是人的自由而全面发展中最为基础性的也是最为根本性的权益。生态权益贯穿于每一个个体从出生到死亡的全过程，同样，也贯彻于人类社会从产生到消亡的全过程”[①]。人民对美好自然生态的向往是历史性和现实具体性的统一，蕴含着人们对生活的综合需求，生态权益居于人们其他社会各个具体权益的基础环节地位，生态权益的获取，最终直接决定了人们其他各项社会权益的实现和享有。“保护环境就是保护生产力，改善环境就是发展生产力”，不断实现人民富裕，国家强盛，建设美丽中国。生态问题是一个关系到民生发展和人的发展的重大政治问题，加强生态文明建设，为人民提供安全、舒适、健康、干净的环境，实现经济的可持续发展，充分保障人民群众其他各项社会权益的真正实现。对人民生态权益的关注，充分体现了党和国家对人民主体性的坚持，对人民主体地位的尊重和关注，是对人民价值的高度关注。

三、构建生态文明体系建成美丽中国

党的十八大以来，党在生态文明建设领域做出了重大战略安排，通过生态文明体系内部各个体系之间的相互作用、相辅相成，加快生态文明体制改革，使人回归大自然，使大自然回馈人类。在这一体系的建构中不断实现建成美丽中国的生态目标，实现中华民族永续发展。

(一) 人与自然和谐共生的科学自然观

用人对自然的绿色意识逐步实现自然的回归。这是一个关于人与自然关系的基本问题。在经济建设的过程中如何维护人与自然的和谐统一，在追求生产力的提高和社会财富的积累上，如何利用和对待自然，是社会走向现代化目标必须要回答的问题。人类在不断走向进步和文明的社会历史中，用自己的主体性劳动不断论证着这样一个事实：动物和自然界的关系仅仅是动物以“自身的存在”这一事实从而引起自然界的变化，这种关系仅仅是一种简单的单一性的单向关系。而人则通过他的行为使自然界发生着变化，人在自然界中足迹使自然界具有了“为人”的价值和意义，人在自然界中不断改造着自然界，使自然界不断具有为自己生存和生活服务的功能价值，最终人便具有了支配自然界的主观意念。人们的这种实践性的主体活动也往往让人陷入“人定胜天”的主观臆想中，现代文明发展至今，种种发展模式和

① 方世南、周经纬. 生态权益与人的自由而全面发展 [J]. 山西师大学报(社会科学版), 2013(04) .

发展行为所带来的自然生态状态都反证着人的这一主观臆想的盲目性和夸大性。对于我们在经济发展中所造成的人与自然关系的失调，以及所导致的破坏自然的严重后果，"这种事情发生的越多，人们就越是不仅再次地感觉到，而且也认识到自身和自然界的一体性"①。人因自然而生，依赖自然而进行生活和实践，这种共生关系是人得以存在的本源。

(二) 绿水青山就是金山银山的绿色发展观

新发展新理念给自然生态留下休养生息的时间和空间。绿水青山是大自然最初的自然样态。绿色发展理念倡导用实际行动美化环境，不断提高森林的数量和质量，提高森林覆盖率，不断提升生态系统质量和稳定性，让人民融入青山绿水的大自然中，回复人与自然和谐共处的状态，同美好的自然环境融为一体。留住绿树青山同时也是为后人造福，始终尊崇自然的敬畏心理，全民动员，倡导绿色发展，坚持绿色生产方式和绿色、低碳、循环、可持续的生活方式，呵护自然，实现社会的可持续发展。人们赖以生存和生活的实践活动，也必须在自然中和这些自然产品产生不可分割的联系，自然产品才能为人所用，成为服务人生存和生活目的的再生性产品，人才能在和自然的和谐共处中不断提升自身的主体性，推动整个社会历史的进步和发展。绿水青山就是金山银山，要求我们必须用可持续发展方式促发展，遵循天人合一、道法自然，寻求中国特色社会主义的永续发展道路。

(三) 良好的生态环境是最普惠的民生福祉的基本民生观

建设良好的生态环境，也是新时代民生工程的重要内容。近些年来，人民群众所赖以生存的生活环境越来越受到环境污染的严重影响，有关环境污染所导致的人身伤亡、安全健康事故层出不穷，构建绿色生态体系，为人民群众的生活提供良好的健康安全保障，越来越成为我国生态文明建设所必须要解决的一个突出的民生问题。发展依靠人民，发展为了人民，人民的生存条件和生活环境的好坏，是中国特色社会主义发展的目的和价值指向。始终为广大人民谋福祉是我们党始终的价值追求，面对损害人民群众健康的生态问题的愈加突出，我们党把生态建设提升到民生建设的领域，把生态建设作为最普惠的民生建设来对待，突出体现了党和政党对人民群众的尊重和热爱，更是执政为民的现实反映。

(四) 山水林田湖草是生命共同体的整体系统观

① 马克思恩格斯选集：第 2 卷 [M]. 北京：人民出版社，2012：999.

良好的生态系统是一个多种生态物种所构成的一个系统生态链，大自然是由各个生命、自然物等组成的丰富的世界。马克思曾明辨地指出，世界万事万物都是相互联系的辩证统一关系，各个事物以其自身的存在方式和客观规律性和周围其他事物发生着相互联系和相互影响。这即是马克思科学的唯物辩证法思想。山、水、林、田、湖、草等共同构成自然界的整个生态循环系统，各自以其自身的内在规律性和发生状态相互影响并相互依存。建设生态文明建设，需要我们统筹兼顾，综合性开展生态建设工程，既坚持唯物主义，又坚持辩证法，全面地看待和认识整个生态系统的本质和内在的存在发展规律，深刻把握万事万物的内在统一性，推进整个生态文明建设的系统全面发展。

（五）保护生态环境的严密法治观

用制度保障生态文明建设的切实推进和深入，为生态文明建设建构坚实可靠的保护网，加快制度创新，完善经济发展考核评价体系，把资源消耗、环境损害、生态效益等体现生态文明建设状况的指标纳入经济社会发展评价体系。强化制度执行，使之成为推进生态文明建设的重要导向和约束，让制度成为刚性的约束和不可触碰的高压线。这些法治观充分体现了党和国家对于生态文明建设和环境整治的决心和力度，建立责任监管和追究制度体系，加大对责任追究的深度和力度。

（六）共谋全球生态文明建设的共赢全球观

人类经历了农耕时代的文明，海上文明和工业文明才得以使现代社会发展到现在的文明状态，工业文明的发展首先一定是生态文明的同步实现，这是现代文明最基本的呈现状态。“生态兴则文明兴，生态衰则文明衰”。习近平提出的人类命运共同体的全球治理模式，积极承担全球治理的责任和义务，这是中国共产党作为无产阶级政党着眼于全人类的国际视野所作的对人类社会发展的历史使命的新阐释和新作为。2018年习近平在全国生态环境大会上再次重申，继续推动人类命运共同体的建设，在建成美丽中国的过程中，不断积极促进美丽世界的实现。

第六节　全面从严治党以坚守人民本位

全面从严治党是新时期中国共产党依据世情、国情，党情，以及人民群众对党的现实诉求，对新时代党的建设的政治目标和执政宗旨所做的全新部署和富有魄力的政治实践，全面而深刻地彰显了坚守人民本位，以人民为中心，全心全意为人民服务，执政为民的执政理念。一个政党，一个政权，其前途命运取决于人心向背。全面从严治党的政治建设，是新时代党充分认识新的执政考验、改革开放考验、市场经济考验和内外部环境考验等的长期性和复杂性，深切认识到在当前各种考验面前，全面从严治党，不仅是党保持马克思主义无产阶级政党性质的需要，更是加强党的长期执政能力建设，把党建设成为新时代现代化执政党的需要。为适应新时代党的建设总要求，“坚持和加强党的全面领导，坚持党要管党、全面从严治党，以加强党的长期执政能力建设、先进性和纯洁性建设为主线，以党的政治建设为统领”[①]。全面从严治党的价值目标是实现良好的党内政治生态，凸显党执政的人民性。党内政治生态作为一个社会有机体，同样是由各种要素组成的。各政治主体要素之间相互影响、相互制约又相互激励，直接反映着党内民主政治生活的民主化、科学化和现代化程度，影响着党内“善治”生态建构的进程。

一、人民的拥护和支持是党执政的政治基础

马克思人民主体性思想的中国化包含着丰富的执政为民的政治目的。[②]“党风廉政建设和反腐败工作是全面从严治党的一部分，党的建设必须全面从严，各级党组织及其负责人都是责任主体。”[③]人民是政治主体，党执政的宗旨是全心全意为人民服务，人民是党执政的评判主体和价值主体。随着现代政党政治的发展和进步，如何建设现代化的政党，提升政党自身的政治整合功能和统治功能，丰富、完善和创新现代政党制度，是新时代党建需要解决的重大课题。在世界化的国际浪潮中，近代德国的崛起及其现代化进程具有自身明显的独特性，人们称德国是“崛起在‘现代化与传统之间’”。这一特点充分说明德国在现代化进程中的某种不同步和不平衡性。以铁路和重工业建设为契机，德国迅速完成了由农业社会向工业社会的转型，在经济上展示出强劲的现代性。但非常不同步的是德国政治体制的相对滞后，滞后的政治体制附带有明显的传统性，这种传统性却成为德国飞速现代化不可忽略的推动力。然而这种发展状态是否会带来德国政治民主化的同步跟上？马克斯·韦伯曾有过这

① 习近平．决胜全面建成小康社会夺取新时代中国特色社会主义伟大胜利——在中国共产党第十九次全国代表大会上的报告（2017年10月18日）[M]. 北京：人民出版社，2017：62.

② 习近平在庆祝中国共产党成立九十五周年大会上的讲话（单行本）[M]. 北京：人民出版社，2016：18.

③ 习近平在第十八届中央纪律检查委员会第六次全体会议上的讲话（单行本）[M]. 北京：人民出版社，2016：17.

样的论述："这里存在的只有两个选择：要么，公民大众在一个徒具议会制统治外表的官僚制'威权国家'中丧失自由权利，像一群家养牲畜一般被置于'行政管理'之下，要么，公民作为共同统治者被整合进国家之中。"[①] 党的作风和党的工作的实践落实是党的形象的展现，党的建设的科学化和现代化水平，关系到人民向背。全面从严治党的目标和核心就是始终保持党与人民群众的血肉联系，以人民为中心，同人民同呼吸、共命运，坚守人民本位，立党为公、执政为民，这是我们党历史唯物主义的根本立场的体现。亨廷顿指出："处于现代化之中的政治体系，其稳定性取决于其政党的力量，而政党强大与否又要视其制度化群众支持的情况，其力量正好反映了这种支持的规模及制度化的程度。"[②] 习近平不断强调，中国共产党的性质是马克思主义无产阶级政党，拥有者马克思主义执政党的强大的真理性力量，更要在人民群众心中树立起强大的人格力量，在政治实践中，不断获取人民群众的拥护和支持，让人民群众切实感受到自己是国家的主人，增强人民主体的自主性和能动性，最终夯实党执政的政治基础。

党的十八大以来，随着市场经济体制的纵深发展，我国社会进入了攻坚克难的关键时期，社会利益结构间出现了分化和冲突。同时党的队伍也受到各种市场经济利益价值的侵蚀，个别党员干部脱离人民的现象层出不穷。如何全面从严治党，重构党内政治生态，获取人民的拥护和支持，是新时代党执政党建设过程中面临的挑战。执政党执政能力和执政水平的高低，成熟程度在很大程度上表现在对人民各种利益冲突的具体解决的政治行为中。处理和协调人民各种利益之间的冲突，最大限度满足人民群众的利益诉求，需要党具有科学理性的执政思维，坚持人民利益至上，才能在复杂的各种利益冲突中坚持人民之上的政治目标。党必须用自己的执政行为和执政结果来证明党的全心全意为人民服务的政治理想不是一句空洞抽象的口号，这一理想渗透在党执政的具体的社会建设内容之中，那么在现实实践活动中，这些看得见的民生工程，惠民成果，会获取人民群众的具体评价和认同。人民的拥护和支持在政治学中被定义为执政党的政治合法性基础。[③] "还权于民"，广纳民情民意，集中民智，广大党员和人民自愿合作，并自觉认同，产生共谋、共治、共享的良好政治秩序和良性治理循环。[④] "认同性危机是现代国家建构过程中第一个、也是'最根本的危机'。"[⑤] 人民群众对执政党的政治认同不是政治权威下的被迫生成，它体现

① [德] 马克斯・韦伯. 韦伯政治著作选 [M]. 阎克文，译. 北京：东方出版社，2009：106.

② [美] 塞缪尔・P・亨廷顿. 变化社会中的政治秩序 [M]. 上海：三联书店出版社，1989：377、242.

③ 俞可平. 全球化时代的善治 [J]. 商务周刊，2002(01).

④ 王浦劬. 政治学基础 [M]. 北京：北京大学出版社，1995：162.

⑤ [美] 鲁恂・W.派伊. 政治发展面面观 [M]. 天津：天津人民出版社，2009：81.

为人民对执政党所构建的政治文化的心理自愿认同，如此，执政党才能获取人民群众的拥护和支持。中国共产党倡导的以社会主义核心价值观为主导的意识形态建设基于中国优秀传统文化的深厚底蕴，完全契合中国人民的文化心理期盼，这就为党的执政奠定了政治稳定和社会发展的坚实文化心理的基础。党是人民历史和政治的必然选择，党的权力是人民赋予的，国家的一切权力属于人民，以人民为主体是党的建设和治国理政的核心，全面从严治党从根本上指向的是广大人民的根本利益和权利实现。党的十八大以来，中国共产党对全面从严治党的决心和力度，对党的建设的整体布局，都充分展示了中国共产党净化党内政治生态的政治魄力和良政思维。所有的实践都确认，党只有建立一个高度团结和具有高度凝聚力的党组织，通过民主协商，汇集其国家与整个社会的力量，并建立起一个均衡性的社会结构，不断激发这个结构内部要素间的有机互动和发展，才能搭建起人民生活诉求的平台。全面从严治党提升党的队伍的优化和科学性，表明党组织在人民心中的合法性，以及党的执政理念、执政行为和人民之间的良好合作和相互生成。全面从严治党，建设党内政治生态离不开人民的自愿合作和政治的自觉认同。党的建设的整体推进，全面部署，深入开展反腐败斗争，党用自身的政治行为践行着党的宗旨，为最大限度获取人民群众的支持和拥护不忘初心，始终牢记党的使命。

二、党内良好的政治生态是人民的意愿诉求

党的十八大以来，党严肃党内政治生活和反对奢靡之风等，反腐的力度越来越大，充分体现了党对于反腐败工作的坚韧和执着，努力实现干部清正、政府清廉、政治清明的党内政治生态。经过这些年坚持不懈的努力，党内政治生活呈现许多新气象，海晏河清，朗朗乾坤指日可待。中国共产党是中国最广大人民的根本利益的忠实代表，人民渴盼在党内“善治”生态中，海瑞那样的始终以人民为衣食父母的党员干部普遍存在，为自己的意愿代言，为自己权益的实现不懈谋取。习近平强调良好政治生态是实现政通人和、安定有序的基础和前提。

从党的建设视域来看，良好的政治生态即是中国共产党在党建结果和目标意义上，在“营造风清气正的良好政治生态”的过程和目标追求中所想要实现的“良好的治理”(good governance)。在这一概念下，良好的政治生态具有静态和动态双重涵义。从想要达成的党建价值目标分析，良好的政治生态更多地表征为一种静态结果，是党建所呈现出的党内政治生态的最佳状态；从党的建设的过程和路径分析，良好的政治生态是一种达成和服务于某种好的目标模式的党的建设过程和方式，在这个意义上良好的政治生态表征为一种动态实践。良好的政治生态建构是既是新时代党建

的路径，同时也是党建的目标。[①] 新时代基于中国的社会现实，全面从严治党，建构党内良好的政治生态，将为中国共产党应对社会秩序的复杂化和国家治理的现代化需求，提供强有力的合法性基础和政治聚合力。全面净化党内政治生态、清正官场风气是新时代中国共产党领导集体对当前党的政治生态的现状全面分析之后作出的重大决定。"政治生态"与"从政环境"是倡导"政治生态也要山清水秀"的思想理念下提出的两个政治概念。"政治制度的决定性作用"。[②] 这些关于政治制度的新表述进一步指导我们对于制度体系内在逻辑的理解。长期以来，党在政治过程中，在贯彻和执行各种制度的过程中，发挥民主集中制原则所带来党建、国家建设、人民群众的政治认同等方面的成就有目共睹。"人民对美好生活的向往，就是我们的奋斗目标。"全面从严治党，反腐倡廉，净化党内政治生态，始终保持党的先进性和纯洁性，始终代表人民的意愿诉求和利益表达，这是全面从严治党的价值旨归，也是党对人民主体地位的坚守。

① 魏治勋．法的"规范性稀薄化"及其历史谱系 [J]. 法学评论，2012(02)．

② 习近平．在庆祝全国人民代表大会成立60周年大会上的讲话 [N]. 人民日报，2014-09-05(01)．

第七章
马克思人民主体性思想中国化的重要价值

中国特色社会主义社会和谐发展的重要条件和社会主义制度优越性的集中体现，就是始终坚持人民主体性原则和保障人民主体地位。“人民主体”不仅包含了重视群众历史作用的价值取向，也彰显了对人之价值与意义的充分肯定。[①] 相比于资本主义制度，中国特色社会主义制度之所以具有优越性，不仅在于能够激发最广大人民群众参与社会主义建设和改革实践的自觉能动性和自主创造性，还在于能够更好认识和充分发挥最广大人民群众的主体性，还体现在其能够更好地促进社会生产力的发展，能够创造更多的社会物质财富以更大程度上改善人民的生活和增进人民的福祉。除了对于全面指导中国特色社会主义事业的建设和发展，马克思人民主体性思想的新时代发展对于指导“一带一路”和人类命运共同体建构等国际社会合作发展都具有丰富的价值意义。

第一节　马克思人民主体性思想中国化的理论价值

发展为了人民、发展依靠人民和发展成果由人民共享，是马克思人民主体性思想中国化的本质内涵，为深化理解新时代中国社会发展动力问题提供了思想指引。正是因为对马克思主义理论体系的这一继承、发展和创新，从理论上奠定了马克思人民主体性思想中国化在马克思主义理论体系的重要的理论价值和意义，成为习近平新时代中国特色社会主义思想的核心和重要的组成部分。

一、是习近平新时代中国特色社会主义思想的重要组成部分

马克思人民主体性思想的中国化为新时代深刻领会马克思主义进一步指明了方向，是坚持人民当家作主和建构平等、民主、自由、相互尊重的社会关系的根本指

① 杨明．人民主体思想内涵的四维解读 [J]. 中共中央党校学报，2013(05)．

导思想。马克思人民主体性思想的中国化是在中国特色社会主义建设发展过程中不断概括总结、高度凝练的马克思主义政治真理，是深刻理解马克思主义为人类谋幸福终极理想的思想理论源泉。中华民族伟大复兴“中国梦”的实现是全体人民的共同目标，必须时刻牢记马克思人民主体性思想的思想精髓，坚持运用马克思主义唯物史观和唯物辩证法。最广大人民群众才是社会历史创造的主体，中国特色社会主义建设发展必须保证在国家政治社会生活中贯彻人民当家作主，不断丰富完善民主制度、形式、渠道，巩固发展爱国统一战线，坚持完善人民代表大会制度、多党合作与政治协商制度等社会主义协商民主制度。马克思人民主体性思想的新时代发展是习近平新时代中国特色社会主义思想活的灵魂和重要哲学基础。“一切划时代的体系的真正的内容都是由于产生这些体系的那个时期的需要而形成起来的。”①在党领导全面深化改革开放和推进中国特色社会主义建设的伟大实践中，马克思人民主体性思想的中国化是首要的和统领性的思想指引，并不断得到丰富和发展。党的二十大报告强调，必须坚持人民至上，全面落实以人民为中心的发展思想。人民是历史的创造者，是决定党和国家前途命运的根本力量。”“依靠人民创造历史伟业。”新时代深入学习研究马克思人民主体性思想的中国化时代化，对于坚持党对一切工作的领导、全面深化改革开放、坚持新发展理念和坚持全面依法治国等十四项新时代中国特色社会主义的基本方略具有根本性的指导意义，是我们党应对各种复杂局面、经受住各种风险考验，推进国家治理体系和治理能力现代化，实现中华民族伟大复兴的思想理论基础。“正确把握了人民主体作用在新的历史条件下的全部内涵，为中国农民摆脱传统体制实现第二次解放，实现其主体价值提供了必要的条件和保证。社会主义制度的基本属性使中国人民的主体价值避免了资本主义社会中那种人民主体性的流失和异化，在一个新的层次上实现了中国人民的主体地位。”②

二、为中国特色社会主义全面建设提供理论指导

马克思人民主体性思想中国化的丰富论述是在马克思主义人民主体性思想基本原理上的继承和深化，结合新时代中国特色社会主义建设实际和新的历史时期人民主体意识的增强进行的时代发展，在新的探索和实践中不断生成新的表述、新的发展视角，使这一理论体系愈加开阔，实践性、战斗性更鲜明，这也是马克思主义理论本身的内在理论特质，也是马克思主义理论之所以具有真理性和科学性的根本原因所在。

第一，马克思人民主体性思想的中国化为中国共产党领导全国各族人民实现中

① 马克思恩格斯全集（第 3 卷）[M]. 北京：人民出版社，1960：544.

② 李觐．党的历代领导核心对人民主体思想的传承与创新 [J]. 理论学刊，2009(08)：28.

国特色社会主义建设目标提供了价值旨归。“人民的国家是保护人民的。有了人民的国家，人民才有可能在全国范围内和全体规模上，用民主的办法，教育自己和改造自己，使自己脱离内外反动派的影响……改造自己从旧社会得来的坏习惯和坏思想，不使自己走入反动派指引的错误路上去，并继续前进，向着社会主义社会和共产主义社会前进。”①从人民主体性思想历史渊源看，在新民主革命时期，全体人民群众利益的具有根本性、整体性和广泛性，提出中国共产党“为人民服务”的根本宗旨。为了改变中国人民贫穷落后的物质生活基础条件，中国共产党坚持以改革开放为基本国策，其价值旨归就是人民主体性思想。“三个代表”重要思想明确了“始终代表最广大人民群众的根本利益”等重要的人民主体性思想理念。“科学发展观”则强调关注民生和可持续的科学发展理念，明确了坚持以人为本的价值导向。“树立人民主体观，实现人民主体性，对于发挥社会主义制度的优越性、保持党的先进性、增强经济社会发展的科学性具有决定性的意义。”②新时代坚持“以人民为中心”，坚持将最广大人民群众的根本利益放在首位，反复强调人民主体地位。新时代中国特色社会主义建设，马克思人民主体性思想中国化是推进中国特色社会主义建设目标的思想理论保障。

第二，马克思人民主体性思想的中国化为中国共产党加强党的建设提供了根本指导思想，必须坚持统筹推进党的政治建设、思想建党和制度治党。“我们共产党人区别于其他任何政党的又一个显著的标志就是和最广大的人民群众取得最密切的联系，应该使每个同志明了。共产党人的一切言论行动必须以合乎最广大人民群众的最大利益，为最广大人民群众所拥护为最高标准。”③要坚持人民主体地位，必须坚持全面从严治党，把服务于最广大人民群众对美好生活的向往作为加强党的建设的根本目标，把党的群众路线工作方式方法切实贯彻到治国理政的所有活动中，必须深入践行中国共产党全心全意为人民服务的根本宗旨，紧紧依靠最广大人民群众去创造更多伟业。新时代中国共产党以人民主体性原则为核心原则，一个党员干部关键看他“是否能树立牢固的宗旨意识”④，以此作为考察的核心标准。“这种新的认知，不仅恪守了马克思主义唯物史观的核心立场，也凸显了发展中国特色社会主义事业的时代诉求。”⑤

第三，马克思人民主体性思想中国化为实现中国特色社会主义终极目标和阶段

① 毛泽东选集（第 4 卷）[M]. 北京：人民出版社，1991：1476.
② 罗文东 . 人民主体观与中国特色社会主义 [J]. 江汉论坛，2011（05）.
③ 毛泽东选集（第 3 卷）[M]. 北京：人民出版社，1991：2094–2098.
④ 习近平 . 习近平谈治国理政 [M]. 北京：外文出版社，2014：415.
⑤ 陶日贵 . 精神 · 制度 · 思想：马克思人民主体思想的当代诠释 [J]. 学习与探索，2016(05).

目标指明根本动力源泉，为确保国家长治久安和人民安居乐业提供了思想理论基础。论及旧的体制机制和人民的能动性之间的关系时，邓小平明确指出，所有旧的东西“阻碍了生产力的发展，在思想上导致僵化，妨碍人民和基层积极性的发挥”①。“人民拥护不拥护、赞成不赞成、高兴不高兴”是我们制定方针政策的根本尺度。党的十九大、二十大反复强调，不断增进最广大人民群众的福祉是中国特色社会主义发展的根本目的。“社会主义现代化建设是我们当前最大的政治，因为它代表着人民的最大的利益，最根本的利益”。②

三、促进马克思主义理论在当代中国的丰富和发展

首先，马克思认为，“人民主体性”实现的前提条件就是“现实的个人”。其一，马克思提出“现实的个人”，“任何人类历史的第一个前提无疑是有生命旳个人的存在。”③当人的生命肉体消亡，他的历史也就结束。“人们为了能够‘创造历史’，必须能够生活。”④其二，马克思又指出，所有“现实的个人”，并非彼此孤立的个人，而是生活在一定社会关系中的个人。“社会结构和国家经常是从一定个人的生活过程中产生的。但此处所言之个人……是从事活动的，进行物质生产的，因而是在一定的物质的、不受其任意支配的界限、前提和条件下能动地表现自己的。”⑤其三，马克思进一步指出，“现实的个人”的出发点总是其自身。在特定的社会历史条件下，“现实的个人”会按照自己的意图去认识和改造整个世界。“当然是在一定历史条件和关系中的个人，而不是思想家们所理解的‘纯粹的’个人”。⑥其四，马克思明确指出，“现实的个人”的主体依旧是人民大众(亦即无产阶级)，“这个阶级是社会成员中的大多数”。⑦“现实的个人”既肯定了人民大众创造历史的主体地位，又回答了作为主体的民大众创造历史的路径、条件等问题。马克思的这些关于“现实的个人”的论证在马克思人民主体性思想的中国化无论理论层面和具体实践中都充分得以坚持、丰富和发展，关于“现实的个人”的时代新诠释和现实激励充分体现了马克思所说的“个人的自由全面发展”是“一切人的自由全面发展的基础和前提”。

其次，“人民主体性”的价值旨归就在于培育“多元化的个人”，使个人的个性在现实社会的发展进步中不断得以发挥和彰显。“人人皆可出彩”，“人人享有人生出

① 邓小平文选(第3卷)[M]. 北京：人民出版社，1993：237.
② 邓小平文选(第3卷)[M]. 北京：人民出版社，1983：149.
③ 马克思恩格斯全集(第3卷)[M]. 北京：人民出版社，1960：23.
④ 马克思恩格斯全集(第3卷)[M]. 北京：人民出版社，1960：31.
⑤ 马克思恩格斯全集(第3卷)[M]. 北京：人民出版社，1960：29.
⑥ 马克思恩格斯全集(第3卷)[M]. 北京：人民出版社，1960：86.
⑦ 马克思恩格斯全集(第3卷)[M]. 北京：人民出版社，1960：78.

彩的机会”，“幸福是奋斗出来的”等思想论述，站在时代的前列，对马克思这一“多元化的个人”加以运用和发展，“人的自由全面发展”能够使得人成为“多元化的个人”，因为受非常具体的阶级关系所制约和决定。[①]“个人隶属于一定阶级的现象”，“在真正的共同体的条件下，各个人在自己的联合中并通过这种联合获得自己的自由”。[②]新时代中国特色社会主义所处的发展阶段和客观现实，使得马克思人民主体性思想的中国化更加具有时代性和发展性，共享发展理念使马克思“多元化的个人”的发展具有现实可能性，从这一角度考察，马克思人民主体性思想的新时代发展为“多元化的个人”的实现提供了坚实的理论基础和开阔的实践空间。按照马克思社会发展三形态理论，人的发展形态经历自然形态、对物的依赖形态和人的自由全面发展形态。建立在个人全面发展和他们共同的社会生产能力成为他们的社会财富这一基础上的自由个性，是第三个阶段。中国共产党科学研判不同时期“现实的人”存在形态，界定其发展向度：从“现实的人”理解现有的确定性和未来的不确定性构成人的完成性和未完成性[③]。1. 具有自然属性的自然人。现实的人是具有自然属性的自然存在物，保护生态，优化生态系统，是人发展的第一基本需求。2. 具有社会属性的社会人。人的发展必须首先获取基本的物质生活资料，丰富更高质量的物质生活，从而逐步冲破物对人的役使和阻碍。3. 具有精神属性的类存在物。精神属性是人之所以为人的根本属性，这种属性决定了人改造客观世界和主观世界的需求和能力。4. 具有实践属性的存在物。人的实践性是人实现自我发展的决定性因素，实践的实在性和创造性不断实现并预设人的确定性和不确定性，在完成的人和未完成的人的实践过程中不断实现人的发展。5. 具有历史属性的存在物。“服从于中国革命、建设、改革的实践逻辑，注重探索中国社会的特殊规律”[④]，党领导人民发展中国式现代化，“始终坚持为了人民、依靠人民的基本原则”[⑤]。人民在国家独立的前提下获得解放，人民作为独立的“现实的人”的存在获得本质实现。改革开放后家庭联

① 马克思恩格斯全集（第 3 卷）[M]. 北京：人民出版社，1960：86.

② 马克思恩格斯全集（第 3 卷）[M]. 北京：人民出版社，1960：84.

③“现实的人”是未完成的人，马克思指出，“人不是在某种规定性上再生产自己，而是生产出他的全面性；不是力求停留在某种已经变成的东西上，而是处在变易的绝对运动之中”。参阅马克思恩格斯全集（第 30 卷），人民出版社，1995：480. 当代德国学者米切尔·兰德曼指出，“人的非特定化是一种不完善，可以说，自然把尚未完成的人放到世界之中；它没有对人作出最后的限定，在一定程度上给他留下了未确定性”。参阅米切尔·兰德曼《哲学人类学》，贵州人民出版社，1988：228. 因此人的受动性和人的实践性不断实现着人的确定性，而人的能动性和实践的创造性则又不断生成人的不确定性。

④ 龚云 . 坚持理论创新是中国共产党百年奋斗的重要经验 [J]. 世界社会主义研究，2022(03)：14-20.

⑤ 韩艳红 . 中国共产党百年来把握社会主要矛盾的三重逻辑 [J]. 马克思主义研究，2021(12)：45-54.

产承包责任制普遍实施，人的社会化程度越来越高，人生活空间的裂变以不同形式促成人生活行为的转变。在这一进程中国家和人民开始交融、共生、互构，随着社会化程度的日益加剧，人民在建设的激流中快速成长，主体意识不断增强，自主自觉行为日益鲜明，不仅呈现出政治独立，还有经济独立和由此而衍生出的文化需求、精神独立、个性解放等多维产物。随着社会物质的丰富，主体活动的客体空间愈加开阔，以物的依赖性为基础的人的独立性，人的社会关系全面建立，主体性需求呈现多元化趋势，全面的能力愈加突出。“已经得到满足的第一个需要本身、满足需要的活动和已经获得为满足需要而用的工具又引起新的需要，而这种新的需要的产生是第一个历史活动。”① 以人民为中心是中国式现代化在实践中建构起来的“现实的人”发展谱系，在这一发展谱系中“现实的人”所具有的五种属性更具有实践特质。“……每一历史时期的观念和思想也可以极其简单地由这一时期的经济的生活条件以及由这些条件决定的社会关系和政治关系来说明”②。中国式现代化“创造了21世纪当代中国马克思主义唯物史观，为全世界被压迫民族和国家争取独立、解放和社会现代化发展，提供了中国理论、中国方案和中国模板”③。

再次，马克思认为，能否“自主活动”是考察“人民主体性”的本质标准。“人民主体性”的体现必须依靠人民大众“自主活动”。在《德意志意识形态》中，马克思和恩格斯指出：各个人的自主活动受到有局限性的生产工具和交往的束缚。“在这些条件下……因而它们是个人自主活动的条件，而且是由这种自主活动创造出来的”。④“这些条件”是指生产力与人的交往形式相一致的状态，不是二者相背离的状态。只有在生产力受到人们的交往形式驾驭的时候，个人的活动才是“自主活动”，否则人们的交往形式就是一种“异己”的力量。这种“自主活动”的价值目标只能通过人们的分工、分配和交往来实现。⑤ 从本质上讲，实现“人民主体性”就是要满足人的“自主活动”。⑥“以人民为中心”的发展思想，就是要让发展成果惠及全体人民，最终逐步实现全体人民的共同富裕。习近平强调，中国特色社会主义事业是全体人民所共同建设发展的事业，改革发展成果应由全体人民共享。这是对中国社会发展过程中出现的问题所作的新时代回应，深化了对社会主义初级阶段的普遍认知和认同。“四个全面”“中国梦”“五大发展理念”等重大治国理政思想，是对马克思主

① 马克思恩格斯选集（第3卷）[M]. 北京：人民出版社，2012：159.
② 马克思恩格斯选集（第3卷）[M]. 北京：人民出版社，2012：335.
③ 王伟光. 中国共产党百年历程与唯物史观在中国的伟大胜利 [J]. 马克思主义研究，2021(08)：18.
④ 马克思恩格斯全集（第3卷）[M]. 北京：人民出版社，1960：80.
⑤ 马克思恩格斯全集（第3卷）[M]. 北京：人民出版社，1960：75.
⑥ 李包庚. 马克思“人民主体性”思想解读 [J]. 马克思主义研究，2014(10).

义的世界观、价值观和方法论的运用发展，进一步科学明晰了中国特色社会主义事业的出发点与落脚点、根本原则与方法、主要动力与源泉等重大内涵，进一步深刻理清了广大人民群众在国家政治经济生活和社会治理中的地位作用、权利责任和行为方式，进一步揭示出广大人民群众与共产党之间、广大人民群众和中国特色社会主义国家之间内在必然联系。人民主体性的实现，既是社会主义社会发展的必然要求，也是共产主义社会的崇高理想。应当将人民对我们党的领导和服务拥护不拥护、赞成不赞成和高兴不高兴，作为在我们党和国家制定战略规划和大政方针的根本尺度。依据习近平人民主体性论述，人的"自主活动"充分实现的基础条件主要可以归纳为以下几方面：一是社会生产力的普遍增长发达和社会财富资源的公平合理分配；二是高度自觉的主人翁意识和人民群众高水平的综合素质；三是科学合理的顶层设计与充分民主法治的国家治理体系。因此，要始终把最广大人民群众的利益放在第一位，坚持权为民所赋，权为民所用，利为民所谋。坚持从人民群众中来到人民群众中去的群众路线，坚持发扬社会主义人民民主，集中最广大人民群众的智慧全面建成小康社会，实现中华民族伟大复兴。

马克思和恩格斯在《德意志意识形态》中指出：过去的一切革命的占有都是有限制的；各个人的自主活动受到有局限性的生产工具和交往的束缚。只有在"无产者的占有制下，许多生产工具必定归属于每一个个人，而财产则归属于全体个人"；现代无产者"才能够实现自己的充分的、不再受限制的自主活动，这种自主活动就是对生产力总和的占有以及由此而来的才能总和的发挥"①，恩格斯在《社会主义从空想到科学的发展》进一步提出：一旦社会占有生产资料，产品对生产者的统治也将随之消除，"人们第一次成为自然界的自觉的和真正的主人，因为他们已经成为自身的社会结合的主人了。"只有从这时起，人们才完全自觉地自己创造自己的历史。"这是人类从必然王国进入自由王国的飞跃。"②深入考察这一解放世界的"事业的历史条件以及这一事业的性质本身，从而使负有使命完成这一事业的今天受压迫的阶级认识到自己的行动的条件和性质，这就是无产阶级运动的理论表现即科学社会主义的任务。"③总之，深入理解马克思人民主体性思想中国化的精神要义，用这一新时代人民主体性思想理论体系指导实践，才能从根本上理解中国特色社会主义的本质和最终价值归宿。

① 马克思恩格斯文集（第 1 卷）[M]. 北京：人民出版社，2009：262-295.
② 马克思恩格斯文集（第 3 卷）[M]. 北京：人民出版社，2009：564-565.
③ 马克思恩格斯文集（第 3 卷）[M]. 北京：人民出版社，2009：566-567.

第二节　马克思人民主体性思想中国化的实践价值

马克思人民主体性思想的中国化是当代中国马克思主义思想理论的重要组成部分，是当代中国社会历史唯物主义思想的核心内容。立足于新时代中国特色社会主义的伟大实践，加之创造性地运用和发展马克思主义人民主体性的思想理论，马克思人民主体性思想的中国化时代化进一步明确中国特色社会主义建设事业的价值取向、根本动力和未来趋势，深入阐述了“发展为了人民、发展依靠人民和发展成果由人民共享”，开辟了当代中国马克思主义思想理论发展的新境界。马克思人民主体性思想的中国化对于现阶段中国社会的建设具有丰富的实践价值，在此从中国共产党的建设、中国特色社会主义的建设和人类社会的发展来分析这些论述的实践价值。

一、对党建的实践价值

无论古今中外，世界各国自从有了政党以来，其任何关涉全局全民的新的思想理念如果要成为其国内社会的普遍实践纲领，要想要演变成指引其国家社会经济建设的核心指导思想理念，那么最为关键的一环还是在该政党的各级领导层对于新的思想理念的认识水平和行动能力——亦即该政党的执政能力水平或说是国家治理能力的提升根本上取决于该政党全体党员尤其是领导干部以新的思想理念为指导不断自觉提升自身的综合素养水平及其执行力。也正因为如此，习近平一再强调：中国共产党全体党员干部尤其是领导干部一定要主动成为领路人和带头人，领导推动国家政治经济社会健康发展，自觉提升学习贯彻国家政治经济社会领域内新的思想理念的能力水平。

“知之愈明，则行之愈笃。”在当下全面深化改革、推动中国社会政治经济发展的进程中，深学笃用“五位一体”战略布局和“五大发展理念”，通过充分发挥党的领导干部对人民群众和全社会的示范引领作用，让全体人民群众真切感受到马克思人民主体性思想所蕴含着的真理的力量。坚持以人民为中心的思想理念，应当坚持在贯彻马克思人民主体性思想新时代发展进程中及时合理化解各种矛盾风险。面对当前国际社会规则秩序深刻调整、“一带一路”倡议推进和人类命运共同体建构中的各种困难挑战，必须坚持马克思人民主体性思想中国化的思想理念，去积极作为、主动应对各种困难，全力确保和平发展大局长效稳定；必须要自主提高对各种社会风险的管控能力水平，自觉增强中国特色社会主义荣誉感、使命感和责任感。作为学习和工作的行动指南，一种新的思想理念的创新确立、普遍认同乃至实践贯彻，首先需要全体领导干部深度地学习和领悟，不断地从内心深处对这一新的思想理念进行自觉和建立自信。由此可知，马克思人民主体性思想的中国化时代化，中国共产党各级领导干部都要自觉地结合人类社会发展的历史、中国的历史和党的历史去学，密切联系国内外实际情况，从政治体制、经济建设、社会发展和生态环境等多种维度去进行比较分析，深刻把握其根本意义。与此同时，还需要从科普知识和专业知识的角度去深入学习马克思人民主体性思想中国化的理论要义，并积极构建与之相适应的的思想理论体系。党的领导干部应当自觉主动地把这一思想精髓贯穿于党的整个领导活动的全过程，自觉主动地提升自身的领导能力水平，不断提高自身的领导治理水平，自觉系统地增强领导工作的创新性和可预见性。作为全党学习和工作的根本方法，贯彻马克思人民主体性思想中国化时代化精神要义有利于整体系统地推进国家战略规划和社会系统治理。学习贯彻马克思人民主体性思想离不开马克思主义唯物辩证法的有力指导。在学习贯彻马克思人民主体性思想的过程中，必须要坚持思想理论的承继与创新相统一；必须要坚持系统论，依据事物的整体性、关联性进行立体化系统地认识；必须要坚持对事物进行具体问题具体分析，能够因时因地因条件环境不同而制宜；必须要坚持遵循矛盾的对立统一规律、质变量变互变规律、否定之否定规律；必须要坚持事物矛盾的两点论与重点论的有机统一。作为指引全面深化改革开放和创新创业的根本思想理念，贯彻马克思人民主体性思想的中国化理论体系有利于推进全面深化改革开放、全面推进法治建设、统筹推进“五位一体”总体布局、推进“一带一路”建设和“人类命运共同体”建构及善治等战略措施。贯彻马克思人民主体性思想中国化时代化的精神要义，必须要自觉变革思维和行为等方式方法，系统调整国家利益、社会利益、个体利益等各方面关系。党中央关于全面深化改革的各项部署同贯彻习近平人民主体性论述思想理论是贯通的。要深入分析马克思人民主体性思想中国化对国家法治建设的新要求，有针对性地思考和采取相应的对策措施，深入分析贯彻马克思人民主体性思想中国化在社会法治领域遇到的困难问题，最终在贯彻过程中坚持运用法治思维方式。

二、对中国特色社会主义建设的实践指导价值

人民主体性贯穿于国家治理的各个领域，以坚持人民主体地位为政治运行的逻辑起点，使人民主体在当代境遇中实现个人应然状态和现实社会发展实然状态的统一，“历史主体”“阶级主体”“个体主体”在具体化的实践中，在看得见、够得着的具体标准中，真正成为党员干部开展工作和实施具体政策措施的“标尺”，让人民不断拥有获得感，幸福感和安全感。全面建成小康社会，实现中华民族伟大复兴的伟大进程中，坚持人民主体地位，扩大并践行人民主体参与意识，这是中国发展之所以具有中国特色的“中国性”。中国广大民众存在的历史文化和心理变迁，也使人民主

体性思想内含的民众的社会参与性成为现实可能，从而成就发展目标的达成。当前中国国内社会中中国化时代化马克思人民主体性思想的价值与功能发挥，深深地受到当前社会客观规律和主要矛盾的制约。一方面，现阶段中国特色社会主义社会中的主要矛盾反映出了全面解决中国社会经济不平衡、不充分的发展需求和广大人民群众对于美好物质与精神文化生活的迫切向往需求。当广大人民群众充分认识到必须要统筹解决这一矛盾时，他们就会自觉自动地将这种对美好生活的向往和充分均衡发展的迫切需求转化成实践行为。这种在实践中表现出来的“自主自为”，正是人民主体性的地位和价值之体现，即便这种“自主自为”客观上受到社会历史环境条件的规制。马克思人民主体性思想的中国化时代化发展明确指出“发展依靠人民”，广大人民群众是社会主义建设实践和创新创业的主体，社会主义伟大事业必须依靠广大人民群众去创造创新发展。中华民族伟大复兴和“人类命运共同体”建构，必须紧紧依靠广大人民群众这一发展主体，深刻理解新时代中国社会发展的动力源问题，推动马克思主义中国化、时代化和大众化发展果。

第一，作为中国特色社会主义建设发展的价值取向，“人民利益至上”和“发展为了人民”表明了共产党人的初心和使命，其终极目标就是要不断地为人民谋幸福，与人民心连心、同呼吸、共命运。习近平不止一次强调：“中国共产党人的初心和使命，就是为中国人民谋幸福，为中华民族谋复兴。”以马克思主义思想为指导的中国共产党始终代表着最广大人民群众的根本利益。这是与资产阶级政党或者其他政党最根本的区别所在。全体共产党人与全世界无产者之间利益相连、命运与共。在资本主义社会历史背景下，通过深入揭露资产阶级的剥削本质属性和剖析资本主义社会无法调和的内在矛盾，马克思、恩格斯明确指出：全世界无产阶级联合起来进行大革命才是根本上摆脱贪婪资本的束缚、推翻不公平的资本主义剥削社会和实现每个人全面而自由地发展的唯一道路。只有无产阶级革命运动才是真正为绝大多数人谋利益的发展运动，是由社会中绝大多数人共同参与的、为身处苦难压迫中的广大劳苦大众谋求出路的。积极谋求最大限度地实现人的全面而自由的发展，是马克思主义政党必须自觉担负的历史使命和任务责任，并在不同国家民族和历史时期里表现为不一样的实践需求、行进路线和变革模式。在反对资本主义、反对帝国主义的历史时期，列宁同志敏锐地察觉到无产阶级革命的新时机和新动向，明确主张“一国革命胜利论”，果断地带领广大人民群众推翻了俄国沙皇专制统治，率先在世界范围内建立起了社会主义制度国家，开启了苏联社会发展乃至世界历史发展的新篇章。在中国社会主义革命建设时期，中国共产党人为了捍卫广大人民群众的根本利益，团结带领广大人民群众深入开展了新民主主义革命和社会主义革命，努力推进变革旧的半封建半殖民地社会制度和构建新的美好社会主义社会，成功地推翻了压在人民头上的“三座大山”，带领全中国广大人民群众共同创造出了美好的新中国。现阶段，中国共产党始终自觉在新时代中国特色社会主义事业建设过程中保持着与人民群众的血肉联系，积极为人民群众解忧排难、谋利益、办实事。“发展为了人民”深化了新时代中国特色社会主义建设发展的价值旨归，并主要体现在这两个方面：一方面，它明确指出了“满足人民对美好生活的向往”就是全体共产党人带领全国各族人民不懈奋斗地建设中国特色社会主义的目标。当前中国社会进入新的时代，广大人民群众对美好生活的向往需求日益提升和拓展。通过不断完成新时代的建设发展目标任务，中国共产党人致力于不断满足广大人民群众对美好生活的向往需求，致力于解决当前最广大人民群众最为关心也最为迫切的社会发展问题。另一方面，作为中国特色社会主义未来建设发展的出发点和落脚点，它坚持将人民生活水平的不断改善、人的全面发展，明确了“两步走”的宏伟战略，不断创造出经得起人民检验的实绩；具体细化了“两个一百年”的奋斗目标，把最广大人民根本利益作为发展终极目的，提出了现代化强国的“中国梦”，为中国人民谋取最大利益。

第二，“发展依靠人民”，人民群众才是中国特色社会主义建设发展的推动力量和根本动力。一是人民群众是社会历史的创造者和推动者。通过一系列有目的性和创造性的实践活动，作为社会历史缔造的主体，人民群众是决定性力量，是每个社会发展历史时期内的物质财富和精神财富的主要创造者。人们不仅能够积极主动地认识世界，也可以能动地改造世界。因此，作为马克思主义者准确把握社会历史发展规律的基本原则，就是要充分尊重人民群众的主观能动性发挥和创造性。列宁同志也曾明确指出：“俄国的整个新纪元正是靠人民的热情赢得并且支持下来的。”二是人民群众是物质世界建造的历史承担者。通过长期与鲍威尔、施蒂纳和费尔巴哈等人的论辩，马克思指明人类社会的发展归根到底是人从事物质资料的生产，打破了所谓“绝对精神”的统治地位，明确了“现实的人”——即人民才是主体，负责推进物质资料生产与再生产。由此可知，马克思人民主体性思想的中国化充分体现了坚持人民主体性地位的思想精髓，明确了广大人民群众是社会实践活动的主体地位。其一，中国广大人民的伟大历史实践，是中国特色社会主义事业建设发展取得巨大成就的根本动力。广大人民群众不断创造新的丰功伟业。其二，中国广大人民群众的当代创新实践，是中国特色社会主义事业建设发展开创新局面的支柱力量。习近平曾强调指出：要以时不我待、只争朝夕的高度自觉精神投入到国家建设发展工作中，要推动全党全国各族人民把力量汇聚到实现中华民族伟大复兴的目标任务中，要团结带领广大人民群众不断开创新时代中国特色社会主义事业新局面，要推进全面深化改革开放、依法治国、生态文明建设、一带一路建设和人类命运共同体建构，开启新型国际关系建构和更加公平合理的国际秩序规则变革调整的新篇章。

第三，“发展成果由人民共享”，是人类社会发展的普遍诉求和大势所趋。马克思主义认为，从人类社会财富资源的稀缺性、不可再生性、可支配性和可供分配等角度看，社会共享问题主要集中体现在社会财富资源分配的领域，这就更加要求突出并发挥出人民主体性的地位作用。依据马克思主义的历史唯物主义思想理论，人类社会的生产力水平与生产关系的性质，决定着这个社会的生产方式，而这个社会的生产方式决定该社会的分配方式。在《哥达纲领批判》中，马克思深刻阐述了生产力不高度发达的社会主义社会（共产主义社会的第一阶段），指出社会主义生产是在由全社会负责和按计划进行的。在这个社会形态中生产资料应“由社会全体成员组成的共同联合体”共同占有。在这个“共同联合体”内，每位劳动者同其他社会成员一样平等地拥有生产资料，参与到社会财富资源的生产、分配与管理过程中，每位社会劳动者的一切合理需求都会越来越得到满足。相对于当时的资本主义社会财富资源的分配方式而言，这更加有利于促进社会生产力发展。当然，广大人民群众是否能够共享社会财富资源，是由一定的社会生产力发展水平决定的。但无论如何，这充分凸显出马克思人民主体性思想新时代发展的指导价值和实践意义。“发展成果由人民共享”，要求不断地促进社会财富资源的增长和不断地增进广大人民群众的福祉。其一，坚持突出和发挥人民主体性，必须在广大人民群众的心里牢固确立共商、共建、共享、共赢的社会建设发展的理念原则。其二，要为广大人民群众提供更加丰富的物质生活产品和共享发展成果奠定坚实的物质基础，就必须坚定“四个自信”，尤其是坚持中国特色社会主义发展道路，必须要通过全面深化改革开放和依法治国，不断促进社会生产力的创新发展，不断提升社会生产力的发展水平，不断促进产业优化转型升级，不断提升完善社会经济治理能力体系，推进社会主义现代化强国和全面建设小康社会。其三，坚持突出和发挥人民主体性地位功能，必须努力推进新时代中国特色社会主义走向更开放的世界格局，为世界各国人民谋取共同利益，积极贡献出中国智慧方案，努力倡导共商、共建、共享、共赢的“一带一路”建设新理念，努力推进完善全球治理体系和“人类命运共同体”的构建，使得世界各国人民都能够从文明多元化、经济全球化、贸易自由化、生态环境优化和中国改革开放发展成果中获益。

三、对国际社会发展的实践模式的价值

为最广大人民群众谋福祉，就是中国共产党的根本立场，是马克思主义的根本立场，就充分表达出最广大人民群众是推动社会历史发展的根本力量的唯物史观，更承载着全心全意为人民服务的党的根本宗旨。最广大人民群众的实践决定着人类社会历史的发展方向和进程。“以人民为中心”的发展思想，是指最广大人民群

众既参与建设推进社会主义物质、精神、社会和生态等多元文明体系，必须以人民为中心。努力实现社会公平正义，以先富带后富最终实现共同富裕，是新时代的本质要求、根本原则和最终目标；不断增进广大人民群众的福祉，是全面深化改革开放的根本目标。习近平指出，要“把促进社会公平正义作为核心价值追求”。十八届三中全会提出新的要求：不断增进广大人民群众的福祉和促进社会公平正义。这顺应了最广大人民群众对美好生活的新期盼，彰显出中国共产党人全心全意为人民服务的根本宗旨。新时代中国社会经济发展的要素、方式、环境等均发生了深刻变化，持续推进“创新、协调、绿色、开放、共享”五大新发展理念。作为中国特色社会主义的基本目标，共同富裕绝不是要均富和同富，而是要逐步消除贫富分化，并且最终实现人的全面自由发展。习近平强调，中国特色社会主义建设发展要“不断朝着全体人民共同富裕的目标前进”，继承发展马克思主义关于人民群众是历史创造者的唯物史观。人民主体性是广大人民群众的自主、自由、自觉活动的特性及表征，是指广大人民群众在社会生产生活实践过程中的技能素养、价值功能、地位及作用。把实现人民幸福作为发展的根本目标，为社会经济发展注入新动力、拓展新空间，实施落地一大批惠民举措、不断深化民生改革，发展成果更多更公平惠及全体人民，最大限度激发广大人民创造性。随着世界秩序正在发生深刻调整和对全球治理与国际事务参与的不断深入，中国深化改革开放必须统筹考量运用国际国内两种市场资源和两大规则体系。作为基本国策，更加积极主动推进更高水平的对外开放。习近平指出，要坚定中国特色社会主义发展道路，坚定地树立“四个自信”，“在更大范围、更宽领域、更深层次上全面提高开放型经济水平”，并相继积极推进“一带一路”建设合作、探索创新自由贸易区（港）建设、倡导推动建构“人类命运共同体”等，推进新时代中国特色社会主义建设发展走向更加开放的世界新格局。在中国共产党与世界政党高层对话会上，习近平指出，要积极贡献中国智慧、中国方案为全世界人民谋福祉。2023 年 5 月 18 日习近平在中国—中亚峰会上发表主旨讲话，深化中国—中亚合作，是我们这代领导人着眼未来做出的战略抉择，顺应世界大势，符合人民期盼。“我们愿同中亚国家加强现代化理念和实践交流，推进发展战略对接，为合作创造更多机遇，协力推动六国现代化进程。”①。

① 习近平．携手建设守望相助、共同发展、普遍安全、世代友好的中国—中亚命运共同体——在中国—中亚峰会上的主旨讲话 [N]. 人民日报，2023-05-20(02)．

结　语

人民主体性是马克思哲学的世界观和方法论，通过对人的本质的界定，从实践唯物主义角度科学论证了人的实践活动对于改造客观世界和主观世界的主观能动性自主自觉性，最终确立起马克思主义历史唯物主义观点。这一观点被运用于无产阶级实现自身解放的阶级斗争中，使人民主体性从哲学领域延伸至社会历史发展领域，人民主体性具有解放自身压迫、实现自身独立和自由全面发展以及推动社会发展的动力功能和实践价值。这一历史唯物主义和实践唯物主义成为共产党人进行无产阶级革命，实现民族独立的科学世界观和方法论，并在争取和实现无产阶级专政的基础上坚持人民主体性原则，坚持人民主体地位，发挥人民主体性，进行革命斗争和实践建设。在这一过程中，马克思人民主体性基本原理成为中国共产党革命和以及执政的根本原则、指导方向和价值旨归。马克思人民主体性思想的中国化浓缩提炼马克思人民主体性思想的精神要义，形成中国共产党人民主体性思想的世界观和方法论，在实践创新过程中全心全意为人民服务，坚持立党为公、执政为民的执政宗旨，并对这一宗旨在实践中运用和发展进行的系统论证和理论创新。

其一，研究马克思人民主体性思想中国化的精神要义有助于更深切地理解人民主体性的基本内涵和实践运用价值，这对于我们坚定人民性的政治立场具有极其重要的意义。梳理和评估中国共产党对马克思人民主体性思想的转化、运用、发展和创新，研究现代中国社会每一历史阶段人民主体性的实践运用和取得的革命胜利、社会成就，有助于我们从实践上理解遵循人民主体性原则和以人民为价值目标的应然性和实然性，从而更进一步加强对马克思人民主体性思想的继承和发展创新，不断构建这一理论体系的深度和广度，并在社会发展中建构起有效的人民主体治理模式和价值实现机制。

其二，较之以上研究，更重要的问题在于，任何一种思想理论的产生究其本源都必然来自于当时时代的境遇，以及在这一客观境遇基础之上的社会和人民的历史要求。思想理论的必然在相应的时代中产生，这就决定了思想理论是一定社会历史阶段的产物，必然打上这个时代的烙印。人民主体性思想也是如此。在不同的社会发展阶段和历史时代，人民主体性的内涵、内容形态和价值也会具有各自的特征，正是这一变化才使得理论能更好地指导实践，推进社会历史的发展。但在所有的变化中，总有一种东西是不会也不能变化的，这就是理论本身的思想内核，它是理论发展的核心导向，也是赋予科学的理论以真理性的最根本的元素。

其三，人民主体性思想是建立在历史唯物主义基础上的实践的唯物论和方法论，它从现实的人出发，论证人生存和发展所必需具备的主客观条件，在实践中关注人的发展和价值的实现，并在实践创造的基础上为人类社会的价值归宿指明了方向。人民主体性思想的历史唯物主义的建构旨归。它不但关注人的现实生存而且更加注重对于人的生存活动的社会历史境遇境域，如马克思所言，“任何历史记载都应当从这些自然基础以及它们在历史进程中由于人们的活动而发生的变更出发”①。对马克思人民主体性思想中国化的研究目的也在于此，力图通过对所有论述所构成的系统理论体系进行研究，分析关于人民主体性论述的逻辑结构：从人民主体是历史发展的动力这一基本原理为逻辑起点，分析新时代人民主体性论述的丰富内容，这就明确了马克思人民主体性思想中国化的核心主线，这对理解治国理政所贯穿的这条核心主线进行建设实践就具有了理论基点和价值导向性。

马克思人民主体性思想中国化的发展逻辑源于新时代中国共产党领导集体对人民主体性的认识和实践，特别是习近平总书记长期的生活和工作、从政实践的丰富经历，这些不同时期、不同内容、不同境遇的实践认识和经历演奏出习近平总书记人民主体性认识和实践的协奏曲。可以说，马克思人民主体性思想的中国化是中国社会历史发展的产物，是新时代中国共产党领导集体思想认知和工作实践相互融合的产物，它的萌发、产生和形成，不断地发展，到现在也还在实践中发展着。本文经过文献和社会发展数据验证研究论证得出，中国化时代化的马克思人民主体性思想是解决新时代日益凸显的民生问题，全面推进社会改革，全面建成小康社会、实现中华民族伟大复兴的核心理论。

第一，“热爱人民的情怀”，“坚持人民主体地位”，“‘以人民为中心’”的发展思想，“人民共创共治共享的发展方法”“人民价值至上”，按照世界观、认识方法论和价值观这一逻辑结构形成中国化时代化马克思人民主体性思想的内容结构。仅就这一逻辑结构来分析中国化时代化的马克思人民主体性思想的内容不足以更深刻地认识这些具体内容之间的逻辑关联，为此对于这些内容之间的结构层次做进一步深入研究，便使得这一逻辑结构更加严谨，最终使我们更能深切地认识中国化时代化的马克思人民主体性思想的丰富论述所构成的一个理论体系的逻辑性、系统性和整体性。这就为马克思人民主体性思想的中国化如何在实践中不断践行、不断建构而又不断充实和丰富提供了全面的分析研究思路。

① 马克思恩格斯选集（第1卷）[M]. 北京：人民出版社，1995：67.

第二，以人民为中心的发展思想是马克思人民主体性思想的中国化在中国特色社会主义建设实践中的具体表达。由这个核心理论出发，坚持人民主体性，是社会发展的根本前提和动力条件，首先基于理论前提下，以中国优秀传统文化中的民本思想为文化来源，赋予其关于人民主体性的论述以深厚的文化底蕴，“以人民为中心”建构了关于人民主体性论述的丰富的思想理论体系，并在实践中把“以人民为中心”贯穿进中国特色社会主义发展实践中，从而使得关于人民主体性的论述呈现出“为谁发展”、“依靠谁发展”、“怎样发展”这样理论和实践上相互联系的逻辑结构。基于此种逻辑结构，本书首先梳理、归纳马克思人民主体性思想中国化的背景和基础，对于这一分析按照马克思人民主体性思想中国化的客观条件、产生的主观条件、理论基础和实践基础这一逻辑思路展开，建构了一个理论产生的主客观因素、理论和实践共同作用的研究框架。具体而言，在对客观条件的分析上，目的在于论证中国化时代化的马克思人民主体性思想对于新时代中国特色社会主义发展的必要性、针对性和指导性。中国特色社会主义事业面临着前所未有的多重性、复合式的复杂的新情况新问题。如何汇聚“五位一体”领域建设的合力？如何最大限度调动人民群众的实践动力？如何让人民群众在社会发展的进程中拥有获得感、归属感和使命感？中国化时代化的马克思人民主体性思想提出以人民为主体发展中国特色社会主义的新战略、新论述和新理念，是马克思人民主体性思想中国化所担当的历史使命。主观条件的准备和理论基础的分析从历史唯物主义角度为论证中国化时代化的马克思人民主体性思想所具有的实践性和人民性提供了有力的支撑。在分析中国化时代化的马克思人民主体性思想的理论体系过程中，这些支撑构成了整个理论体系的逻辑结构，为分析马克思人民主体性思想中国化的实践路径也做了全面的铺垫。

对马克思人民主体性思想中国化的实践路径研究，按照经济、政治、文化、社会、生态文明以及全面从严治党六大实践领域这个总体布局来展开分析，完全符合马克思主义基本原理的人民主体的实践范围，而现实的人的生存和发展所具备的主客观条件的来源也基本来源于这些实践领域。所以，从这一点来看，中国化时代化的马克思人民主体性思想对于人民主体的定位和实践范围，与马克思主义基本原理所规定的内容相比，存在而且必须存在重叠。但在新的历史条件下，中国化时代化的马克思人民主体性思想所规定的主体内容已经远远超越之前了，这正是它对马克思主义理论的独特创新之处。正因如此，马克思主义才更具有真理性和科学性。

概而言之，中国化时代化的马克思人民主体性思想具有丰富的思想理论内涵和时代特征，其对马克思主义理论的创新，对于马克思主义中国化的推进，以及中国特色社会主义理论体系和习近平新时代中国特色社会主义思想的丰富做出了积极努力和理论贡献。至此，马克思人民主体性思想被作为明确的思想理论体系不断继承、发展和创新，中国化时代化的马克思人民主体性思想成为中国共产党核心指导思想而贯穿于治国理政的全过程，并在这一实践过程中以民生为依托不断实现着自身理论体系的建构。人民主体论贯穿于百年来党探索、建设和推进中国特色社会主义建设的整体进程中，正是坚持马克思主义人民主体性原则，中国特色社会主义呈现出鲜明的人民性，不论是理论层面还是实践层面都闪耀着夺目的“人民至上”的光辉。每一种理论都不是凭空产生的，它都有着自身生成、发展和丰富的理论逻辑和实践逻辑，正是理论和实践的双重建构，使得中国特色社会主义的奋斗实践逐步形成一个系统的主体论演进谱系，不断实现马克思主义主体性思想的理论丰富和创新。“理论创新与理论守正相统一”、“理论创新与实践创新相互动”[36]p15，必将使得这一主体论体系在中国式现代化和“第二个百年奋斗”的新征程中继续丰富和创新，持续回应新的时代命题[①]。

本文在研究过程中，充分搜集和分析前人丰富的研究成果，根据自身的研究思路，又尝试突破前人的思维研究框架，以基本原理为逻辑起点，把中国化时代化的马克思人民主体性思想的理论内容置于马克思历史唯物主义和实践唯物主义的逻辑框架内，深入把握这些内容的一条主线，并在此基础上提炼和概括它的基本内容，按照这一逻辑谋篇布局，对中国化时代化的马克思人民主体性思想的新发展和实践路径进行发掘论证。尝试对中国化时代化的马克思人民主体性思想在新时代中国特色社会主义建设和实践中的运用能有深层次的认识，以期在理论的研究上能有所作用。但囿于精力能力和视野所限和马克思主义人民主体性思想的整体性与复杂性，本文对马克思人民主体性思想的中国化研究也仅仅是初始发掘，学术界对人民主体性理论的研究也将永无止境。

① 艾四林．坚持理论创新是中国共产党百年奋斗的重要历史经验[J]．红旗文稿，2021(24).

参考文献

一、经典著作类

[1] 马克思恩格斯全集（46 卷：上）[M]. 北京：人民出版社，2002.

[2] 马克思恩格斯全集（第 3 卷）[M]. 北京：人民出版社，2002.

[3] 马克思恩格斯全集（第 1 卷）[M]. 北京：人民出版社，1956.

[4] 马克思恩格斯选集（第 1-4 卷）[M]. 北京：人民出版社，2012.

[5] 马克思恩格斯文集（第 1 卷）[M]. 北京：人民出版社，2009.

[6] 列宁选集（第 1-4 卷）[M]. 北京：人民出版社，2012.

[7] 列宁专题文集——论马克思主义 [M]. 北京：人民出版社，2009.

[8] 列宁专题文集——论社会主义 [M]. 北京：人民出版社，2009.

[9] 毛泽东选集（第 1-4 卷）[M]. 北京：人民出版社，1991.

[10] 邓小平文选（第 1-4 卷）[M]. 北京：人民出版社，1993、1994.

[11] 江泽民文选（第 1-3 卷）[M]. 北京：人民出版社，2006.

[12] 江泽民 . 论“三个代表”[M]. 北京：中央文献出版社，2001.

[13] 江泽民 . 论有中国特色社会主义（专题摘编）[M]. 北京：中央文献出版社，2002.

[14] 胡锦涛 . 在“三个代表”重要思想理论研讨会上的讲话 [M]. 北京：人民出版社，2003.

[15] 胡锦涛 . 论构建社会主义和谐社会 [M]. 北京：中央文献出版社，2013.

[16] 习近平 . 谈治国理政 [M]. 北京：外文出版社，2014.

[17] 习近平谈治国理政（第二卷）[M]. 北京：外文出版社，2017.

二、重要文献类

[1] 习近平 . 决胜全面建成小康社会夺取新时代中国特色社会主义伟大胜利——在中国共产党第十九次全国代表大会上的报告（2017 年 10 月 18 日）[M]. 北京：人民出版社，2017：62.

[2] 习近平新时代中国特色社会主义思想三十讲 [M]. 北京：学习出版社，2018.

[3] 习近平在庆祝改革开放 40 周年大会上的讲话 [N]. 人民日报，2018-12-19(02).

[4] 习近平在纪念马克思诞辰 200 周年大会上的讲话 [N]. 人民日报，2018-05-05（02）.

[5] 习近平的七年知青岁月 [M]. 北京：中共中央党校出版社，2017.

[6] 习近平 . 习近平用典 [M]. 北京：人民日报出版社，2018.

[7] 人民日报评论部 . 习近平讲故事 [M]. 北京：人民出版社，2017.

[8] 中共中央宣传部习近平总书记系列重要讲话读本 [M]. 北京：学习出版社，2016.

[9] 习近平 . 摆脱贫困 [M]. 北京：福建人民出版社，1992.

[10] 习近平 . 干在实处走在前列 [M]. 北京：中共中央党校出版社，2006.

[11] 习近平 . 之江新语 [M]. 杭州：浙江人民出版社，2013.

[12] 中共中央文献研究室编 . 十八大以来重要文献选编 [M]. 北京：中央文献出版社，2014.

[13] 中共中央宣传部编 . 习近平总书记系列重要讲话读本 [M]. 北京：人民出版社，2016.

[14] 习近平谈治国理政 (第四卷) [M]. 北京：外文出版社，2020.

[15] 习近平著作选读 (第一卷) [M]. 北京：人民出版社，2023.

[16] 习近平著作选读 (第二卷) [M]. 北京：人民出版社，2023.

三、学术著作类

[1] 李德顺 . 价值论——一种主体性的研究 (第 3 版)(当代中国人文大系) [M]. 北京：中国人民大学出版社，2013.

[2] 孙伯鍨，张一兵 . 走进马克思 [M]. 南京：江苏人民出版社，2008.

[3] 陈先达 . 被肢解的马克思 [M]. 上海：上海人民出版社，1990.

[4] 王锐生，黎德化 . 读懂马克思 [M]. 成都：四川人民出版社，2001.

[5] 张一兵 . 回到马克思——经济学语境中的哲学话语 [M]. 南京：江苏人民出版社，1999.

[6] 谭培文，陈新夏 . 马克思经典著作选编与导读 [M]. 北京：人民出版社，2005.

[7] 杨适 . 人的解放——重读马克思 [M]. 成都：四川人民出版社，1996.

[8] 李兵 . 生存与解放——马克思关于人类解放的哲学主题 [M]. 北京：人民出版社，2007.

[9] 尚英伟，徐梦秋 . 主体论——从马克思到毛泽东 [M]. 厦门：厦门大学出版社，1995.

[10] 李德顺 . 邓小平人民主体价值观思想研究 [M]. 北京：北京出版社，2004.

[11] 衣芳 . 人民群众主体论——群众观、党群关系、群众工作理论研究 [M]. 北京：人民出版社，2008.

[12] 曹德本 . 中国政治思想史 [M]. 北京：高等教育出版社，2012.

[13] 戴茂堂 . 传统价值观念与当代中国 [M]. 武汉：湖北人民出版社，2001.

[14] 方旭光 . 认同的价值与价值的认同 [M]. 北京：中国社会科学出版社，2014.

[15] 俞可平 . 治理与善治 [C]. 北京：社会科学文献出版社，2000.

[16] 俞可平 . 全球化：全球治理 [C]. 北京：社会科学文献出版社，2003.

[17] 杨华锋 . 后工业社会的环境协同治理 [M]. 长春：吉林大学出版社，2013.

[18] 张康之 . 共同体的进化 [M]. 北京：中国社会科学出版社，2012.

[19] 张小劲 . 推进国家治理体系和治理能力现代化六讲 [M]. 北京：人民出版社，2014.

[20] 中国社会科学院语言研究所词典编辑室 . 现代汉语词典 [C]. 北京：商务印书馆，2005.

[21] 冯友兰 . 中国哲学史 [M]. 上海：华东师范大学出版社，2016.

[22] 刘莹珠 . 资本主义与现代人的命运——马克斯・韦伯合理性理论研究 [M]. 北京：人民出版社，2014.

[23] 俞可平 . 全球化与政治发展 [M]. 北京：社会科学文献出版社，2005.

[24] 田改伟 . 国家治理问题研究 [M]. 北京：中国社会科学出版社，2015.

[25] 包心鉴 . 马克思主义中国化的基本规律与当代走向 [M]. 北京：人民出版社，2011.

[26] 陈跃 . 马克思主义阶级分析理论与实践研究 [M]. 北京：人民出版社，2015.

[27] 陈跃 . 中国梦研究 [M]. 北京：中国农业出版社，2014.

[28] 张明澍 . 国家治理问题研究 [M]. 北京：中国社会科学出版社，2015.

[29] 俞可平 . 中国治理评论 [M]. 北京：中国编译出版社，2012.

[30] 牛津西方哲学史（1-4）[M]. 长春：吉林出版集团股份有限公司，2016.

[31] 全球通史（1-2 册）[M]. 北京：北京大学出版社，2006.

[32] 李德顺 . 价值论——一种主体性的研究 [M]. 北京：中国人民大学出版社，2013.

[33] 郭湛 . 主体性哲学——人的存在及其意义（修订版）[M]. 北京：中国人民大学出版社，2011.

[34] 陈新汉 . 坚持核心价值体系的人民主体性 .[M]. 上海：东方出版中心，2011.

[35] 谭德宇 . 新农村建设中的农民主体性研究 [M]. 北京：人民出版社，2017.

[36] 郭湛 . 主体性哲学——人的存在及其意义 [M]. 北京：中国人民大学出版社，2011.

[37] 陈媛媛 . 儒学道德论：王阳明心学之道德主体性研究 [M]. 北京：人民日报有限责任公司，2016.

[38] 夏金华 . 改革开放 40 年中国哲学的历史进程 [M]. 上海：上海人民出版社 2018.

[39] 谭德宇 . 新农村建设中的农民主体性研究 [M]. 北京：人民出版社，2017.

[40] 辛向阳 . 中国特色社会主义政治建设——以人民为主体的中国政治发展之路 [M]. 北京：中共中央党校出版社，2013.

[41] 周峰 . 主体的实践：马克思《关于费尔巴哈的提纲》[M]. 广州：广东人民出版社，2016.

[42] 陈培永 . 什么是人民、阶级及其他：以马克思的名义 [M]. 南京：江苏人民出版社，2018.

[43] 邵明 . 文化心理与中国社会主体意识 [M]. 北京：人民出版社，2017.

[44] 高清海 . 哲学与主体自我意识 [M]. 北京：中国人民大学出版社，2010.

[45] 李云峰 . 微宏观生产主体与历史唯物主义——真实的马克思系列研究之二 [M]. 北京：人民出版社，2017.

[46] 雷辉 . 多主体协同共建的行动者网络构建研究 [M]. 北京：人民出版社，2017.

[47] 张孝德 . 生态文明立国论——唤醒中国走向生态文明的主体意识 [M]. 石家庄：河北人民出版社，2014.

[48] 王道勇 . 集体失语的背后：农民工主体缺位与社会合作应对 [M]. 北京：中国人民大学出版社，2016.

[49] 陈锡喜 . 平易近人——习近平的语言力量 [M]. 上海：上海交通大学出版社，2018.

[50] 中共中央党校 . 以习近平同志为核心的党中央治国理政新理念新思想新战略 [M]. 北京：人民出版社，2017.

[51] 郑杭生，杨敏 . 社会互构论：世界眼光下的中国特色社会学理论的新探索 [M]. 北京：中国人民大学出版社，2010.

四、学位论文类

[1] 秦晋芳 . 人民主体思想的哲学意蕴及其当代价值 [D]. 太原：山西大学，2007.

[2] 钟洋洋 . 马克思恩格斯人民主体思想研究 [D]. 成都：电子科技大学，2022.

[3] 董聪慧 . 马克思主义人民观中国化研究 [D]. 哈尔滨：哈尔滨师范大学 .

[4] 李丽红 . 早期马克思著作中的主体思想及其发展 [D]. 广州：华南师范大学，2003.

五、期刊论文类

[1] 习近平 . 中国式现代化是中国共产党领导的社会主义现代化 [M]. 求是，2023(11) .

[2] 姜迎春 . 马克思主义的人民性和实践性在中国得到充分贯彻，人民日报（理论版)(N) .2022-01-24(09) .

[3] 张乾元 . 中国共产党政治建设：百年探索・基本经验・思想精髓 [J]. 政治学研究，2021(06) .

[4] 艾四林 . 中国式现代化彰显人民性 [N]. 经济日报，2022-10-31(11) .

[5] 龚云 . 坚持理论创新是中国共产党百年奋斗的重要经验 [J]. 世界社会主义研究，2022(03) .

[6] 韩艳红 . 中国共产党百年来把握社会主要矛盾的三重逻辑 [J]. 马克思主义研究，2021(12) .

[7] 王伟光 . 中国共产党百年历程与唯物史观在中国的伟大胜利 [J]. 马克思主义研究，2021(08) .

[8] 张雷声深刻理解习近平新时代中国特色社会主义思想的“六个必须坚持” [J]. 马克思主义与现实，2023(02) .

[9] 韩庆祥 . 唯物史观与历史经验 [J]. 天津社会科学，2022(01) .

[10] 程恩富 . 促进社会各阶层共同富裕的若干政策思路 [J]. 政治经济学研究，2021(02) .

李敬煊 . 中国共产党坚持人民至上的百年历程、逻辑及经验 [J]. 思想教育研究，2022(03) .

[11] 丰子义 . 从唯物史观看中国道路的百年历程 [J]. 北京师范大学学报（社会科学版)，2021(04) .

[12] 胡锐军 . 中国式现代化的价值回应、价值基线和价值定势 [J]. 社会科学战线，2023(04) .

[13] 徐艳．“人民至上”导向下中国式现代化道路的发展逻辑 [J]. 社会主义研究，2023(02)．

[14] 刘同舫．对马克思劳动正义问题的三重追问 [N]. 中国社会科学报，2021-09-30(03)．

[15] 刘伟兵．人工智能会实现劳动解放吗？ [J]. 马克思主义与现实，2022(02)．

[16] 田克勤．中国共产党为实现全体人民共同富裕的百年奋斗 [J]. 思想理论教育导刊，2021(06)．

[17] 艾四林．坚持理论创新是中国共产党百年奋斗的重要历史经验 [J]. 红旗文稿，2021(24)．

[18] 郭晓禄．改革开放以来人民主体性的历史生成探析 [J]. 学习论坛，2015(04).

[19] 杨哲．马克思的人民主体思想及其当代价值 [J]. 理论月刊，2017(01)．

[20] 詹宏伟．马克思主义的三种主体论与中国道路 [J]. 毛泽东思想研究，2012(05)．

[21] 张奎良．关于马克思的人的本质问题的再思考 [J]. 哲学动态，2011(08)．

[22] 吴爱萍．中国共产党坚持人民立场的百年探索和经验启示 [J]. 社会科学战线，2023(02)．

[23] 涂成林．习近平坚持人民主体地位的理论阐释与实践建构 [J]. 广东社会科学，2021(06)．

[24] 李淑梅．中国社会转型的特殊方式与人的发展 [J]. 社会科学战线，2005(03).

[25] 高海清．人类正在走向自觉的“类存在” [J]. 吉林大学社会科学学报，1998(01)．

[26] 张曙光．“类哲学”与“人类命运共同体”[J]. 吉林大学社会科学学报，2015(01).

[27] 贺来．马克思哲学的“类”概念与“人类命运共同体”[J]. 哲学研究，2016(08).

[28] 杨宏伟．“人类命运共同体”：走向“自由人联合体”的当代路径 [J]. 理论学刊，2017(02)．

[29] 林子赛．论人民主体观对历史唯物主义的守正创新 [J]. 学习与探索，2023(01)

[30] 高放．马克思主义是人的解放学——对加强马克思主义整体研究的呼唤 [J]. 宁夏党校学报，2005(03)．

[31] 刘同舫．人类解放的进程与社会形态的嬗变 [J]. 中国社会科学，2008(03)．

[32] 俞吾金．马克思主体概念新论 [J]. 江苏社会科学，2006(05)．

[33] 赵凯荣．马克思哲学的主体性——《1844 年经济学哲学手稿》研究 [J]. 武汉大学学报，2011(03)．

[34] 叶汝贤 . 每个人的自由发展是一切人的自由发展的条件——《共产党宣言》关于未来社会的核心命题 [J]. 中国社会科学，2006(03) .

[35] 罗建文 . 发展成果共享：人民主体性的最佳体现 [J]. 马克思主义哲学论丛，2011(01) .

[36] 李东坡 . 人民主体思想的社会治理价值研究——基于《法兰西内战》的文本分析 [J]. 社会主义研究，2021(05) .

[37] 谢晓娟 . 马克思主义大众化要体现人民的主体性 [J]. 毛泽东邓小平理论研究，2010(11) .

[38] 陈新汉 . 论社会主义核心价值体系的人民主体性 [J]. 哲学研究，2010(11) .

[39] 李淑梅 . 马克思人民主体性的国家建构思想——基于《黑格尔法哲学批判》的探讨 [J]. 北京大学学报 (哲学社会科学版)，2021，58(01) .

[40] 刘欢 . 人民主体性：习近平新时代中国特色社会主义思想的理论旨归 [J]. 思想政治教育研究，2019，35(04) .

[41] 许小主 . 从人民公社到经济特区——毛泽东、邓小平关于人的主体性思想之比较 [J]. 湖南师范大学社会科学学报，2009(01) .

[42] 焦连志 . 邓小平关于社会主义的人民主体性思考 [J]. 新疆师范大学学报 (哲学社会科学版)，2004(03) .

[43] 方世南 . 人民主体性与以人为本的科学政治观 [J]. 毛泽东邓小平理论研究，2004(06) .

[44] 路云辉 . 人的主体性与现阶段的人民主体地位建设 [J]. 马克思主义哲学论丛，2014(01) .

[45] 蔡文成 . 人民民主：主体性・合法性・有效性 [J]. 理论探索，2013(04) .

[46] 原魁社 . 人民主体性："中国梦" 的现实基础与价值指向 [J]. 中国特色社会主义研究，2013(03) .

[47] 任伟 . 中国共产党百年奋斗历程中人民主体思想生成逻辑研究 [J]. 思想政治教育研究 .2022，38(06) .

[48] 周康林 . 马克思 "人民主体" 思想的内在逻辑与当代价值 [J]. 马克思主义研究，2019(07) .

[49] 任新民 . 提高党建工作科学化水平研究——以人民主体性价值准则为视角 [J]. 社会主义研究，2012(01) .

[50] 龚平 . 党的群众路线视野下的人民主体性探析 [J]. 党政研究，2015(05) .

[51] 邱仁富 . 全面深化改革中的人民主体性 [J]. 党政论坛，2015(07) .

[52] 刘欢 . 中国梦的人民主体性析论 [J]. 理论导刊，2015(07) .

[53] 龚柏松 . 论社会主义核心价值观的人民主体性建设 [J]. 学校党建与思想教育，2015(08) .

[54] 郭晓禄、王永贵 . 改革开放以来人民主体性的历史生成探析 [J]. 学习论坛，2015(04) .

[55] 郑礼平、赵嘉蒂、周康林 . 社会主义核心价值观与人民主体性 [J]. 浙江学刊，2015(01) .

[56] 李包庚 . 马克思“人民主体性”思想解读 [J]. 马克思主义研究，2014(10) .

[57] 段青青 . “以人为本”视野下提高人民主体性意识 [J]. 学理论，2018(08) .

[58] 徐荣、郭广银 . 习近平新时代文化建设思想的人民主体性 [J]. 南京社会科学，2018(08) .

[59] 雍梦茜、胡立法 . 马克思政治经济学批判中的人民主体性思想 [J]. 中国社会科学院研究生院学报，2018(08) .

[60] 李伟、戴跃依 . 党的建设必须坚持人民主体性 [J]. 人民论坛，2017(30) .

[61] 王建国、张崔英 . 论文化建设的人民主体性——学习习近平关于加强文化建设的重要论述 [J]. 中国特色社会主义研究，2017(03) .

[62] 李志军、杨哲 . 论五大发展理念的人民主体性价值 [J]. 内蒙古社会科学 (汉文版)，2017(03) .

[63] 钱路波 . 习近平经济思想的人民主体性析论 [J]. 经济研究导刊，2017(13) .

[64] 徐斌、巩永丹 . 论中国特色社会主义制度的人民主体性 [J]. 思想理论教育导刊，2017(03) .

六、外文文献类

[1][德] 威廉・魏特林 . 和谐与自由的保证 [M]. 北京：商务印书馆，1996.

[2][英] 爱德华・卡尔 . 二十年危机 [M]. 秦亚青译，北京：世界知识出版社，2005.

[3][美] 阿尔温・托夫勒 . 第三次浪潮 [M]. 黄明坚译，北京：中信出版社，2006.

[4][美] 奥尔森 . 集体行动的逻辑 [M]. 陈郁等译，上海：格致出版社，2011.

[5][美] 盖伊・彼得斯 . 政府未来的治理模式 [M]. 吴爱明等译，北京：中国人民大学出版社，2001.

[6][美] 詹姆斯・罗西瑙 . 没有政府的治理——世界政治中的秩序与变革 [M]. 张胜军等译，南昌：江西人民出版社，2001.

[7][德] 尤尔根・哈贝马斯 . 重建历史唯物主义 [M]. 北京：社会科学文献出版社，2013.

[8][法] 卢梭 . 社会契约论 [M]. 北京：商务印书馆，2011.

[9] 科尔纽 . 马克思恩格斯传 (第 1 卷) [M]. 三联书店，1963.

[10][法] 汤姆・洛克曼 . 马克思主义之后的马克思 [M]. 杨学功、徐素华译，东方出版社，2008.

[11][英] 乔纳森・沃尔夫 . 当今为什么还要研读马克思 [M]. 高等教育出版社，2006.

[12] 费尔巴哈哲学著作选集（上、下）[M]. 北京：商务印书馆，1984.

[13][俄] 鲍・斯拉文 . 被无知侮辱的思想——马克思社会理想的当代解读 [M]. 北京：中央编译出版社，2006.

[14][美] 莫里斯・梅斯纳 . 毛泽东的中国及其发展 [M]. 北京：社会科学文献出版社，1992.

[15] 让 – 保罗・萨特（Jean-Paul Sartre）. 什么是主体性 [M]. 吴子枫译，上海：上海人民出版社，2017.

[16][加] 阿德里娜・S・尚邦、阿兰・欧文话语、权力和主体性：福柯与社会工作的对话 [M]. 北京：中国人民大学出版社，2016.

[17]August H. Nimtz, Jr. *Marx and Engels: their contribution to the democratic breakthrough*. SUNY Press, 2000.

[18]Mgnard Dersay. *Marx's reprisals*, Macmillan and Co. Ltd. London and Basingstoke, 2002.

[19]Erich Fromm. *Marx's Concept of Man*. New York, 1965.

[20]Howard Lee Parsons. *Humanism and Marx's Thought*. Springfield: Charles C. Thomas, 1971.

[21]James H. Leuba.*60Years of the Humanism*. The Humanist, March/April 2001.

[22]George Novack. *Humanism and Socialism*. New York: Pathfinder Pr, 1973

[23]Tom Rockmore. *On Recovering Marx after Marxism*, philosophy & social criticism, vol.26 no.4，2000.

[24]Tom Rockmore. *Marx after Marxism* The philosophy of Karl Marx. Blackwell Publishing, 2002.

[25]Woff. *Why read Marx today*. Oxford University Press, 2002.

[25]Kaushik Basu ."*Conventions , Morals and Strategy : Greta ' s Dilemma and the Incarceration Game*".Synthese, vol.200，no.1，2022.

[26]H. Peyton Young , *"The Evolution of Social Norms."* Annual Review of Economics, vol.7，2015.

[27]Laurissa Muhlich , Barbara Fritz and William N . *Kring "Towards the Marginalization of Multilateral Crisis Finance ? The Global Financial Safety Net and COVID -19."*GEGI Policy Brief . no .15，Boston . MA . Global Development Policy Center .2021.